Mit meinem Feind unter einem Dach

Wie ich die schmutzigen

Geheimnisse meines Mannes

ans Licht brachte

AUTOBIOGRAFISCHER ROMAN

Dieses Buch beruht auf einer wahren Begebenheit.
Eventuelle Übereinstimmungen mit lebenden Personen sind
rein zufällig; die Hauptcharaktere und Orte wurden
verfremdet.

Impressum: © 2025 Paula Beck , ISBN: **978-3-8192-4890-0**
Verlag: BoD · Books on Demand GmbH, Überseering 33,
22297 Hamburg, bod@bod.de
Druck: Libri Plureos GmbH, Friedensallee 273, 22763 Hamburg

Inhaltsverzeichnis

Prolog

Ich hatte nie Ambitionen, Detektivin zu werden. Doch plötzlich war ich selbst Ermittlerin – nicht die toughe Heldin in schwarzer Lederjacke, sondern eine Mittfünfzigerin im Schlabberpulli, die sich durch ein Gayboy-Portal klickt. Fünfzig Euro für eine „Massage" war der erste Schritt in einen Albtraum, aus dem es keinen schnellen Ausweg gab.

Vielleicht sollte ich mich vorstellen. Ich bin Paula – Schneiderin, Mutter von zwei Kindern und bis vor kurzem Ehefrau. Über zwanzig Jahre dachte ich, ich wüsste, wer mein Mann war. Spoiler: Ich lag komplett daneben. Doch als er die Scheidung einreichte, wurde mir klar, dass unser gemeinsames Leben nur ein Teil seiner Realität war. Der Rest blieb mir verborgen – bis ich die Wahrheit entdeckte.

Was ich fand, war schockierend. Ein Doppelleben, Netzwerke und Geheimnisse, die ich nie hätte entdecken wollen. Wie konnte ich das übersehen? Tja, zwischen Kindergeschrei, Wäschebergen, der Arbeit und Steuererklärungen bleibt wenig Raum, um mal genauer hinzuschauen. Das Leben als Mutter und Selbstständige lässt wenig Raum für Zweifel – bis alles zerbricht.

Dies ist meine Geschichte. Keine Abrechnung, kein Drama. Nur die bittere Wahrheit einer Frau, die sich durch ein Minenfeld aus „Massagen", Lügen und gebrochenen Versprechen kämpft.

Dies ist keine bloße Geschichte von Untreue, keine schnöde Seitensprung-Geschichte. Es ist die bittere Erkenntnis, dass der größte Verräter und Feind nicht im Schatten lauert – sondern schnarchend neben dir liegt." Lesen Sie mit Vorsicht, denn was hier enthüllt wird, könnte Sie fragen lassen: Wie gut kennen Sie wirklich die Menschen, denen Sie Ihr Leben anvertrauen? Und was, wenn die größte Täuschung mitten in Ihrem Alltag lauert?"

Kapitel 1   „Über den ersten Eindruck hinwegsehen"

„Optisch war er nicht mein Typ"

Ich starrte auf den Bildschirm, und mein Herz begann schneller zu schlagen. Die URL, die da oben prangte, war eindeutig: www.Gayboy.at. Mein erster Gedanke? Das kann nicht sein. Gustav? Auf dieser Seite? Aber da waren sie, die Nachrichten, die Bilder, die Treffen – alles da, schwarz auf weiß. Jahre der Verleugnung und der Ausreden lösten sich in diesem Moment auf. Und plötzlich war alles so klar.

Ich blätterte durch den Chatverlauf, las die Nachrichten, die intimen Fotos, aufgenommen in unserem Badezimmer und Kinderzimmer – dem Badezimmer und Kinderzimmer, in dem ich so oft geglaubt hatte, wir führen eine ‚normale' Familie. Da war keine Interpretation möglich. Keine Ausreden, die mir diese Bilder anders erklären konnten. Das war die Realität, ungeschönt und gnadenlos.

Das ist ja Papa', sagte Ruprecht plötzlich, als er über meine Schulter schaute. Seine Stimme war leise, und ich fühlte, wie mein Magen sich schmerzhaft verkrampfte. *Ja'*, flüsterte ich, die Worte kaum über die Lippen bringend. ‚Das ist er'. Die Wahrheit schmeckte bitter, als ich sie endlich aussprach. In diesem Moment wusste ich, dass ich nicht mehr länger die Augen vor der Wahrheit verschließen konnte. Alles, was ich geglaubt hatte – es war eine Illusion.

Dabei hatte es so harmlos angefangen. Ich meine, Gustav war nicht mal mein Typ.

Meine Mutter besaß ein Zinshaus in Wels, wo ich im Café-Pub der Familie abends aushalf und tagsüber meine vier Monate alte Tochter Viola betreute. Seit ihrer Geburt war ich alleinerziehend, denn die Beziehung zu ihrem Vater war kürzer als die Lebensdauer eines Kekses in Kinderhänden.

Was Männer angeht, greife ich offenbar immer wieder ins Sonderangebot „Schlechte Entscheidungen". Ich hatte bisher das Vergnügen mit einem Jobverweigerer, dessen Lebensziel darin bestand, mit der Couch zu verschmelzen. Nummer zwei brachte das „Drogen-Paket Deluxe", und Nummer drei? Ein Casino-Liebhaber, der regelmäßig seine Ersparnisse in schnelle Adrenalinkicks umsetzte. Dann kam Gustav – ein Sicherheitsdienstmitarbeiter. Er kam oft mit seinem Kollegen Adrian ins Pub. Adrian, der Typ mit den blauen Augen und dem charmanten Lächeln, hätte eigentlich mein Typ sein sollen. Sportlich, witzig und groß.

Sie wurden Stammgäste, und wir verbrachten viele Abende bei Tischfußball und Gesprächen. Adrian zog bald weg, und Gustav blieb – der Typ „verlässlicher Kumpel", der irgendwann in meinem Leben mehr Raum einnahm, als ich erwartet hatte. Ein Lügner. Ich scheine bei der Liebeslotterie immer Nieten zu ziehen.

So schlich sich Gustav in mein Leben und schneller als gedacht, auch in meine Wohnung.

Es ging ganz unaufgeregt: Gustav zog mit drei Plastiktüten ein, in denen sich sein gesamter Besitz befand. Möbel? Fehlanzeige. Aber hey, Flexibilität ist ja auch eine Tugend. Vielleicht bewahrte er alles in der Steiermark auf, dachte ich.

Gustav war nicht gerade mein Traummann, dunkelhaarig, groß, mit einer Nase, die schief wie eine alte Gardinenstange war. Und seine Klamotten? Ich schwöre, sie stammen direkt aus den 70ern. Aber in seiner Sicherheitsdienst-Uniform? Da sah er fast heldenhaft aus. Fast. Die Schmetterlinge blieben trotzdem im Kokon. Aber wer braucht schon Schmetterlinge, wenn der Mann bereit ist, Windeln zu wechseln und Frühstück im Bett zu servieren?

Unsere „Freundschaft plus" funktionierte blendend. Keine großen Liebesbekundungen, dafür Vertrautheit, Komfort und jemand, der den Müll rausbrachte. Gustav lud mich zu seiner Familie in die Steiermark ein. Gustavs Mutter erzählte epische Geschichten, und sein Stiefvater schien den steirischen Dialekt als Geheimcode zu nutzen, den ich nur schwer entschlüsseln konnte.

Gustav hatte vier Brüder, jeder ein Original: Der älteste Bruder lebte konstant auf einem anderen Planeten (ob durch Chemie oder Natur, sei dahingestellt), der zweite ein Opfer seiner eigenen Überholspur, der dritte ein gescheiterter Gastronom. Hans und Susi, die Kinder des Stiefvaters, waren ebenfalls gegensätzlich. Hans führte ein abenteuerliches Leben, das tragisch endete während Susi, das freundliche Nesthäkchen, uns alle daran erinnerte, dass es noch so etwas wie Harmonie in dieser „Steirischen Großfamilie der Sonderklasse" gab.

Trotz der chaotischen Verwandtschaft funktionierte unser Patchwork-Leben in Wels irgendwie. Bis – Trommelwirbel – ich plötzlich schwanger wurde. Gustav, der mutige „Held im Sicherheitsdienst", der sonst jedem Verbrecher angstfrei entgegentrat, mutierte auf einmal zum Hasenfuß: „Noch ein Kind? Auf keinen Fall!" Seine brillante Lösung? Ein Abbruch. Blöd nur, dass mein Timing absolut makellos war – zu spät! Also durfte er sich mit der neuen Realität abfinden: bald würden wir zu viert sein.

Aber der wirkliche Hammer? Ich erfuhr kurze Zeit später, dass Gustav bereits eine Tochter hatte. Überraschung! Offenbar war „offene Kommunikation" nicht gerade seine Stärke.

In der Zwischenzeit beschloss ich, meinen Schneidermeister zu machen, um das Geschäft meiner Mutter zu übernehmen. Abends büffelte ich in Kursen, während meine Mutter liebevoll auf Viola aufpasste. Diese Unterstützung war mein Rettungsanker und half mir, den Alltag zu meistern.

Unser Sohn Ruprecht kam zur Welt, und Gustav schlüpfte in die Vaterrolle mit einer Hingabe, die fast unheimlich war. Er wechselte Windeln, bereitete das Fläschchen zu und hinterließ überall liebevolle Zettel: „Essen im Kühlschrank, Kinder schlafen, Bussi." Es war fast so, als hätte er einen Kurs für „Perfekter Familienvater" besucht. Ich dachte mir: „Okay, dann spiele ich halt mit." Unsere Beziehung fühlte sich für mich eher wie ein gut eingespieltes Team an: praktisch, effizient und leider komplett ohne Leidenschaft. Statt großer Gefühle dominierten bei uns Respekt und Vertrauen. Was ja durchaus mal angenehm sein kann, wenn man den „Pragmatismus-Modus" einschaltet.

Nach außen hin schien alles perfekt. Doch innerlich fühlte es sich eher wie eine durchdachte Partnerschaft an. Gustav war fürsorglich, kümmerte sich liebevoll um Viola und Ruprecht und erfüllte all das, was man von einem „Traumpartner" erwarten würde. Aber „Ich liebe dich"? Fehlanzeige. Stattdessen gab es nur ein freundliches „Ich hab dich gern". Und ich dachte: „Die berühmten Schmetterlinge kommen sicher noch. Oder sie haben einfach beschlossen, dauerhaft auszuwandern."

Nachdem ich von Juttas Existenz wusste und Monate vergangen waren, ohne dass Gustav sie wieder erwähnt hatte, fragte ich nach. Gustavs Antworten klangen wie aus einem Ratgeber für Ausreden: *„Die Mutter blockiert den Kontakt"*, *„Ich habe Überstunden"*, *„Schichtdienst"*. Irgendwann nahm ich die Sache selbst in die Hand und rief Juttas Mutter an. Sie konnte kein gutes Haar an Gustav lassen und warnte mich: *„Sei vorsichtig, er ist nicht ehrlich."* Ach, echt? Eine ganz neue Erkenntnis.

Gustav schaffte es dann doch, Jutta einmal zu uns zu bringen. Sie kam an, ein schüchternes, siebenjähriges Mädchen mit Brille und einem Gesichtsausdruck, der signalisierte: *„Ich bin hier definitiv fehl am Platz."* Sie antwortete auf alles mit einem knappen *„Ja"* oder *„Nein"*, als hätte sie vorher eine Schnellschulung in Minimalismus bekommen. Und mal ehrlich, wenn man den eigenen Vater nur alle paar Jahre sieht, wer kann's ihr verübeln? Viola, meine ewig optimistische Tochter, freundete sich sofort mit ihr an.Viola war begeistert, sie hatte nun eine neue Spielkameradin gefunden. Jutta? Jutta blieb uns Erwachsenen gegenüber distanziert und nippte skeptisch an ihrem Kakao. Plötzlich öffnete sie einfach den Mund, und der Kakao ergoss sich in einer braunen Welle über ihre weiße Bluse und direkt auf den Teppich. Ihre trockene Erklärung? *„Da war Milchhaut drin.“* Na ja, wenn man schon ehrlich ist, dann wenigstens mit Stil und einem bleibenden Fleck als Souvenir.

Da ich optimistisch (oder naiv) dachte, ein gemeinsames Wochenende in der Steiermark könnte helfen, organisierte ich einen kleinen „Familienausflug. Die perfekte Gelegenheit, um Jutta ihre Verwandten näherzubringen und Gustav die Chance zu geben, endlich Vater-Gefühle zu entwickeln. Die Realität? Gustav verbrachte den Großteil der Zeit im Wirtshaus und genoss die lokale Gastfreundschaft – übersetzt: Bier. Ich spielte derweil die Tourguide-Kindermädchen-Kombination und jonglierte die Kinder alleine durch die Tage. Die Kinder hatten zwar ihren Spaß und verstanden sich prächtig, aber ich fühlte mich wie die Alleinunterhalterin bei einem Zirkusprogramm, jonglierend mit seinem, meinem und unserem Kind, während Gustav sich gekonnt aus der Manege hielt.

Zurück in Wels änderte sich nichts. Jutta verschwand wieder in den Schatten der Ausredenwelt, und Gustavs Kreativität kannte keine Grenzen. Er holte wirklich alles aus dem Ausreden-ABC heraus. Ich konnte seine Sätze inzwischen auswendig und hätte sie synchron mitsprechen können. Diese faulen Ausreden und das ewige „Das liegt alles an ihrer Mutter“ oder „Ich hab einfach keine Zeit“ konnte ich nicht mehr hören. Die Wahrheit? Gustav wollte schlichtweg nicht die Mühe aufbringen, eine echte Beziehung zu ihr aufzubauen. Verantwortung? Das war für ihn ein Fremdwort. Nach diesem Ausflug blieb Jutta ein Phantom – bis zu ihrem neunzehnten Lebensjahr, als sie wieder auftauchte um zwei Jahre später wieder abzutauchen.

Gustavs „Superhelden-Moment" bestand darin, immer wieder von seinen glorreichen Tagen im Sicherheitsdienst zu erzählen. Besonders stolz war er auf die Verhaftungen bekannter Persönlichkeiten. Irgendwann hörte ich nur noch mit einem halben Ohr zu und konnte sie auswendig nacherzählen. „Ach, der Anwalt, ja, der wegen Kokain … klar, du hast ihm das Leben gerettet. Zum 17. Mal diese Woche!" Selbst seine Sammelleidenschaft für Sicherheitsdokumente, die er wie Trophäen sammelte und ausstellte, wirkte mehr wie das Hobby eines Bürokratie-Fans als echte Begeisterung.

Ende Oktober 1996 hörte ich von meiner Mutter, dass in ihrer Gasse ein Haus zum Verkauf stand. Wir entschieden uns, einen Kredit zu beantragen, um es zu finanzieren, doch Gustavs Gehaltsbestätigung stellte ein Problem dar. Immer wieder benutzte er Ausreden warum seine Lohnbestätigung noch nicht bei der Bank eintraf, bis meine Mutter als Bürge einsprang. Rückblickend war es gut, dass das Haus auf meinen Namen eingetragen wurde. Mit Hilfe meiner Großeltern konnten wir das erste Jahr finanziell überbrücken.

Kurz nach dem Einzug stieß ich zufällig auf Dokumente in Gustavs Schrank, die Schulden und Gerichtsverfahren seit 1989 aufdeckten. Ich war schockiert: er hatte enorme Schulden von fast 98.000 Euro und sogar Unterhaltsrückstände für seine uneheliche Tochter Jutta. Seine ständigen Ausreden machten nun Sinn. Er hatte alles vor mir verborgen und lebte in einer Scheinwelt.

Statt sich aktiv am Hausbau zu beteiligen, verbrachte Gustav immer mehr Zeit in Kneipen und prahlte mit seinen Kontakten. Ich fand heraus, dass er Geld, das ich ihm für Handwerker gab, in die eigene Tasche steckte. Semschi, ein illegal beschäftigter Maurer, erhielt seine Bezahlung nie, stattdessen besorgte ihm Gustav eine

Aufenthaltsgenehmigung. Gustavs ständige Täuschungen und Ausreden wurden zum Muster.

Inzwischen hatten wir es endlich geschafft, das Haus bewohnbar zu machen, wenn auch nur langsam und durch die Hilfe meiner Familie und professioneller Handwerker. Trotz all der Fortschritte hatte ich das Gefühl, die Verantwortung allein zu tragen.

1999 war das Jahr, in dem ich endgültig zur Finanzministerin unserer kleinen Familie ernannt wurde – ohne Wahl, ohne Gehalt und definitiv ohne Mitspracherecht. Ein größeres Auto und die privaten Schulgebühren der Kinder? Natürlich landeten die Rechnungen auf meinem Tisch. Gustav hingegen? Der zeigte sich in seiner Paradedisziplin: dem Kunststück, sich mit Ausreden elegant aus der Verantwortung zu stehlen.

Also, technisch gesehen gehört mir ja nichts hier – weder das Haus noch das Inventar', erklärte er jedes Mal, wenn ich ihm eine Rechnung unter die Nase hielt, als hätte er gerade den Joker gezogen. In einem Anflug von Optimismus versuchte ich, die Sache mathematisch anzugehen: Betriebskosten durch vier, seinen Anteil auf den Cent genau ausgerechnet. *‚So, Gustav, das ist dein Anteil – ganz fair'*. Seine Reaktion? Ein Schulterzucken und ein grimmiger Blick. *„ Du verdienst doch viel mehr als ich und nun möchtest du mir das bisschen auch noch aus der Tasche ziehen, wie geizig bist du eigentlich!"* Man hätte meinen können, ich verlange eine Niere, und nicht seinen Teil der Stromrechnung.

Ich kam mir vor wie in einem ewigen Spiel, bei dem ich immer die Niete zog. *‚Da mir hier nichts gehört, brauche ich nichts zu zahlen, ausserdem helfe ich gelegentlich beim Umbau mit '* meinte Gustav einmal, als ich ihm die Stromrechnung unter die Nase hielt. *„Ach richtig, ich hatte ganz vergessen, dass Gäste keinen Unterhalt zahlen"*, konterte ich mit einem Lächeln, das mehr Zähne zeigte als Freude ausdrückte. Schließlich musste ich ja Verständnis haben – er war hier ja nur zum Dekorieren da, wie ein schlecht platzierter Ziergegenstand, der keine Rechnungen begleicht. Er sagte es mit so viel Überzeugung, dass ich fast das Gefühl hatte, *ich* wäre diejenige, die das Prinzip nicht verstanden hatte. ‚Gäste‘, dachte ich, „Gäste, die jeden Tag hier essen, schlafen und im Grunde ein Zuhause haben." Ich hätte es amüsant finden können, wenn ich nicht diejenige gewesen wäre, die immer wieder die Rechnungen beglich.

An manchen Tagen konnte ich nur den Kopf schütteln und mich fragen, ob es in irgendeinem Paralleluniversum wirklich so funktionierte: Man zieht ein, erklärt sich zum „Gast" und umgeht damit sämtliche Kosten. Wenn das so einfach ist, dann hatte ich wohl das falsche Handbuch fürs Zusammenleben gelesen."

Am Ende blieb es wie immer: Ich zahlte alleine, zog weiterhin die Niete, und Gustav? Der klopfte sich auf die Schulter für seinen „einfallsreichen" Einsatz. Und während ich die letzte Rechnung einwarf, dachte ich: Manchmal wäre es wirklich leichter, einfach nur einen Mitbewohner statt einen ‚Partner‘ zu haben, dann hätte ich wenigstens keine falschen Erwartungen.

Gustav schien plötzlich großen Wert auf ‚Selbstfürsorge‘ zu legen, und ich rede nicht von Yoga oder grünen Smoothies. Nein, er entschied sich für die private Krankenversicherung und meldete sich wegen angeblicher Bandscheibenvorfälle krank. Das Bauprojekt? Vollständig vernachlässigt. Stattdessen saß er auf der Couch oder in der Kneipe und machte den leidenden Patienten, während ich die täglichen Bauarbeiten organisierte und die Rechnungen beglich.

Und als ich dachte, es könnte kaum absurder werden, stand er eines Tages strahlend in der Tür – mit einem Motorrad. *‚Hast du das Krankentaggeld wirklich für ein Motorrad ausgegeben?‘* fragte ich, während ich versuchte, ruhig zu bleiben. Er nickte begeistert, als hätte er gerade das Geschäft seines Lebens gemacht. *‚Ist doch eine Investition!‚*, meinte er. Klar, dachte ich. Eine Investition in Gustavs Spaßkonto.

Unsere Beziehung fühlte sich immer mehr wie eine Einbahnstraße an. Ich war diejenige, die alles organisierte, plante und bezahlte, während Gustav sich gekonnt aus der Verantwortung stahl und sich scheinbar in einem endlosen Sabbatical für Egoismus befand.

„Veränderungen und Enttäuschungen"

Als Viola in die Schule kam, wollte ich diesen besonderen Moment gebührend feiern, und wie feiert man besser als mit einem Ausflug nach Disneyland Orlando? Ich plante alles selbst, bis ins kleinste Detail, und finanzierte die Reise, inklusive der Kosten für Gustav, natürlich wie immer alleine. Aber es war die Mühe wert: Unvergessliche Erlebnisse, strahlende Kinderaugen und Ruprecht, der in seinen 5 cm hohen Plateau-Schuhen tapfer die Mindestgröße für jede Attraktion meisterte. Wir jagten von einer Achterbahn zur nächsten, und als wir genug von Micky und Co. hatten, gönnten wir uns ein paar entspannte Tage in Miami, bevor wir spontan nach Costa Rica weiterreisten, um alte Freunde zu besuchen. Es war einer dieser magischen Urlaube, die man nicht vergisst.

Doch der Zauber des Urlaubs verblasste schnell, als Gustav im Sommer 2000 mit einer großen Überraschung ankam, einem Heiratsantrag. Ich gebe zu, ich mochte ihn, aber ich wusste auch um seine erheblichen Schulden und seine ‚kreative' Einstellung zu Finanzen. Meine Familie riet mir, nur mit einem Ehevertrag zuzustimmen, als Absicherung, falls das „Liebesboot" doch irgendwann zu sinken drohte. Also ließ ich einen Ehe- und Erbverzichtsvertrag erstellen und präsentierte ihn Gustav.

Seine Reaktion? Er war empört und beleidigt, zog sich in Schweigen zurück und schien zu erwarten, dass ich meine Position aufgeben würde. Aber nach einigen Tagen hatte ich genug von seiner ‚beleidigten Leberwurst'-Nummer und konfrontierte ihn. *‚Gustav, ich weiß längst von deinen Schulden.'* Und da kam sie, seine Ausrede des Jahres: Er schob die Schuld auf Juttas Mutter. Angeblich habe er ihren

16

Gastronomiebetrieb finanziert, während sie das Geld für Luxusartikel verprasste. Klar, dachte ich, und ich bin die Weihnachtsfee. Es klang wie eine weitere Märchengeschichte, um seine eigenen Fehler zu kaschieren.

Schließlich versuchte er, sich als der selbstlose Held darzustellen, der neben seinem Sicherheitsdienst damals noch als Koch und Kellner gejobbt hatte, um das Lokal zu retten. Die Realität? Er hatte lediglich eine Kellnerlehre absolviert, und das wusste ich. Seine Show war durchschaubar, und mein Misstrauen wuchs. Es war klar, dass er nicht nur Schwierigkeiten hatte, ehrlich mit mir zu sein, er schaffte es auch nicht, ehrlich zu sich selbst zu sein.

Als er plötzlich übertrieben bemüht war, mir alles recht zu machen, wurde ich misstrauisch. Dann kam der wahre Grund für sein ‚Engagement' ans Licht: Er bräuchte 47.000 Euro für einen Privatkonkurs und fragte, ob meine Großmutter ihm das Geld leihen könnte. So ungeniert, als würde er um eine Tasse Zucker bitten. Der Mann hatte wirklich keinerlei Hemmungen, meine Familie um Geld anzubetteln, und das nach allem, was ich wusste. Er hatte sich schon 1994 seinen Erbpflichtteil vorzeitig auszahlen lassen und seine eigene Familie in Schwierigkeiten gebracht.

In den folgenden Jahren perfektionierte Gustav seine ‚Kunst' des Geldborgen – und das bei Freunden und Familie gleichermaßen. Rückzahlung? Ein Wort, das in seinem Vokabular schlichtweg nicht existierte. Ein Freund, Sepp, hatte ihm großzügig 5000 Euro geliehen, vermutlich in dem Glauben, dass Gustav irgendwann so etwas wie Anstand zeigen würde. Spoiler: Tat er nicht.

Als ich dann einen Brief fand, in dem Sepp höflich nach der Rückzahlung fragte, war ich neugierig, wie Gustav sich aus der Affäre ziehen würde. Und seine Antwort? Ungefiltert und kalt: *‚Er kann scheißen gehen.* ‘ Ich saß da und dachte mir nur: Wow, das ist schon ein Talent – nicht einmal ein Hauch von schlechtem Gewissen.

Vielleicht war ich zu naiv, zu optimistisch oder schlichtweg zu geduldig. Gustav schaffte es, aus jedem noch so freundlichen Helfer eine ‚Geldquelle' zu machen, die fast nie wieder zurückfloss. Und während ich versuchte, all diese Enttäuschungen mit Humor zu nehmen, konnte ich mir das Kopfschütteln doch nicht verkneifen. Ich meine, wie schafft man es, so selbstbewusst in der Rolle des ewigen Schmarotzers aufzugehen und sich dabei noch als Opfer zu inszenieren?"

Ohne ein Wort zu sagen, marschierte Gustav eines Tages zu meiner Großmutter und legte Zahlscheine im Wert von 47.000 Euro auf ihren Küchentisch. Vielleicht dachte er, die Summe würde sie so sehr beeindrucken, dass sie ihm die Tür zur Familienkasse öffnen würde. Aber meine Großmutter blieb, wie immer, standhaft. Sie verlangte eine Kostenaufstellung, schließlich war sie nicht erst seit gestern auf der Welt. Gustav musste unverrichteter Dinge abziehen. Als ich ihn später darauf ansprach, kam natürlich nur ausweichendes Gestammel und ein beleidigter Blick, als wäre *ich* die Unverschämte, die seine glorreichen Pläne vereitelt hatte.

Diese Unehrlichkeit führte zu weiterer Entfremdung zwischen uns. Irgendwann beschuldigte Gustav mich dann, für seine Schulden verantwortlich zu sein, weil ich meiner Großmutter ‚verboten' hätte, ihm zu helfen. Klar, dachte ich, wer sonst könnte Schuld an seinen finanziellen Eskapaden sein? Er schimpfte auch auf seine eigene Mutter und ließ keinen Zweifel daran, dass er Menschen, die durch harte Arbeit etwas erreicht hatten, zutiefst verachtete.

In einem verzweifelten Versuch, den Hausfrieden wiederherzustellen, versuchte Gustav es mit einer neuen Strategie: Er kochte abends und spielte den engagierten Haushaltshelfer. Aber das änderte wenig an der Tatsache, dass unser Privatleben weiter unter der Belastung litt. Während ich mich durch lange Arbeitstage kämpfte, verbrachte Gustav den halben Morgen im Bett – eine beneidenswert stressfreie Routine, die mir langsam die Geduld raubte.

Eines Tages überraschte er mich dann mit einem weiteren ‚Genie-Streich': Er kam ohne Vorwarnung mit einem Schäferhund nach Hause, den er angeblich als Diensthund ausbilden wollte. Der Hund war groß und sah so aus, als könnte er einen Einbrecher im Alleingang vertreiben. Die Kinder waren begeistert, ich weniger, besonders als Gustavs „Trainingsmethoden" zutage traten: ein Elektrohalsband inklusive. Der Hund erwies sich zwar als tüchtig, aber Gustavs brutale Erziehungsmethoden hinterließen bei uns allen tiefe Spuren. Obwohl er behauptete, die Kosten für den Hund würden von der Sicherheitsdienstfirma übernommen, klang das für mich genauso glaubwürdig wie seine letzten Ausreden.

Seine Ausgaben schossen in die Höhe: Ein teurer GMC-Pick-up für den Hund, ein Quad, und, weil das noch nicht genug war, ein zweites Motorrad. Unser Parkplatz in der Sackgasse sah bald aus wie eine überfüllte Werkstatt, und die Nachbarn fingen an, sich zu beschweren.

Doch selbst mit Schulden bis zum Hals gab Gustav weiter Geld aus, als wäre es nichts. Kredite von Bekannten? Klar, warum auch nicht, und das ohne Rücksprache mit mir. Als ich ihn darauf ansprach, machte er einen auf Unschuldslamm und sah mich an, als wäre ich diejenige, die übertreibt. Ich blieb hart – ich würde seine Schulden nicht übernehmen. Schließlich hatte ich ihm dreimal Geld geliehen und es nie zurückbekommen. Irgendwann lernt man dazu.

Eines Tages stolperte ich wieder über Gustavs Schuldenmappe, eine vertraute Sammlung von Dokumenten, die alles andere als beruhigend war. Darin fand ich Details zu seinem Konkurs und seiner Verurteilung wegen fahrlässiger Krida. Diesmal nahm ich die Unterlagen an mich, um sie sicher zu verwahren – für den Fall, dass ich sie eines Tages brauchen würde. Mittlerweile war klar, dass Gustav nie Verantwortung für seine finanziellen Eskapaden übernehmen würde.

Trotz meines Bauchgefühls hielt ich an der Beziehung fest, hauptsächlich der Kinder wegen. Gustavs Unehrlichkeit und unsere wachsenden Probleme belasteten zunehmend unser Intimleben, und ich merkte, dass ich immer weniger Zeit und Energie für ihn aufbringen wollte. Unsere Urlaube wurden zu einer jährlichen Wiederholung: Ich finanzierte die Reisen, und Gustav spielte den ‚Experten‘, sei es beim Skifahren oder Sonnenbaden. Seine Geduld im Schnee? So flüchtig wie seine angeblichen Talente. Letztlich landeten die Kinder jedes Mal in der Skischule, wo sie wenigstens etwas lernten.

Im Sommerurlaub in Kroatien oder Italien war Gustavs größte Leistung, sich stundenlang in der prallen Sonne zu bräunen, als wäre die perfekte Bräune sein Beitrag zur Familienökonomie. Die Osterwochenenden in der Steiermark liefen immer nach demselben Muster ab: tagsüber bei der Schwiegermutter mit Kuchen und Stickdeckchen, nachts dann der Rückzug zu seinem Bruder Konrad, um der ‚nach Altertum‘ riechenden Atmosphäre zu entfliehen. Die Kinder liebten das Osterfeuer und die Süßigkeiten, während Gustav sich in seiner Lieblingsdisziplin übte: Anekdoten zum Besten geben und sich dabei wie der Mittelpunkt des Universums zu inszenieren.

Unsere Urlaubsfahrten glichen immer einem Abenteuer, nicht nur wegen der Kinder, sondern auch wegen Gustavs unberechenbarer ‚Großzügigkeit‘. Manchmal übernahm er die Benzinkosten, dann wiederum ‚vergaß‘ er sein Portemonnaie. Die Rechnungen präsentierte er mir wie Kunstwerke und verlangte Geld zurück mit dem Satz: *‚Ich bekomme erst nächste Woche meinen Lohn‘*. Jedes Mal dasselbe Spiel, und ich spielte gezwungenermaßen mit.

Über seine Finanzen sprach Gustav nie er wich aus, wie ein Profi, und warf mir stattdessen vor, ich sei neugierig wie Frau Kaiser aus dem Kaisermühlen Blues. Sein Standard-Satz: *„Ich habe viel weniger als du!"* Es war wie ein Mantra, das mich daran hinderte, jemals ein klares Bild über unsere finanzielle Lage zu bekommen. Und dennoch hielt ich an der Hoffnung fest, dass sich alles eines Tages bessern würde. Ein naiver Glaube an eine Veränderung, die nie kam.

Wenn es um seine Vergangenheit ging, blieb Gustav äußerst verschlossen. Das Einzige, was er bereitwillig erzählte, war seine Abneigung gegen Juttas Mutter, die er für all seine damaligen Schulden verantwortlich machte. Die Gründe für ihre Trennung, als Jutta erst drei Jahre alt war, blieben ein Geheimnis. Und wie das bei Geheimnissen so ist – es machte mich nur neugieriger.

Eines Tages entdeckte ich beim Aufräumen des Dachbodens ein Babyalbum von Jutta. Die ersten Seiten zeigten die üblichen Meilensteine: Geburt, erste Zähne, Taufe, erste Schritte. Doch weiter hinten verwandelte sich das Album in ein persönliches Tagebuch von Gustav, das er seiner Tochter gewidmet hatte. Es war keine gewöhnliche Sammlung von Babyfotos mehr, sondern eine intime und emotionale Erzählung.

Hier einige der Einträge und Beobachtungen, die ich fand:
1990: Das Lokal, das ich gekauft habe, um uns eine materielle Zukunft zu sichern, war nicht das, was wir uns vorgestellt hatten. Nur die Liebe von Mami und mir zu Dir hält uns aufrecht.

Juli 1990: Mami und ich waren in Jugoslawien im Urlaub, aber für sie war es nicht so schön wie für mich. In der Steiermark, wohin wir dann gefahren sind, war sie voller Enttäuschung und ist mit einem anderen Mann fort. Es hat mich sehr getroffen. Aber meine Liebe zu ihr war stärker.

September 1990: Mami wirft mir vor, für eine andere Frau etwas zu empfinden. Bei Gott! Ich würde so etwas nie riskieren!!!

Jänner 1991: Um Gottes willen! Ich habe vorgestern erfahren, dass Mami mit einem anderen Mann geschlafen hat. Ich weiß nicht, ob du es verstehst, wenn du das liest.

Für mich ist eine Welt zusammengebrochen. Entschuldige, ich habe gerade wieder geweint. Bitte, lieber Gott, hilf uns, dass wir Mami nicht verlieren.

Februar 1991: Ich war heute am Standesamt und habe unseren Hochzeitstermin angesetzt. Ich habe Mami, obwohl es mir schwerfiel, verziehen. Meine Liebe zu ihr war wieder stärker. Ich habe das Lokal, das mir fast meine ganze Liebe gekostet hat, zum Verkauf gegeben. Von den Hochzeitsplänen erzähle ich Mami erst am Vatertag oder im Urlaub, sie wird sich sehr freuen. Es wäre mein Untergang gewesen, wenn ich euch beide verloren hätte.

Mai 1991: Ich glaube, Mutti hat wieder einen anderen. Sie war bis 9 Uhr vormittags unterwegs. Heute spüre ich so ein komisches Gefühl. Bitte, lieber Gott, lass es sein, dass ich mich getäuscht habe.

Juni 1991: Das ist das Ende, sie hat wieder einen anderen gefunden. Ich bin fertig mit allem, ich kann nicht mehr. Wenn du zwei Menschen verlierst, die du so sehr liebst, dann versteh mich bitte – das WEITERLEBEN hat keinen Sinn mehr. Ich werde in den nächsten Tagen alles für dich regeln. Mein Leben tausche ich ein, damit Uschi glücklich wird. Ich habe euch beide über alles geliebt. Bitte verzeih mir, dass ich dich verlasse, du wirst es später einmal verstehen.
Bitte verzeih, Papa

Gustav hatte eine ganz eigene Methode, um mit seinen Problemen umzugehen. Statt sich wie normale Menschen in ein Tagebuch zu schreiben oder mit jemandem zu sprechen, nutzte er Juttas Babyalbum. Ja, richtig gelesen – das Album, das eigentlich für die ersten Schritte und süßen Erinnerungen gedacht war, verwandelte er in eine Art Selbstmitleid-Manifest. Es war eine Mischung aus Tagebuch und Schuldzuweisungen an Juttas Mutter. Selbstmordgedanken, unerfüllte Träume, das volle Programm. Ich meine, wer braucht schon niedliche Babyfotos, wenn man die Chance hat, seine tiefsten Frustrationen zu verewigen?

2004, als Gustav wieder einmal krankgeschrieben war, beantragte er eine Kur. Natürlich wurde ihm eine in der Nähe von Wels bewilligt, praktisch und nah für alle Beteiligten. Aber nein, Gustav bestand darauf, nach Salzburg verlegt zu werden, satte 390 Kilometer entfernt. Natürlich durfte Cesar, sein Diensthund, ihn auf dieser „Erholungsreise" begleiten. Und ich? Ich blieb zu Hause, jonglierte die Kinder, den Haushalt und meine Arbeit als Selbstständige, während er sich in den Alpen erholte. Gustavs Updates von der Kur waren eine Mischung aus Hohn und Ironie: Fotos von ihm am Pool, lächelnd und entspannt, oder von ausgelassenen Feierlichkeiten. Während ich mich durch meine endlose To-Do-Liste arbeitete, fragte ich mich ernsthaft, wie es jemandem gelingen konnte, in einer ‚Kur' so viel Spaß zu haben. Ich schätze, Erholung sieht bei jedem anders aus.

Als Gustav von der Kur zurückkam, war er zwar erholt, aber spürbar distanziert. Dann landete eine E-Mail seines „Kurschattens" bei mir, plötzlich war mir klar, warum seine Kur so „erfolgreich" war. Das war der letzte Tropfen. Ich packte seine Sachen, stellte sie vor die Garage, legte den Brief obendrauf und änderte die Schlösser.

Die Botschaft war klar: Für mich war hier Schluss. Keine Erklärungen mehr, keine Missverständnisse. Es war mein endgültiger Schlussstrich. Von da an drehte sich alles darum, die Kinder zu schützen, auch wenn ich mich ständig zwischen meinen eigenen Gefühlen und Gustavs Lügen zerrissen fühlte.

„ Brief seines Kurschattens"

Hallo mein Mäuschen,

da ich nicht genau weiß, unter welche Mailadresse du nun am ehesten reinschaust, schicke ich dir das Mail sicherheitshalber einfach auf beide Adressen.

Gut geschlafen? Ich befinde mich gerade in meiner wohlverdienten 20-minütigen Pause, aber irgendwie freut es mich heute überhaupt nicht! Habe hier wenig bis gar keine Arbeit, da vergeht der Tag sehr, sehr, sehr, sehr langsam. Aber irgendwie kriege ich den Tag schon mit Kaffee trinken rum. Das geht schon.

Danke nochmal für die beiden Fotos! Nun kann ich meiner jüngeren Schwester Ingrid einen kleinen Anhaltspunkt geben, dieser Neugierdsnase! Der Franz hat mir auch schon die ersten Kur-Aufenthaltsfotos geschickt, und von einem, den ich am Gleisberg kennengelernt habe, habe ich auch endlich die Gleisberg-Erklimmungsfotos erhalten!

Du Schatz, was machen wir nun wirklich am Wochenende? Ich meine, ich habe mal meine Schwester vorsichtig – versteht sich – gefragt, ob sie am Wochenende daheim ist. Sie hat natürlich furchtbar große Ohren und einen totalen Smiley bekommen und mich dann nach dem „Warum" gefragt. Naja, kurz und gut: Ingrid ist nicht daheim. Das heißt, ich habe sturmfrei, und du könntest auch zu mir kommen! Da wiederum gibt's dann doch das Problem mit deinem Baby (Schäferhund)!

Denn meine Oma kriegt einen Herzinfarkt – du hast mitbekommen, dass ich auch noch meine Oma im Haus habe, oder? Ehrlich gesagt, ich wüsste auch nicht, wo ich ihn bei mir unterbringen könnte. Auf einen regen "zufälligen Schwestern-Besuch" müsstest du dich dann natürlich auch einstellen!

Tja, dann wäre noch die Möglichkeit, dass wir uns z.B. irgendwo zwischen Wels und Salzburg treffen könnten! Die Frage ist dann wiederum nur: Wo?? Hast du eine Idee, einen Vorschlag??

Da wir zurzeit sicherlich vom Thermen-Wasser noch immer nicht genug haben, hihi, hätte ich ja z.B. an eine Therme gedacht! Aber die spinnen mit ihren Preisen ja total!!

Die trauen sich doch glatt, pro Person/pro Tag 126 € zu verlangen!

Oder nehmen wir uns ein Zimmer in Oberösterreich? Hihi Mäuschen, sorry, aber ich muss wieder los, wenn ich wieder ein paar freie Minuten habe, melde ich mich wieder!! Weißt, bei mir sehen nämlich immer alle her, wenn ich schreibe. Und das ist dann eher etwas ungut! Verzeihst du mir? Ich hoffe, ich höre heute mal von dir! Vermisse dich voll! Aber ich denke ganz fest an dich. Und wenn ich dann wieder einen Durchhänger habe, dann hole ich mir dein Foto heraus und...!
Bussi, Dein Mauseschwänzchen

Diese Zeit markierte den absoluten Wendepunkt in unserer Beziehung. Die Kinder zu schützen und für sie da zu sein, stand für mich immer an erster Stelle. Doch das ständige Gefühl, zwischen meinen eigenen Emotionen, ihrer Unschuld und Gustavs Unehrlichkeit hin- und hergerissen zu sein, zerrte an meinen Nerven. Es war, als würde ich auf einem Drahtseil balancieren, immer mit der Gefahr, dass das Seil reißt.

Als ich den Kindern erklärte, dass wir uns trennen würden, spürten sie sofort meine Enttäuschung und Wut, die wie ein Schatten über unserem Zuhause lag. Besonders Viola, die Gustav als ihren Vater kannte, durfte nichts von der Wahrheit ahnen – dass er nicht ihr leiblicher Vater war. Für sie war er der Papa, und ihre Angst vor dem Verlust zerriss mir das Herz.

Spätabends versuchte Gustav, mich telefonisch zu erreichen. Ich ließ es erst lange klingeln, bevor ich abnahm. Im Wohnzimmer saß ich da, wollte wissen, welche Erklärung er für den Brief hatte, den ich gefunden hatte. Natürlich versuchte er, alles herunterzuspielen, als wäre es nur ein Missverständnis. Aber ich hatte genug – es war klar, dass es vorbei war.

Als Gustav begriff, dass ich entschlossen war, wollte er Viola wecken und ihr sagen, dass er nicht ihr leiblicher Vater sei. Entsetzt folgte ich ihm, packte ihn am Arm und forderte ihn auf zu verschwinden. Viola war inzwischen durch unser Gespräch wach geworden und begann zu weinen. Sie spürte, dass etwas nicht stimmte. Ich nahm sie mit ins Bett, um sie zu trösten. Wir weinten zusammen, und ihre Stärke und ihr Trost, den sie mir in diesem Moment entgegenbrachte, waren unbeschreiblich. *‚Mama, ich bin für dich da, es wird schon wieder gut werden‘,* flüsterte sie und strich mir über die Wange.

Als ich ihr schließlich die Wahrheit sagte, dass Gustav nicht ihr leiblicher Vater sei, blieb sie überraschend ruhig. *‚Für mich ist das mein Papa und wird es auch immer bleiben‘,* sagte sie, und ich war erleichtert. Sie wusste es bereits – Konrads Tochter hatte ihr Andeutungen gemacht. Ihre Reife und ihr Verständnis waren überwältigend.

Die Kinder, treue Fans ihres tragischen Helden, flehten mich an, ihn nicht vor die Tür zu setzen, sonst müsste er ja unter der Brücke schlafen, der arme Kerl. Mein Mitleid galt natürlich den Kindern, nicht dem „Brückenbewohner in spe", und so landeten wir in einem „Neustart", der sich leise, aber sicher in ein skurriles Familiendrama verwandelte, das garantiert niemand so geplant hatte, am allerwenigsten ich.

In den Herbstferien versuchten wir es mit einem Ausflug nach Bratislava, um wieder als Familie zusammenzufinden. Die Tragflügelbootfahrt sollte für Abenteuer sorgen, aber es fühlte sich mehr an wie ein verzweifelter Versuch, Normalität vorzutäuschen. Ich wollte den Kindern ein unbeschwertes Erlebnis bieten, während ich innerlich kämpfte, den Schein zu wahren. Aber die Stadt schien ihre Magie nicht entfalten zu wollen, und auch die Kinder wirkten wenig begeistert. Es war ein ständiger Kampf, die Fassade aufrechtzuerhalten, während sich die Enttäuschung in mir weiter aufstaute.

Zurück zu Hause versuchte ich, erneut Klarheit zu schaffen. Trotz der Versöhnungsversuche und meiner Bemühungen, die heile Familie zu wahren, blieb ein bitterer Nachgeschmack. Mir wurde immer klarer, dass ein Neustart, so sehr ich ihn den Kindern zuliebe wollte, wohl keine Zukunft hatte.

Der Neustart mit Gustav war von Anfang an schwierig. Nachdem ich die Verantwortung für seine Finanzen übernommen hatte, dachte ich, es würde helfen, seine Schulden und sein unkontrolliertes Ausgabeverhalten in den Griff zu bekommen. Zunächst schien es tatsächlich Fortschritte zu geben. Gustav war seit vier Jahren im Privatkonkurs, und ich versuchte, ihm zu helfen, seine Finanzen zu ordnen. Ich richtete ein Sparbuch ein und beschränkte ihn auf zweihundert Euro Taschengeld im Monat – ich zahlte schließlich für alles andere. Doch es dauerte nicht lange, bis er in alte Muster verfiel. Plötzlich tauchten wieder unnötige Käufe auf, und die Schuldenzahlungen blieben aus. Das Thema Schulden war für mich erledigt, ich hatte genug von seinen endlosen Ausreden und seiner Unfähigkeit, Verantwortung zu übernehmen.

Während ich alles managte und verzweifelt versuchte, unser Leben stabil zu halten, beschränkte sich Gustavs „Hilfe" auf das absolute Minimum: ab und zu Rasenmähen, obwohl der Roboter das ohnehin übernahm, und einmal im Jahr den Pool putzen. Wenn ihn der seltene Motivationsschub ereilte, wurde im Frühjahr sogar gekärchert. Auch beim Auf- und Abbau unseres Gartenfests ließ er sich blicken – selbstverständlich nur ein Mal im Jahr. Initiative? Fehlanzeige. Und was finanzielle Beiträge anging? Da benahm er sich, als wäre er ein Langzeiturlauber im eigenen Zuhause, keineswegs Teil der Familie. Trotz meiner Bemühungen und der Geduld meiner Familie blieb Gustav unzuverlässig und selbstbezogen. Seine gelegentlichen ‚netten' Gesten wie das Mitbringen von Blumen oder Schokolade konnten die grundlegenden Probleme nicht überdecken.

Als Gustav schließlich in einem Brief seine Frustration über unser mangelndes Intimleben äußerte und mir Vorwürfe machte, wurde mir bewusst, dass sich trotz des scheinbaren Neuanfangs die Dynamik unserer Beziehung nicht verbessert hatte. Sein Fokus lag weiterhin auf seinen eigenen Bedürfnissen, ohne Rücksicht auf die Belastungen, die ich jahrelang für unsere Familie getragen hatte. Ich sah klar, dass ich mich nur weiter verbog, während er im Grunde nichts an sich ändern wollte. Der Neustart hatte keine echte Substanz, nur eine weitere Illusion, die ich zu lange aufrechterhalten hatte."

„Brief von Gustav"

Hey Maus,
vorerst möchte ich dir wieder einmal sagen, wie sehr ich dich liebe... Du bist einfach die Traumfrau, die ich immer gesucht habe, leider habe ich dich zu spät gefunden, sodass du ein ziemlich ‚verwegenes' Leben vorher führen konntest.

Ich weiß nicht, was mit dir los ist, aber ich versuche es mal mit Schreiben, weil ich mit dir über SEX oder Beziehung (Liebhaben, Kuscheln, Küssen – was ich alles nicht bekomme) ja nicht reden kann, da du immer wieder ausweichst. Ich denke immer wieder an die 2 Wochen im Oktober 2004 zurück, als ich mit einer anderen Frau was angefangen habe. Abgesehen davon würde ich noch heute gerne deine Gedankengänge verstehen, weil ab diesem Zeitpunkt du eine andere Frau – die Traumfrau schlechthin warst.

Du warst so lieb, zärtlich, hast mich gestreichelt, hast einfach meine Gedanken von meinen Lippen abgelesen – du warst einfach anders... Einfach eine TRAUMFRAU. Ich könnte heulen, wenn ich nur daran denke. Ich habe oft überlegt, wie ich dich wieder dahin bringen könnte, aber ich bin mit meinem Latein am Ende... Heute berührst du mich nicht einmal mehr. Jeder Fremde bekommt mehr von dir als ich, und ich weiß nicht, wie lange ich das noch aushalte. Schatz, ich liebe dich, aber ich kann nicht mehr!

Teilweise träume ich schon komische Sachen (du hast einen anderen usw.).

Du glaubst ja gar nicht, wie sehr ich leide und in weiterer Folge auch alle anderen (im Dienst, zu Hause die Kinder, du usw.). Es kommt einfach schlechte Stimmung auf, wenn man immer „NUR VERGESSEN WIRD". Ich habe dir damals schon gesagt, ich würde mir so sehr wünschen, dass du nur 10-20 Prozent so bleibst. ABER LEIDER bist du wieder in dein altes Schema zurückgefallen, und ich lebe einfach neben dir her.

Ich weiß nicht, warum du nicht verstehst, dass ich auch Liebe und Zärtlichkeit brauche. Vor Jahren habe ich dich immer wieder gestreichelt, geküsst usw. Da es wirklich nur einseitig von mir kam, dachte ich, wenn ich aufhöre, wirst du vielleicht nachdenken und merken, dass ich auch da bin. Aber leider, es ist dir nicht einmal aufgefallen, dass ich aufgehört habe, dich zu streicheln...

Wir haben so eine liebe Familie mit unseren zwei Kindern. Es tut mir oft so weh, wenn du z. B. Schidi (Ruprecht) streichelst (ich tue immer so, als ob ich es nicht sehe), und ich liege daneben und glaube oft, wir gehören gar nicht zusammen. Wenn ich dich berühre, schiebst du meine Hand weg.

Ich bin 41 und nicht 81, ich habe auch ein Anrecht auf Liebe und Zärtlichkeit! WARUM BIST DU SO? Bitte gib mir endlich einmal eine ehrliche Antwort, wie du zu mir stehst. Das habe ich mir nach fast 12 Jahren verdient, oder? Glaubst du das nicht?

Zum Abschluss: Du hast mir noch NIE gesagt, „Ich liebe dich." Liebst du mich wirklich nicht? Sag mir BITTE endlich die Wahrheit.

Ich habe dich so sehr lieb, ICH LIEBE DICH...
Dein Gustav

Dass ich ihm noch nie „Ich liebe dich" gesagt hatte, war mir genauso egal wie ihm die Frage, warum ihm die gebratenen Tauben so bequem in den Mund flogen.

Nach dem Tod meines Großvaters änderte sich vieles in meinem Leben. Die intensiven Emotionen und die Nähe zu meiner Familie ließen mich meine Prioritäten neu ordnen. Gustav und ich hatten beschlossen, nach der Tilgung seiner Schulden einen Neuanfang zu wagen, für die Kinder, für uns. Die Schulden waren abbezahlt, und ich hoffte auf ein harmonisches und erfülltes gemeinsames Leben. Doch die Realität sah anders aus.

Ich verbrachte viel Zeit bei meinen Großeltern, vor allem, um meiner Großmutter beizustehen, die mit der Demenz meines Großvaters kämpfte. Die skurrilen Momente, wenn er etwa versuchte, seine Zähne mit der Toilettenbürste zu putzen, brachten uns manchmal zum Lachen. Doch für meine Oma, die täglich mit den Herausforderungen konfrontiert war, war es eine große Belastung. Am 12. Dezember 2006 schlief er friedlich ein. Nach der Beerdigung ging ich täglich auf den Friedhof, um Abschied zu nehmen. Die kalten Wintertage und die Stille halfen mir, meine Gedanken zu ordnen. Zwei Mal hatte ich das Gefühl, mein Großvater würde meine Hand nehmen, als wollte er mir seine Nähe und Unterstützung ein letztes Mal zeigen.

Weihnachten brachte eine weitere Veränderung mit sich: Meine Großmutter entschied, mir den Garten am See zu überschreiben, der ihr immer viel Freude bereitet hatte. Ihre Bedingung war klar: Der Garten sollte nicht verkauft werden, das Haus darin wurde meinen Kindern überschrieben, damit alles in der Familie bliebe. Für mich war dieser Ort nicht nur Besitz, sondern ein Symbol für die Liebe und Hingabe meiner Großmutter – etwas, das ich bewahren wollte.

Trotz all der Herausforderungen, die wir als Familie in den letzten Jahren durchlebt hatten, schien es, als hätten Gustav und ich eine Chance, wieder zueinanderzufinden.

Kapitel 2   „Hochzeit unter einem dunklen Stern"

„Ein Schritt vorwärts, zwei zurück"

Am Geburtstag unseres Sohnes im August 2007, beschlossen wir zu Heiraten.   Die Schulden waren abbezahlt und naiv dachte ich es könnte nun bergauf gehen. Unsere Hochzeit war speziell. Es versammelten sich nur die engsten Familienmitglieder, um diesen besonderen Moment mit uns zu teilen. Es war ein intimer, ruhiger Moment – aber der wahre Clou kam erst am nächsten Tag. Unter dem Deckmantel einer „Karibik-Piraten-Party" hatten wir Freunde und Familie eingeladen, und wie immer freuten sich alle auf unsere berühmt-berüchtigten Feste, ohne zu ahnen, dass wir einen weiteren Plan schmiedeten.

Als alle Gäste eingetroffen waren, nutzten Gustav und ich einen Moment, in dem niemand hinsah, um uns heimlich in unsere Hochzeits-Outfits zu werfen. DJ Pepe, der als Einziger eingeweiht war, spielte plötzlich den Hochzeitsmarsch. Zuerst ernteten wir verwirrte Blicke, die Gäste dachten wohl, das sei ein Versehen. Doch als wir in voller Montur zum Pool schritten, wo ein improvisierter Altar wartete, machte es Klick. Die Überraschung war perfekt. Die Männer, sonst so hart im Nehmen, vergossen Tränen, und es blitzte von allen Seiten. Unsere Kinder, Viola und Ruprecht, standen als Trauzeugen an unserer Seite.

Der Garten platzte aus allen Nähten, gefüllt mit Familie, Nachbarn, Kollegen und Freunden, jeder passend zum Motto in Piraten- oder Hawaii-Kostümen. Zu unserer Überraschung tauchte sogar Gustavs entfremdete Tochter Jutta auf, die zufällig ihren Vater besuchen wollte. Ihr Blick sprach Bände, sie hatte sicherlich nicht mit einer Hochzeitsfeier gerechnet.

Diese Hochzeit war mehr als nur ein Fest; es war unser ganz eigenes Märchen. Wir wollten Traditionen auf den Kopf stellen und Spaß haben. Niemand musste sich

Gedanken darüber machen, was er anziehen oder mitbringen sollte, es war entspannt, es war locker, und es funktionierte perfekt. Ein Tag, der in Erinnerung blieb – genauso unkonventionell und einzigartig wie wir selbst. Und so einzigartig würde auch unsere Scheidung werden, voll mit unerwarteten Wendungen und Überraschungen.

Unsere Hochzeit war ohne Frage ein Höhepunkt, ein strahlender Moment voller Glanz und Freude. Doch, wie das so ist, verblasste der Glanz in den Monaten danach zusehends. Die Realität holte uns schneller ein, als ich es mir gewünscht hatte. Der Alltag stellte uns vor Herausforderungen, die das strahlende Bild schnell überlagerten. Was wie ein leuchtendes Versprechen begann, wurde allmählich von den Sorgen und Mühen des Alltags überschattet. Die zauberhafte Erinnerung verblieb – aber nur als das: eine Erinnerung.

Von Mitte August bis Anfang November schien alles äußerlich in gewohnten Bahnen zu verlaufen, aber die erhoffte Wende und tiefgreifende Veränderung durch unsere Eheschließung blieben aus. Gustav zeigte sich immer weniger als der Partner, den ich mir erhofft hatte. Stattdessen wurde er zunehmend egoistisch und anspruchsvoll.

Egal, was ich tat, es schien nie genug zu sein. Gustav begann, jede noch so kleine Geste und jeden Erfolg von mir oder den Kindern zu kritisieren. Statt Freude und Unterstützung zu zeigen, fand er immer wieder Gründe, unzufrieden zu sein. Ich hatte gehofft, dass sich durch die Ehe und den Wegfall seiner Schulden etwas zum Besseren wenden würde, Pustekuchen. Die Hochzeit war der Höhepunkt eines Kapitels, das sich langsam in eine Geschichte voller Enttäuschungen und Frustrationen entwickelte. Die Einzigartigkeit unserer Feier konnte nicht darüber hinwegtäuschen, dass die Ehe nicht hielt, was ich mir davon versprochen hatte. Die Hoffnungen auf Veränderung verblassten langsam und machten Platz für die Erkenntnis, dass ein Ring am Finger nicht alle Probleme löst.

Besonders schmerzlich war es, zu erleben, dass Gustav sogar auf die Kinder eifersüchtig wurde, wenn ich ihnen Zuneigung schenkte. Es war, als müsste ich Zuneigung rationieren, um sein Ego zu beruhigen. Statt sich auf uns als Familie zu konzentrieren, versuchte er, seine inneren Konflikte durch Statussymbole zu kompensieren. Der Sex – ohnehin ein Thema, wurde noch seltener. Die emotionale Distanz wuchs, und ich fand mich in der unangenehmen Position wieder, nur noch abzuwarten, bis diese Phase der Entfremdung vorbei war.

Es war eine Zeit, in der ich mich wieder in die Arbeit stürzte, um den finanziellen Druck zu bewältigen. Die Kinder benötigten Laptops für die Schule, Sprachreisen standen an, und die Fixkosten für das Haus mussten gedeckt werden. Vier Monate nach unserer Hochzeit zog Gustav aus unserem Schlafzimmer aus. Angeblich wegen des Schnarchens, das mir jahrelang den Schlaf geraubt hatte. Ironischerweise bedeutete das für mich, dass ich endlich durchschlafen konnte – ein paradoxer Glücksfall.

Das Gästezimmer wurde Gustavs eigenes kleines Reich, wo er sich zwischen seinen sieben Fernbedienungen und alten Pizzakartons offensichtlich wohlfühlte. Ein Vorteil für mich: Ich genoss meine Nächte ohne sein Schnarchen. Doch als Gustav wieder anfing, seine finanziellen Experimente zu starten, wurde es kompliziert. Monatlich legte er mir eine Rechnung für Lebensmittel über 100 Euro hin. Ich, die Friedensstifterin, schmunzelte und warf sie in den Papierkorb. Man muss ja Prioritäten setzen, oder?

Als Gustav dann versuchte, seine ‚Empathie' zu zeigen, um unsere Beziehung zu verbessern, war ich kurz davor, ihm wieder zu vertrauen. Doch kaum hatte sich der Staub gelegt, kam er mit einer neuen, finanziell belastenden Idee um die Ecke. Ein Mercedes 500 ML, angeblich ein einmaliges Schnäppchen. Seine Augen funkelten, als er mir davon erzählte. *‚Es ist wirklich ein Super-Deal, Maus. Wir würden es bereuen, wenn wir ihn uns entgehen ließen. Kannst du vielleicht ein bisschen was dazugeben?'*, fragte er, die Stimme voller Hoffnung.

Meine innere Alarmglocke schrillte, wie immer, wenn Geld ins Spiel kam. Doch diesmal entschied ich mich anders. *‚Nein, Gustav. Ich werde dieses Mal nichts beisteuern. Du bist mir noch die letzten Male Geld schuldig geblieben‘*, sagte ich fest. Ich wusste, dass ich damit eine neue Runde in unserem endlosen Spiel der finanziellen Vernunft eingeläutet hatte. Sein Gesichtsausdruck wechselte schlagartig von enthusiastisch zu enttäuscht. Aber für mich war klar: Ich hatte keine Lust mehr, immer wieder dieselbe Rolle in dieser Farce zu spielen.

Gustavs Verhalten änderte sich drastisch nach seiner Pensionierung 2012. Was früher ein verletzter Held war, der um Sympathie kämpfte, entpuppte sich als jemand, der es sich in der Opferrolle bequem gemacht hatte. Seine angebliche Krankheit, die er in den sozialen Medien ausschlachtete, war plötzlich wie weggeblasen. Anstatt die Freiheit des Ruhestands voll auszukosten, entschied sich Gustav dafür, sein Zimmer in eine Hommage an das Chaos zu verwandeln. Überall stapelte sich schmutziges Geschirr, als wolle er ein stilles Mahnmal für verlorene Hausarbeit errichten. Die Staubschicht auf den Möbeln war so dick, dass sie wie eine leere Leinwand auf kreative Nachrichten wartete, während die ehemals weißen Wände nun in einem tristen Grau erstrahlten, die traurigen Überbleibsel jahrelanger Kopfabdrücke, die wie stille Zeugen seiner Lethargie wirkten.

Gustav selbst kämpfte derweil nächtelang tapfer gegen die Langeweile, allerdings nicht draußen in der echten Welt, sondern in den virtuellen Schlachten vor seiner Konsole. Wer braucht schon echte Erlebnisse, wenn man in seinen eigenen vier Wänden zum Architekten des alltäglichen Zerfalls werden kann?

Unser Haus bot genug Platz, aber emotional war kaum mehr Raum für uns. Während Gustav also jede Nacht in seine digitalen Schlachten zog, als wäre es seine letzte große Mission, drehte sich draußen das Leben weiter.

Es war fast, als hätte sich die Welt abgespalten, auf der einen Seite Gustavs kleines Königreich des Stillstands und auf der anderen jene, die versuchten, das Beste aus ihrer Freiheit zu machen. Es gab keinen Austausch mehr, keine echte Kommunikation. Unsere einstige Partnerschaft existierte nur noch in organisatorischen Absprachen. Der emotionale Rückzug war vollzogen, und die Barrieren zwischen uns wurden unüberwindbar.

Der Gedanke, sich zu trennen, schlich sich langsam ein. Die Kinder waren alt genug, um es zu verstehen, dachte ich. Warum an einer Ehe festhalten, die nur aus Gewohnheit und Pflichten bestand? Ich wollte ihnen zeigen, dass man für sich selbst einstehen muss. Doch am Ende blieb ich – zu bequem, etwas zu ändern, und voller Mitleid. Wo sollte er auch hin?

„Unerwarteter Geldsegen"

Vor zwanzig Jahren lernte ich Frau Moser kennen, die in einem verwilderten Haus am Stadtrand von Wels hauste. Das Haus sah aus, als hätte es die letzten zwei Jahrzehnte versucht, inkognito als Dschungel durchzugehen. Frau Moser bat mich um Unterstützung für ihre Pflegekosten und versprach mir im Gegenzug das „grüne Wunder", wie ich es inzwischen nannte. Als sie verstarb, verkaufte ich die Liegenschaft.

Lizi, eine enge Freundin meiner Oma und die "Tarockkönigin" unserer Familie, war eine echte Institution und hinterließ mir überraschend eine beträchtliche Summe. Ich investierte in Immobilien und renovierte eine Liegenschaft, die ich größtenteils vermietete; ein Stockwerk blieb für Viola.

Mein Mann Gustav fand in der zweiten Liegenschaft endlich eine Beschäftigung, die seinem „aktiven Ruhestand" gerecht wurde, nämlich Platz für seinen Fuhrpark. Er erzählte stolz jedem, er hätte das Haus aus Frust über seine Ruhestandslangeweile gekauft, um es komplett zu renovieren. Die Wahrheit war jedoch weniger heldenhaft: Er kümmerte sich nur um die Entrümpelung und behielt das verdiente Geld für sich, eine kleine ego-stärkende Inszenierung.

Nach dem Tod meines Stiefvaters 2013 kam ich schließlich in den Besitz des Grundstücks meiner Eltern. Mit einem Anstrich hier und da und einer „oberflächlichen Renovierung" wurde es fit für die Vermietung gemacht. Währenddessen verschenkte Gustav großzügig das Holz einer unserer Liegenschaften an seine Freunde, als hätten wir das gute Material selbst nicht gebrauchen können. Aber das war Gustav: Der König der Großzügigkeit, solange es auf Kosten anderer ging.

Rückblickend hätten mich Gustavs drei Handys, die er ständig mit neuen Codes sicherte, stutzig machen sollen. Ich hatte zwar nie das Bedürfnis, seine Sachen zu durchstöbern, aber ich bemerkte, wie er überall Passwörter installierte, ein Schutzschild aus Codes, das selbst vor mir standhielt. Als ich ihn darauf ansprach, kam wie immer seine entrüstete Erklärung: Die Passwörter seien nötig, damit die Kinder nicht stundenlang mit seinem Handy telefonierten oder im Falle eines Verlusts niemand darauf zugreifen könne. Bei seinem Laptop war es dieselbe Geschichte. Von da an wurde unsere Beziehung zu einer schleichenden Farce aus Geheimnissen und Ausreden, während Gustavs Selbstmitleid und Alkoholspiegel stetig anstiegen. Wir lebten wie entfernte Bekannte unter einem Dach, wie Geschwister, die zufällig dieselbe Adresse teilten, aber keinerlei Verbindung mehr zueinander hatten.

Die Idee einer Trennung kam immer wieder auf, aber ich schob sie vor mir her wie eine lästige Pflicht. Statt Zuneigung blieben nur noch finanzielle Diskussionen und ein mechanischer Alltag, der uns wie in einer Zweckgemeinschaft zusammenhielt. Der Gedanke an Nähe mit Gustav wurde für mich unerträglich, und irgendwann beschloss ich, dem Ganzen ein Ende zu setzen.

In der Zwischenzeit konzentrierte ich mich auf die Mieteinnahmen meines Hauses und investierte sie in die Ausbildung der Kinder: Viola, die Jura und Psychologie studierte, und Ruprecht, der nach der HTL ebenfalls ein Jurastudium begann. Ihre Erfolge waren mein Lichtblick und gaben mir das Gefühl, dass ich wenigstens in diesem Bereich etwas richtig gemacht hatte.

Im September 2015 wurde ich Großmutter, und das veränderte alles. Ich überließ das Haus Viola und ihrer Familie, damit sie sich ein eigenes Leben aufbauen konnten. Ende des Jahres entschloss ich mich, meine Immobilien auf die Kinder zu übertragen, ein kluger Schachzug, um steuerliche Vorteile zu nutzen, bevor die Erbschaftssteuer wieder eingeführt wurde. Gustav nutzte eine der Liegenschaften für seinen Fuhrpark und träumte von einem Nebenjob als Baggerfahrer, doch das blieb Wunschdenken. Stattdessen nahm er eine Stelle im Winterdienst an und nutzte mein Konto für seine Schwarzarbeit, während er hinter meinem Rücken einen Arbeitsvertrag in meinem Namen unterschrieb. Seine Prahlereien über die „Zusatzgeschäfte" waren schließlich nur die Spitze des Eisbergs.

Als ich Frau Hanni, eine alte Kundschaft, die einige Gassen weiter wohnte unterstützte, erkannte Gustav sofort eine neue Gelegenheit. Plötzlich spielte er den hilfsbereiten „Neffen", der sich unermüdlich um ihr Wohl kümmerte, und gewann ihr Vertrauen. Er ließ sich täglich von ihr einladen und gab sich sogar bei den Behörden als ihr Verwandter aus, eine Rolle, die er mit einer Inbrunst spielte, als stünde ihm ein Oscar bevor.

Meine Freundin Herta, die in der Nähe ein Lokal betrieb, war mir stets eine Stütze. Sie warnte mich, als sie hörte, dass Gustav im Alkoholrausch behauptet hatte, er würde mich abhören. Wachsam zu bleiben, schien die einzige Lösung. Doch es gab noch ein anderes heikles Thema: Hertas Lebensgefährte Rolf, der mir seit Jahren im betrunkenen Zustand unangenehme Nachrichten schickte. Ich wollte Herta nicht die Wahrheit sagen, um ihre

Beziehung nicht zu belasten, aber seine ständigen Avancen wurden unerträglich. Eines Abends bat Herta mich, ihren betrunkenen Rolf nach Hause zu fahren. In der Dunkelheit des Autos verlangte er plötzlich einen Kuss und weigerte sich, auszusteigen. Als ich ablehnte, stieg er wütend aus und ließ eine anstößige Bemerkung fallen. Die Situation ließ mich fassungslos zurück; von da an besuchte ich Herta nur noch, wenn sie allein war. Kurz darauf bekam Herta die Diagnose Lungenkrebs. Sie nahm die Nachricht tapfer auf, obwohl die kommenden Monate schwierig werden würden. Sie war eine starke, ehrliche Frau, die sich immer traute, Fehlverhalten anzusprechen, auch bei Gustav. Ihre scharfen Worte führten oft zu Auseinandersetzungen, und Gustav kündigte ihr die Freundschaft.

Abartig verstörende Erlebnisse

Eines Tages kam ich mit meinem Sohn früher als erwartet nach Hause. Da das Badezimmer vom Vorraum aus gut einsehbar war, bemerkte mein Mann nicht, dass wir bereits angekommen waren. Als wir ins Haus kamen, fanden wir Gustav in der Dusche vor. Durch die Glastür konnte man sehen, dass er sich mit einem Sexaccessoire beschäftigte. Der flüchtige Moment, den mein Sohn beobachtete, hinterließ einen bleibenden Eindruck. Der Ausdruck auf Gustavs Gesicht werde ich nie vergessen, er war wie erstarrt, sein Gesicht zeigte deutlich, dass er völlig unvorbereitet und ertappt war. Mein Sohn ging wortlos in die Küche, und ich konnte nur erahnen, welche Gedanken ihm in diesem Augenblick durch den Kopf gingen. Gustav verharrte einige Sekunden regungslos in der Dusche, seine Augen weit aufgerissen, als könnten sie gleich herausspringen. Auch ich stand einen Moment lang fassungslos und verwirrt da. Schließlich ging ich ins Badezimmer und schob die Tür hinter mir zu, um die Situation zu klären. *„Was machst du da?"*, fragte ich entsetzt. Gustav, sichtlich verlegen, antwortete nach kurzer Überlegung, dass er den Dildo für mich gewaschen habe. Ich war überrascht und fragte mich, seit wann ich solches

Sexspielzeug benutze und warum wir überhaupt so etwas im Haus haben. Als ich ihn dann noch fragte, wer in die Dusche geschissen hatte, er oder der Hund, blieb er stumm und errötete. Schließlich verließ er, noch immer beschämt, mit dem Sexaccessoire das Badezimmer. Es war eine äußerst unangenehme Situation, besonders im Hinblick auf unser Kind. Obwohl er inzwischen zwanzig Jahre alt war.

Gustav nahm wie gewohnt die Opferrolle ein und ignorierte mich in den folgenden Tagen. Über diesen Vorfall haben wir nie wieder gesprochen, auch erwähnte ich es in den nächsten zwei Jahren kein einziges Mal. Ich versuchte, diese unangenehme Situation zu verdrängen und zu vergessen. Es dauerte nicht lange, bis ich erneut Zeugin von Gustavs ungewöhnlichem Verhalten wurde. Diesmal führte mich die gebügelte Wäsche zu seiner geheimnisvollen Aktivität. Als ich die gewaschene Bettwäsche nach oben brachte, drangen seltsame Geräusche aus seinem Zimmer. Es war bereits dunkel, und ich hörte deutlich ein lustvolles Stöhnen, das mir durch die Tür entgegenkam. Mein Herz klopfte, während ich vor der Tür stand und überlegte, ob ich eintreten sollte oder nicht. Der Gedanke, die Tür einfach zu öffnen, überkam mich schließlich. Als ich die Tür langsam öffnete, sah ich, was sich in Gustavs Zimmer abspielte. Er saß auf einem Stuhl mit nacktem Unterkörper und war am Computer. Die Art, wie er sich bewegte, ließ keinen Zweifel daran, dass er sich selbst befriedigte.

Es war eine Situation, die ich so nicht erwartet hatte. Er trägt Kopfhörer, am Bildschirm läuft ein Tier-Porno. Eine Frau verwöhnt ein männliches Pferd.

Er ist so fixiert, dass er übersieht, dass ich im Raum stehe. Ich war zwar darauf vorbereitet, dass er in seinem Zimmer für Sex-Spaß sorgt, aber womit ich nicht gerechnet habe, dass es so abartig ist. Er reagierte cholerisch und forderte mich auf, sofort sein Zimmer zu verlassen und vorher anzuklopfen, bevor ich es betreten würde. In meinem eigenen Heim Anweisungen von ihm entgegenzunehmen, war surreal. Die folgenden Tage waren von einer eisigen Stille geprägt. Nichts schien mehr zu stimmen; zwischen uns herrschte frostige Distanz. Es war der tiefste Punkt, den man in einer Partnerschaft erreichen kann erreicht. Ich hatte weder Interesse an einer Aussprache noch an einem klärenden Gespräch über die verstörenden Vorkommnisse, geschweige denn daran, ob diese Beziehung noch zu retten war. Unsere Verbindung war längst nicht mehr wie die zwischen Bruder und Schwester in einem Haushalt, geschweige die eines Ehepaares.

Ich hatte längst aufgehört, Ausreden für sein Verhalten zu suchen. Es war klar geworden, dass Gustavs Reaktionen immer kalkuliert waren. Der Nutzen, den ich ihm über die Jahre bot, schwand zusehends, und er spürte, wie gleichgültig mir alles geworden war. Die Erkenntnis, dass seine Ignoranz keinen Einfluss mehr auf mich hatte, traf ihn hart. Er war ein König ohne Reich geworden, eine Dramaqueen, die ihre Bühne verloren hatte. Die ständigen Diskussionen drehten sich immer nur um unser Sexleben, weil Gustav sonst nichts zu kritisieren hatte. Gustav fand sich häufig in der Opferrolle wieder und die Tränen flossen reichlich. Mein Mitgefühl war nach all den Jahren fast erschöpft.

Sein Neid erreichte groteske Ausmaße: Unser Sohn musste sogar fragen, ob er sich etwas aus dem Kühlschrank nehmen dürfe, wenn Gustav mal eingekauft hatte. Letztendlich schaffte Gustav sich einen eigenen Kühlschrank für sein Zimmer an, nur damit ihm niemand seine Vorräte streitig machen konnte.

In seinen Stammlokalen und bei Bekannten wurde ich als die gefühlskalte Eiszapfenfrau, die keinen Sex wollte und ein kaltes Herz hatte, dargestellt. Er spielte seine Opferrolle perfekt. Hin und wieder machte ich mir dennoch Gedanken darüber, wie er die Ablehnung unserer sexuellen Beziehung so offensichtlich zuließ. Es ging mir nicht ab, sein Körper erregte nur noch mein Gemüt. Trotz seiner ständigen

Unzufriedenheit lobte er unsere Familie in den höchsten Tönen, um uns schließlich in der Hölle schmoren zu sehen.

Seit Beginn des neuen Jahres zog es Gustav immer häufiger zu seiner Familie in die Steiermark. Was früher dreimal jährlich vorkam, war nun fast zu einer wöchentlichen Routine geworden, er verbrachte dort regelmäßig mehrere Tage. Von meiner damaligen Schwägerin Anna erfuhr ich, dass sein Bruder Hans seit fünfzehn Jahren an AIDS erkrankt war. Unsere stundenlangen Telefonate drehten sich darum, wie er sich die Krankheit wohl eingefangen haben könnte. Hans war weder rauschgiftsüchtig noch als homosexuell bekannt. Er hatte eine Zeit lang als Montagearbeiter in Südamerika gearbeitet, und wir spekulierten, dass er sich möglicherweise in Brasilien infiziert haben könnte, da er immer so schwärmerisch von den Sexclubs dort erzählte. Sicher waren wir uns allerdings nicht.

Anna, die Frau meines Schwagers berichtete mir, dass Hans im Haus unserer Schwiegermutter lebte und von ihr gepflegt wurde, trotz seiner fortschreitenden und grausamen Krankheit – Peniskrebs, der schließlich zu einer Amputation führte. Die Wunden eiterten und stanken, und dennoch trug unsere Schwiegermutter bei der Pflege keine Handschuhe, was Anna in ihrer Empörung immer wieder betonte. Hans' Gesundheit verschlechterte sich rapide, und niemand wusste, ob er seinen nächsten Geburtstag noch erleben würde. Obwohl ich nie ein besonders nahes Verhältnis zu ihm hatte, wünschte ich ihm ein schnelles und schmerzfreies Ende.

Gustavs regelmäßige Fahrten nach Leoben, um seinen an Bauchspeicheldrüsenkrebs erkrankten Stiefvater zu besuchen, ließen mich stutzig werden. Ich fragte mich, was genau er dort eigentlich zu tun glaubte, denn seine Anwesenheit würde an der Lage nichts ändern. Es wirkte fast so, als nutzte er die Krankheit als Ausrede, um sich von zu Hause fernzuhalten. Besonders merkwürdig war das, weil er früher häufig über seinen Stiefvater sprach und erzählte wie dieser ihn körperlich misshandelt hatte. Es war offensichtlich, dass Gustav ihm diese Vergangenheit nie wirklich verziehen hatte, auch wenn er ihm bei jedem Besuch ein Lächeln schenkte.

Die Gerüchte über seine Treffen mit einer alten Bekannten ließen mich hellhörig werden, aber ich fand keinen passenden Moment, es anzusprechen. Wahrscheinlich war es endlich an der Zeit, dass mir jemand „das Laster Gustav" abnahm; insgeheim betete ich fast dafür. Ich begann wirklich zu hoffen, dass er dort draußen jemanden fand – eine Frau, die seine Geschichten über Geld und seine unaufhörlichen Annäherungsversuche vielleicht besser zu schätzen wusste als ich.

Seit Gustav vermehrt seine Familie in der Steiermark heimsuchte, fühlte ich mich so frei und ungezwungen, als hätte man mir Flügel verliehen. Jedes Mal, wenn er wieder da war, schien alles an ihm nur darauf ausgelegt zu sein, mich zu nerven. Schon sein Blick, bei dem seine übergroßen Augäpfel förmlich aus den Augenhöhlen quollen, war ein Garant für mein Unwohlsein. Seine „charmanten" Eigenheiten, von den Warzen an seinen Fußsohlen bis zu seinen kunstvoll abgekauten Fingernägeln – bereicherten mein Leben ungemein. Über die Jahre hatten sich so viele ungelöste Probleme angesammelt, die zwar immer wieder diskutiert, aber nie gelöst wurden. Unsere „Beziehung", wenn man es überhaupt so nennen konnte, war eine prächtige Mischung aus Unzufriedenheit, Lügen, Unordnung und Chaos.

Es war Mai, und wie jedes Jahr begannen wir mit den Vorbereitungen für unsere große Motto-Party zu Ruprechts Geburtstag im August. Einladungen wurden verschickt, Getränke bestellt, und für den Herbst buchten wir einen Urlaub in Spanien, diesmal inklusive unseres Sohnes. Die Planung lief wie am Schnürchen, bis Ende Mai die niederschmetternde Nachricht eintraf: Sowohl Hans als auch mein Schwiegervater waren verstorben. Die Beerdigung, eine elegante Doppelzeremonie, fand in Leoben statt, zu der ich allein anreiste. Gustav war schon Tage zuvor dorthin verschwunden, und ich hatte keine Lust, mir seinen dramatischen Auftritt aus nächster Nähe anzusehen. Stattdessen beobachtete ich ihn aus sicherer Entfernung, wie er mit seiner Theatralik um Aufmerksamkeit buhlte.

Nach dem offiziellen Teil des Begräbnisses gab es noch ein gemeinsames Essen, organisiert von meiner Schwiegermutter, die selbst im größten Kummer noch die Rolle der perfekten Gastgeberin spielte. Dann machte ich mich auf den langen Weg zurück nach Wels. Einige Tage später kam Gustav schließlich auch nach Hause, und ich fragte ihn, ob wir die geplante Geburtstags-Motto-Party unseres Sohnes absagen sollten. Seine Antwort: *„Das Leben geht weiter."* Und so feierten wir Anfang August 2017 die Halloween-Party zu Ruprechts Geburtstag. Die Motto-Party des Jahres, wie ich sie nannte. Überraschenderweise war diesmal fast Gustavs gesamte Familie anwesend, als hätten sie geahnt, dass dies ihre letzte Gelegenheit auf unserem Grundstück sein würde.

Doch kaum war Ruprechts Geburtstag vorbei, begann Gustav, mich wie Luft zu behandeln, und das ohne jeglichen Grund. Kein Streit, kein Vorfall, nur eisige Gleichgültigkeit. Ende August machte er sich dann auf zu einer Reise nach Griechenland, natürlich in bester Gesellschaft: Frau Hanni, seine „Tante", 30 weitere Senioren und, als Sahnehäubchen, seine Mutter. Frau Hanni, welch großzügige „Tante" sie doch war, hatte die gesamte Reise finanziert. Was für ein Glücksfall! Ich musste nur zugeben, dass ich es mit Freuden vermied, fünf wertvolle Tage meines Lebens in einem Reisebus zu verbringen, eingepfercht mit Menschen, deren kombiniertes Alter das antike Griechenland locker übertraf. Die „Abenteuer", die mich dort erwartet hätten, wollte ich mir lieber gar nicht ausmalen.

Nach der Rückkehr übernachteten Gustav und seine Mutter kurz bei uns, bevor sie sich wieder nach Leoben verabschiedeten. Ein paar Tage später erschien Gustav erneut in Wels – diesmal, um sich „von seinem Griechenland-Trip zu erholen". Er vermied es jedoch gekonnt, mich zu sehen oder gar mit mir zu telefonieren. Anrufe ließ er unbeantwortet und tauchte immer erst spät am Abend auf, als wäre er ein Geheimagent auf streng geheimer Mission.

Ehrlich gesagt, war seine Abwesenheit eine regelrechte Wohltat. Endlich blieb mir das Dauerabonnement auf seine endlosen Monologe erspart, die meistens nur um zwei Dinge kreisten: sein Geld und unser nicht existierendes Liebesleben. Jedes Mal, wenn er aus der Tür trat, fühlte es sich an, als gewänne ich ein Stück Freiheit zurück, eine Befreiung aus einem Theaterstück, das längst seinen Reiz verloren hatte.

Gustavs Geburtstag rückte näher, und ich fragte mich, was man einem Menschen schenken könnte, der sich konsequent unsichtbar macht und nur noch als Geist grüßt. Entschlossen, kein Drama daraus zu machen, schlenderte ich abends in den Supermarkt. Ich schnappte mir ein Steak, grüne Pfefferkörner, einen Kopfsalat und – zur Krönung – „Gute Laune Tee". Diese „herzlichen" Kleinigkeiten verstaute ich in einem bunt bedruckten Geschenksackerl und platzierte es strategisch auf Gustavs Platz in der Küche. Am nächsten Morgen verschwand ich früh aus dem Haus, um seiner möglichen „Begeisterung" oder Enttäuschung zu entgehen.

Natürlich dauerte es nicht lange, bis Gustav ein Bild des „lieblosen" Geschenks mit unseren Freunden teilte. Der „Gute Laune Tee" avancierte sofort zum Hit des Tages und wurde ausgelacht und ironisch gefeiert. Das Parfum von Paco Rabanne, das ich als Plan B in der Hinterhand hatte, blieb unbemerkt und unberührt im Schrank. Drei weitere schweigsame Wochen vergingen, wie sie schöner nicht hätten sein können.

Die bevorstehende Urlaubsreise warf bereits ihre Schatten voraus, und ich konnte mir nur ausmalen, wie dieser Zirkus wohl weitergehen würde. Es war, als stünde der nächste Akt einer endlosen Aufführung kurz bevor, und ich war gespannt, welche Rolle Gustav diesmal spielen würde.

Mein eigener Geburtstag stand vor der Tür, und ich fragte mich, ob sich an unserer pantomimischen Routine etwas ändern würde. Am großen Tag kam von Gustav nur ein knappes *„Alles Gute“* via WhatsApp, gefolgt von: *„Hanni möchte dich um 13 Uhr zum Essen einladen!“* Typisch. Gustav ließ sich immer gerne von der älteren Hanni zum Mittagessen ausführen, aber meine Begeisterung, mit ihm am selben Tisch zu sitzen, war längst verflogen. *„Keine Zeit“*, tippte ich kurz zurück. Die Frage, wie ich ihm die Trennung beibringen könnte, schob ich vorerst beiseite.

Meine Freundin Herta war nach ihrer Chemotherapie wieder in ihrem Lokal, und ich besuchte sie regelmäßig. Unser Kontakt war während ihrer Krankenhauszeit nur telefonisch gewesen, und es tat gut, sie wiederzusehen. Der nächste Tag sollte der Start unseres lange geplanten Spanien-Urlaubs mit unserem Sohn sein. Gustav tauchte spätabends im Lokal auf, begrüßte alle Gäste mit Handschlag und Küsschen – außer mich. Das lief nun schon seit Monaten so, und mir war es völlig egal; wir waren wie zwei Fremde. Ich dachte nur daran, wie der Urlaub mit seiner Laune wohl werden würde. Zum Glück war unser Sohn dabei.

Es war schon weit nach 22 Uhr, als Herta uns ein Urlaubsgetränk servierte und fröhlich rief: *„Auf einen schönen Urlaub!“* Gustav schaute verwirrt und fragte: *„Welcher Urlaub?“* Da wusste ich, dass er nicht mitkommen würde. Innerlich machte ich einen kleinen Freudentanz. Wäre er dabei gewesen, hätte er nur unseren Sohn und mich mit seiner miesen Stimmung belastet. Ich verabschiedete mich von Herta und den anderen Gästen und machte mich auf den Weg nach Hause.

Zuhause packte ich meine wichtigsten Sachen zusammen – Dokumente, Versicherungsverträge, Kontoauszüge, Handys, Laptops und die unzähligen Rechnungen, die sich im Laufe der Jahre angesammelt hatten. Ein wahres Sammelsurium meiner Bürokratie, das ich zu meiner Mutter brachte, die praktischerweise in derselben Straße wohnte. Es war fast schon ein Vergnügen, dass Gustav immer noch in Hertas Beisl saß und von meiner Entrümpelungsaktion nichts mitbekam. Er hätte bestimmt die zwei Wochen, die er allein daheim verbringen würde, dazu genutzt, um in meinen Unterlagen zu schnüffeln und vielleicht das eine oder andere „verschwinden" zu lassen. Diesen Strich durch die Rechnung machte ich ihm gerne. Allein die Vorstellung, wie er schauen würde, wenn er seine Suche startete und nichts fand, brachte mich zum Lächeln.

In der Nacht schrieb Gustav unserem Sohn über WhatsApp, dass er nicht mitfliegen würde. Am nächsten Morgen brachte uns Viola zum Flughafen. Während unseres Zwischenstopps in Frankfurt telefonierte ich mit Herta, die mir von den Ereignissen des Vorabends erzählte. Gustav hatte, wie immer, großspurig über unsere Beziehung geschwafelt, und Herta, die selten ein Blatt vor den Mund nahm, hatte ihre Meinung dazu geäußert. Gustav, dem Kritik so gut schmeckte wie saure Milch, kündigte daraufhin kurzerhand die Freundschaft mit unserer krebskranken Freundin. Ein wahrer Gentleman.

Die zwei Wochen in Spanien waren himmlisch. Mein Sohn und ich erklommen Berge, aalten uns am Strand, schwammen im Meer, gingen shoppen und genossen die köstliche spanische Küche. Es war Erholung pur, und wir kehrten mit bester Laune nach Wels zurück.

Am Flughafen erwartete uns meine Tochter, während Gustav angeblich wieder in Leoben bei seiner Mutter weilte. Mein erster Gedanke? Vielleicht hatte er ja endlich eine neue Frau kennengelernt, das wäre doch mal eine erfreuliche Wendung! So oft wie dieses Jahr war er in den 23 Jahren unserer „Beziehung" noch nie in der Steiermark gewesen. Wer weiß, vielleicht endet alles doch noch mit einem Happy End, und ich bekomme am Ende mehr Ruhe, als ich je zu hoffen gewagt hatte.

Kaum hatten wir unsere Koffer abgestellt, klingelte mein Telefon. Ein Freund fragte neugierig: *„Hast du die Scheidungsklage schon am Tisch?"* Überrascht entgegnete ich: *„Welche Scheidungsklage?"* Nachdem ich aufgelegt hatte, konnte ich es kaum glauben, Gustav hatte also den ersten Schritt gemacht. Der Mann, der überall großspurig verkündete, er wolle sich scheiden lassen, hatte nicht einmal den Mut, mir das ins Gesicht zu sagen.

Später fuhr ich zum „Abstellplatz", um nach dem Rechten zu sehen. Doch als ich dort ankam, fand ich nichts als Müll und einen alten Anhänger vor, der ganze Fuhrpark war wie vom Erdboden verschluckt. Scheinbar hatte er auf meinen Liegenschaften auch schon „aufgeräumt" und ein paar Wertgegenstände eingesackt. Ein ungutes Gefühl beschlich mich, dass er vielleicht auch im Haus noch zuschlagen würde. Also durchsuchte ich sein Zimmer und entdeckte etwas, das mir den Atem stocken ließ: acht Abhörgeräte, gut versteckt, aber eindeutig dazu da, meine Gespräche aufzuzeichnen und die der alten Dame Hanni. Sogar ein Gespräch zwischen Herta und mir war dabei aufgezeichnet worden. In diesem Moment wurde mir klar, dass ich es hier nicht nur mit einem einfachen Lügner zu tun hatte, sondern mit einem echten Möchtegern-Spion.

Ich beschloss, ihm mit seinen eigenen Methoden zu begegnen. Heimlich stellte ich zwei Diktiergeräte auf: eins unter dem Küchensessel und eins in seinem Zimmer. Die Geräte schalteten sich automatisch bei Geräuschen ein. So wurde ich zur „Agentin im eigenen Heim", und ich muss zugeben, ein Teil von mir fand das fast aufregend.

Ein paar Tage später kehrte Gustav aus Leoben zurück. Ich war bereit, ihn zur Rede zu stellen, doch er ignorierte mich völlig, als wäre ich Luft. Als ich schließlich in seinem Zimmer stand, kam es zum Eklat. Unter Alkoholeinfluss verkündete er kalt: *„Der Zug ist abgefahren."* Ich konterte ohne zu zögern: *„Für mich schon lange – seit der Dildo-Geschichte!"* Der Effekt war genau, wie ich es erwartet hatte: Sein Gesicht lief knallrot an, eine Mischung aus Wut und Scham. Fast wollte ich es als Kunstwerk verewigen.

„Ruprecht, schaff sie weg, ich kann sie nicht mehr sehen!" schrie er schließlich in einem Anfall von Rage.

47

Eine schöne Ironie, dachte ich, denn ich konnte ihn ebenfalls nicht mehr ertragen. Als ich das Zimmer verließ, wusste ich, dass das der letzte Tropfen war. Von da an hatte ich einen neuen Lebenszweck: meinen Sohn aus diesem Schlamassel herauszuhalten.

In der Nacht verließ Gustav das Haus, um seiner Tätigkeit als Kontrolleur bei der Schneeräumfirma nachzugehen. Draußen tobte ein Schneesturm, eine perfekte Gelegenheit, um ungestört zu agieren. Zeitig am Morgen beschloss ich, meine Spionageaktion fortzusetzen. Also nahm ich mir seine Festplatte vor und schloss sie an meinen Computer an.

Als ich den Foto-Ordner „Ostern1995" herunterlud, fiel mir ein Ordner namens „Privat" ins Auge. Mein Herzschlag beschleunigte sich, als ich ihn öffnete. Was ich dort fand, verschlug mir die Sprache. Gustav hatte über ein Jahrzehnt lang heimlich all meine finanziellen Angelegenheiten dokumentiert.

Wertpapiere, Sparbücher, Liegenschaftsverträge, Kalendereinträge, alles hatte er kopiert und gespeichert. Es war, als hätte er ein Dossier über mein Leben geführt, ein echter Geheimdienstbericht. Plötzlich wurde mir klar: Jeder meiner Schritte war überwacht worden, als würde er seit langem planen an Geld zu kommen. Die Frage war nur wie?

Schockiert und wütend blätterte ich durch die Dateien. Es war kein Zufall oder eine einmalige Sache, das war Jahr für Jahr an detaillierten Berechnungen und Überwachungen. Der Mann, der mir immer erzählte, wie sehr er mich liebte, hatte also hinter meinem Rücken akribisch alles protokolliert. Es war widerlich. Wie erbärmlich musste man sein, um die Mutter seines eigenen Kindes so auszuspionieren? Ich war diejenige, die alles gemanagt hatte: Kredite, Hausbau, die Erziehung unserer Kinder, Urlaube, Geburtstagsgeschenke, Ostern und sogar das Weihnachtsfest inklusiver Geschenke. Dieser Einblick zeigte mir seinen wahren Charakter – ein Mensch, der die Rolle des Opfers perfektioniert hatte.

Mein Sohn verdient einen Vater mit Rückgrat und Ehrlichkeit – keinen, für den er sich eines Tages schämen muss. Rückblickend musste ich zugeben, dass ich Gustav nie wirklich gekannt hatte, und er mich noch viel weniger. Aber die bittere Erkenntnis würde er in den nächsten Monaten selbst machen müssen. Der einzige Vorwurf, den ich mir machen könnte? Dass ich ihn nie wirklich geliebt habe. Aber, Hand aufs Herz, wann hätte ich das auch tun sollen?

Entschlossen, alle Karten auf den Tisch zu legen, stürmte ich in Gustavs Zimmer. Ich schnappte mir alles, was elektronisch aussah: Laptop, iPad, zwei alte Handys und jede Menge verdächtige Zettel. In diesem Moment fühlte ich mich wie in einem Thriller, nur dass ich die Hauptrolle spielte und gleichzeitig die Regie führte. Mit meiner „Beute" beladen, machte ich mich auf den Weg zum Auto.

Doch als ich durch die Garage auf die Strasse trat, fiel mein Blick auf ein kleines, blinkendes Gerät unter meinem Auto: ein Peilsender. Plötzlich wurde mir klar, wie tief Gustavs Kontrollwahn ging. Was trieb einen Menschen zu solchen extremen Maßnahmen? In diesem Augenblick beschloss ich, alles ans Licht zu bringen. Ich wollte auch seinen Safe aus der Garage mitnehmen Als ich den Safe an mich zog, öffnete er sich wie von selbst.

Im Inneren fand ich einen schwarzen Müllsack, der einen Gummidildo und einen Silikon-Popo enthielt. Was er damit wohl vorhatte, bleibt mir ein Rätsel. Doch das war noch nicht alles. Ich wühlte weiter und stieß auf meinen verlorenen Safe-Ersatzschlüssel, zwei Autoersatzschlüssel, einer für unseren Mercedes und einer für den Audi RS4, der offiziell auf die alte Frau Hanni registriert war, aber exklusiv von Gustav gefahren wurde. Zudem fand ich ein herausgerissenes Billet aus dem Babyalbum unseres Sohnes, in dem der Golddukaten lag, das Geschenk meiner Schwiegermutter zur Taufe. Diese Dreistigkeit war schier unglaublich. Wenn Gustav wirklich so tief gesunken war, dann war es höchste Zeit, ihm das Handwerk zu legen, jetzt hatte ich die Beweise, die ich brauchte.

Ich schaute mir die Autos vor dem Haus an, in der Hoffnung auf geheime Verstecke. Plötzlich fand ich in einem Kuvert ein Schreiben über eine geplante Vasektomie in zwei Tagen. Während ich all das durchging, hatte ich natürlich noch meine versteckten Aufnahmegeräte bereit, um Gustavs zukünftige Reaktionen für die Nachwelt festzuhalten. Man muss schließlich auf alles vorbereitet sein!

Mit meinem Schlüssel, dem Ersatzschlüssel für den Mercedes und dem Golddukaten machte ich mich hastig auf den Weg. Den Peilsender, der wie eine Spiegelreflexkamera aussah und ein starkes Magnet hatte, nahm ich mit. Ich fuhr zu meiner Tochter Viola und schloss den Magnet in ihren Postkasten ein, der ihn sofort anzog. Danach suchte ich eine Freundin auf, um den restlichen Tag abzuwarten.

Als ich an der Tür meiner Freundin klingelte, öffnete sie mit einem neugierigen Blick: *„Was ist denn los? Du siehst aus, als wärst du gerade aus einem Thriller geflüchtet!"* Ich schmunzelte nervös und erzählte ihr die unglaubliche Geschichte. *„Ich kann es kaum fassen, dass er so weit gehen würde"*, sagte ich, während ich auf das Sofa sank. Meine Freundin nickte verständnisvoll und bot mir eine Tasse Kaffee an.

Mit einem Gefühl der Erleichterung und einem Hauch von Genugtuung nahm ich die Tasse Kaffee entgegen. Während wir unseren Plan schmiedeten, konnte ich endlich aufatmen. Die nächsten zwei Tage verbrachte ich bei ihr – genau das, was ich brauchte, um Abstand von der emotionalen Achterbahnfahrt zu gewinnen. Ich stellte mir vor, wie viele Beziehungsdramen oft in einem blutigen Finale enden, und wusste, dass ich Ruhe brauchte, um klar denken zu können.

In der Sicherheit ihrer Wohnung machte ich mich an Gustavs Papierkram. Über die Jahre hatte er mir alle finanziellen Details vorenthalten, und nun fühlte es sich an, als würde ich einen Schatz entdecken. Doch was ich fand, war eher eine Schatzkarte zu einem Albtraum.

Unter den Dokumenten stieß ich auf ein Testament, das zu Gunsten meines Mannes ausgestellt war. Es war von Frau Hanni, der alten Dame, die Gustav fälschlicherweise als „Tante" bezeichnete. Ihre Generalvollmacht war erschreckend: Gustav konnte über ihr ganzes Vermögen verfügen, als wäre es seins! Ein echter Augenöffner!

Die Kontoauszüge zeigten, dass er sich monatlich 1500 Euro von ihrem Konto überweisen ließ. Regelmäßig! Es war klar, dass er sich auf Kosten der alten Dame bereichert hatte, wahrscheinlich ohne ihr wirkliches Wissen.

Mit jedem Dokument, das ich durchging, wurde mir klarer, wie tief seine Berechnungen reichten. Er hatte ein finanzielles Netz aus Lügen und Betrug gesponnen und lebte auf Kosten anderer. Es war, als würde sich der Schleier lüften, und ich sah seinen wahren Charakter: nicht nur mein Ehemann, sondern auch der Architekt eines komplexen Betrugsplans.

Die Scheidung war unausweichlich, aber sie musste auf soliden Beweisen und einer durchdachten Strategie basieren. Dies war der Beginn eines neuen Kapitels, und eines war klar: Gustav und ich steuerten auf ein erbittertes Finale zu.

Wie ironisch: Das Abhörgerät in der Küche war mein Trumpf. Der Mann, der jahrelang alles und jeden kontrolliert hatte, war nun selbst in einer Lage, in der er die Kontrolle völlig verloren hatte. Er war das Opfer seines eigenen Kontrollwahns geworden. Jetzt war er selbst in die Falle getappt, die er für mich aufgestellt hatte. Das Gerät zeichnete jede seiner kläglichen Bemühungen auf und lieferte mir den Beweis für seine hysterischen Ausbrüche.

Das Abhörgerät hatte alles aufgezeichnet, was in der letzten Zeit in unserem Haus vor sich ging als ich bei meiner Freundin war, unter anderem das Gespräch zwischen meinem Sohn und Gustav.

Gustav kam ins Haus, schaute jedoch nicht wirklich rein und fragte: *„Ist Mama da?"* Ruprecht, der in der Küche hockte, antwortete sarkastisch: *„Nein, ich habe nur das Licht aufgedreht."* Gustav hielt inne und verbesserte sich: *„Äh, ich wollte nur wissen, ob ich reden kann."*

Ruprecht seufzte und sah seinen Vater an. *„Und wie geht's jetzt weiter? Weihnachten und so?"*

Gustav zuckte mit den Schultern. *„Was meinst du?"*

„Naja, wegen Weihnachten", präzisierte Ruprecht, seine Stimme klang bedrückt.

Gustav musterte seinen Sohn kurz, bevor er leise murmelte: *„Ja, Ruprecht, ich werde nicht dabei sein. Ich weiß nicht, ob ich bei meiner Familie bin."*

Ruprecht legte seinen Kopf in die Hände und seufzte tief. *„Mein Kopf platzt! Das ist so..."* Seine Stimme brach ab, und die Stille im Raum sprach Bände... es war, als ob das Weihnachtsfest bereits vor der Tür stand und mit einem Flop in die Küche fiel.

Schließlich drehte Gustav sich um und verließ den Raum, während Ruprecht allein in der Küche zurückblieb und sich wünschte, dass sich alles irgendwie zum Guten wenden könnte. Doch kaum war Gustav draußen, kam er wütend zurück in die Küche. *„Der Ausraster von Mama! Dieser hinterlistige, gemeine Ausraster... Wenn ich gewusst hätte, dass du mithörst, wäre ich..."* Er stockte, seine Stimme zitterte vor Wut. *„Das hat sie gewusst! Ich war nie ein Teil der Familie! Ihr habt ja gewusst, dass sie euch alles überschrieben hat und, und, und... Ich bin kein Teil der Familie mehr. Es hat mir wehgetan, dass du mich nicht eingeweiht hast. Was hat Mama gesagt?"*

Ruprecht seufzte tief und antwortete: *„Dass eine neue Erbschaftssteuer eingeführt wird und sie nicht einsieht, warum wir etwas bezahlen sollen. Außerdem war das doch schon mal im Gespräch.“*

„Weißt du, Ruprecht, ich wollte mich vor eineinhalb Jahren schon scheiden lassen!“

„Wieso? Was war da?“ fragte Ruprecht neugierig.

„Das Gleiche wie jetzt! Deine Mama hat das mit einem Hintergrund gemacht!“ Gustav sprach mit Nachdruck.

Gustav machte eine Pause und fuhr dann fort: *„Ruprecht, du kannst mir nicht nachsagen, dass ich etwas eskalieren lasse. Ich bin der ruhigste Mensch der Welt! Aber wenn ich nicht mehr in mein Zimmer darf...! Sie stellt sich provokant davor, ich sage, 'Bitte verlasse mein Zimmer', und sie sagt 'Nein' und lässt die Tür nicht zumachen. Das finde ich einfach schrecklich! Am nächsten Tag komme ich runter, und sie lacht mir ins Gesicht: 'Guten Morgen', sagt sie. Sie macht es noch schlimmer, als es schon ist!“*

Ruprecht seufzte: *„Darum mag ich, dass ihr das...“*

Gustav fiel ihm ins Wort: *„Zweiundzwanzig Jahre zusammen, und sie behandelt mich immer noch wie ein Arschloch! Du hast es selbst gehört: 'Was willst du denn, dir gehört ja nichts! Nur ich hab die Häuser aufgebaut!' Ich zahle das Essen, die Geräte, den Sprit. Ich stecke mein ganzes Geld in unsere Familie. Nie habe ich überlegt, dass es egal ist! Und dann sagt sie zu mir: 'Was zahlst du denn?' Und dann, ganz lapidar: 'Geh, dann geh!' Ich weiß, dass sie das plant. Warum ist ein Mensch so geldgierig? Ich wünschte, wir wären einfach nur in unserem kleinen Haus geblieben. Aber die Zeiten sind vorbei. Für Mama ist Geld das Wichtigste. Wie sie mit mir umgeht, ist ihr egal. Ich habe damit abgeschlossen!“*

Ruprecht fragte: „*Und wie sieht das jetzt aus? Wie geht's weiter?*"

„*Ich lasse mich scheiden, ganz einfach. Ich habe seit sechs Jahren keinen Sex mehr gehabt, und dann hält sie mir vor, ich habe einen Gummi... egal. Ich lasse mir viel, viel gefallen, egal. Damals hat sie schon geglaubt, ich hab sie betrogen! Das war, als ich auf Kur war. Mit der habe ich, das schwöre ich beim Augenlicht von euch, mit der habe ich nichts gehabt. Klar, geschmust habe ich mit ihr. Mit der Mama hast du nie schmusen können!*"*,* fuhr Gustav fort.

"Wie hat sich das entwickelt?", wollte Ruprecht wissen.

"Wie meinst du das?", fragte Gustav seinen Sohn.

"Wie seid ihr dann zusammengekommen, wenn man nicht einmal geschmust hat?"

"Ruprecht, ich will eigentlich nicht darüber reden, weil es dann heißt, wenn du die Mama ansprichst, ich rede schlecht über sie. Das will ich nicht."

"Es muss doch irgendwelche Gründe geben", hakte Ruprecht nach.

"Ich werde über die Mama NIE schlecht reden, weil ich die Mama immer geliebt habe. Die Gründe verstehe ich schon lange nicht mehr. Kein Spaß, vor zehn Jahren wollte ich mich schon scheiden lassen, äh, ich meine trennen."

"Seid ihr wegen uns zusammengeblieben oder weswegen?", fragte Ruprecht.

"Hauptsächlich wegen dir, natürlich auch wegen Viola."

Gustav seufzte und sagte: *"Ruprecht, heute bist du eine Persönlichkeit, heute bist du ein Mann. Heute kann ich sagen, okay, ich kann mich trennen, ohne dass du einen*

Schaden davon trägst. Damals war ich mir nicht sicher. Heute sagt jeder, warum hast du das denn damals nicht schon gemacht? Weil es so ist. Wir haben uns kennengelernt, und bald danach bist du entstanden."

"War ich gewollt?" fragte Ruprecht nach.

„*Nicht böse gemeint, aber ein Wunschkind warst du für mich nie, dazu stehe ich. Klar wollte ich kein Kind. Die Frist war im Januar, und sie war schon drüber, als sie mir sagte, dass sie schwanger ist. 'Das gibt's ja nicht', dachte ich. Aber gutmütig, wie ich bin, habe ich ihr alles geglaubt. Fakt ist, sie war schwanger. Sie kannte einen Arzt, der auch nach der Frist abtreiben würde. Da habe ich entschieden, das mache ich sicher nicht! So ging es weiter. Ich sagte, ich will keine Kinder mehr, Viola war noch ein Baby. Und dann kamst du. Ich war nur am Arbeiten. Dann haben wir das Haus gekauft. Ich habe gebaut, umgebaut, gezahlt und gemacht – alles allein, bis auf den Dachstuhl, glaube ich! Als wir mit dem Haus fertig waren, fragte ich sie, warum sie so kühl ist. Das hat sich weitergezogen. Es ist nicht leicht zu erklären. Ich habe immer gehofft und gebetet, aber… ich war immer in deine Mama verliebt, immer!"*

„*Auch wenn sie so kühl zu dir war?"* fragte Ruprecht neugierig.

„*Da fängt man an, die Fehler bei sich zu suchen. Sie hat mir auch vorgeworfen, dass ich im Bett eine Null war oder so ähnlich. Sogar der Hund merkt, dass es mir nicht gut geht. Jetzt werde ich sehen, wer von euch zu mir steht und wer nicht!"*

„*Und wie funktioniert das mit der Scheidung?"* wollte Ruprecht wissen.

„*Frag deine Mama. Die war schon verheiratet, nicht ich!"*

„*Du warst doch bis zum Existenzminimum gepfändet"*, sagte Ruprecht.

Gustav lachte laut auf: *„Waaasss, was? Haha! Als ich sie kennengelernt habe, war ich bis zum Existenzminimum gepfändet. Aber was hat das damit zu tun? Wir haben doch ausgemacht, dass wir das Haus auf sie schreiben. Aber egal! Ich bin nicht so materiell, aber ich gehe jetzt nicht einfach, nur weil sie sagt: 'Dann geh halt!' Ich brauche eine Wohnung! Ich arbeite nicht zweiundzwanzig Jahre hier, um einfach zu sagen: 'Pfiat euch!'"*

Ruprecht fragte: *„Geht's dir um das Haus?"*

Gustav schüttelte den Kopf: *„Nein, ich will kein Haus, ich will Geld! Ich weiß, dass sie genug davon hat!"*

Ruprecht konterte: *„Aber du hast doch die Frau Hanni! Du hast doch ein Testament, dass sie dir ihr Haus einmal gibt!"*

Gustav erhob die Stimme: *„Was hat die Hanni mit der Sache zu tun?"*

„Ja, weil du gesagt hast, es geht um Geld", antwortete Ruprecht.

„Und von was redest du jetzt? Was hat die Hanni mit uns zu tun? Das musst du mir erklären!", schnauzte Gustav.

„Weil du gesagt hast, es geht um das Geld", stammelte Ruprecht.

„Hat dir das die Mama gesagt oder was?", zischte Gustav

"Nein, du!"

"Ahh, soll ich bei Hanni einziehen?", fragte Gustav wütend.

"Nein, das habe ich nicht gesagt!"

Gustav schnaubte: *„Die hat ihre Verwandten, aber was sie mit ihrem Vermögen macht, ist mir egal. Ich habe ihr hoch und heilig versprochen, auf sie aufzupassen, weil sie von einer Kreatur betrogen wurde. Sie hat neun Sparbücher und genug Geld. Wir waren schon zwei- oder dreimal beim Notar, aber was sie da gemacht hat, geht mich nichts an!"*

Ruprecht fragte: *„Ich dachte, du bekommst das alles einmal?"*

„Ruprecht, das weiß ich nicht. Es geht mich nichts an! Ich bin kein Mensch, der nachfragt. Ob sie es dem Harald, ihrem Neffen, oder wem auch immer gibt, geht mich nichts an!"

Ruprecht klagte über Kopfweh.

Gustav seufzte schwer. *„Es ist schlimm, dass man alles so weit kommen lassen muss. Zehn Jahre habe ich versucht zu reden – sei es sexuell oder was auch immer – alles umsonst! Wenn sie in die Enge getrieben wird, beschimpft sie dich aufs Übelste! Hast du gehört, was sie mir vorgeworfen hat? Das war mehr als schlimm!"*

Ruprecht antwortete: *„Ich stelle mich nicht auf eine Seite. Ich habe nie gehört, dass Mama dich beschimpft hätte! Ich will, dass das friedlich abgeht. Ich möchte, dass ihr wieder glücklich werdet, mit wem auch immer!"*

„Das musst du deiner Mama sagen. Ich habe im Moment keinen Bock darauf. Der gutherzige Gustav ist vorbei. Ich lasse mich von niemandem mehr beschimpfen! Anfang der Woche fahre ich nach Leoben zu meiner Familie."

Ruprecht fragte: *„Würdest du wieder ganz in die Nähe deiner Familie ziehen?"*

„Ich werde jetzt öfter in Leoben sein, wegen meiner Mutter. Da bekomme ich wenigstens ein bisschen Liebe. Wenn ich A sage, muss ich auch B sagen. Ich habe immer alles

durchgezogen! Ich weiß, dass du das durchstehst, und sie kriegt die Panik. Sie muss verstehen, dass ich nicht mit Null Euro aussteige. Das Recht, mir eine Wohnung kaufen zu können, muss sie mir zugestehen", sagte Gustav mit fester Stimme.

Es war eine schwierige Situation, und beide wussten, dass es keinen einfachen Ausweg gab.

„Klar, ich könnte woanders schlafen, aber warum? Das ist immer noch mein Haus, das ich aufgebaut habe, auch wenn es mir nicht gehört. Als ich gehört habe, dass alles verschoben ist und kein Kind zu mir kommt und sagt: 'Papa, warum bist du nicht dabei?', habe ich das nicht ganz verstanden. Ich will niemandem etwas unterstellen, aber ich kann nur sagen, dass ich rund um die Uhr gearbeitet habe. Es war ein Fehler, der Mama zu vertrauen. Im Nachhinein sieht es so aus, als würde sie mir ein Bein nach dem anderen stellen. Das hat mich am schwersten getroffen, aber da muss ich durch."

Ruprecht, sichtbar erschöpft, versuchte ihn zu beruhigen: *„Es kann nur bergauf gehen. Außerdem habe ich genug von dem Gespräch und schon Kopfweh."*

Das Gespräch endete abrupt, als Gustav aufstand und ohne ein weiteres Wort aus der Küche ging. Ruprecht saß noch eine Weile da, tief in Gedanken versunken. Es war offensichtlich, dass die Kluft zwischen uns nicht nur unsere Familie betraf, sondern auch die Hoffnungen und Träume meines Sohnes, der sich nach einem Zusammenhalt sehnte, den wir ihm nicht mehr bieten konnten.

Das Abhörgerät hatte mir mehr als nur einen Einblick in die verzweifelte Situation gegeben. Es brach mir das Herz, zu hören, wie mein Sohn sich um das Wohl seiner Familie sorgte, während sein Vater in einer selbstgebauten Realität gefangen war.

Kaum hatte ich darüber nachgedacht, hörte ich Gustav rufen: *„Ruprecht! Wo sind meine Sachen?"* Aufgebracht stürmte er zurück in die Küche. *„Alles ist weg! Mein Laptop, mein Computer – sie hat das alles mitgenommen!"* Ich konnte ihn mir lebhaft vorstellen, zornesrot und mit zitternden Händen, wie er noch einmal nach oben raste, als könnte er durch seine Suche die Realität ändern. Doch es war vergeblich.

„Ich werde die Polizei rufen!", keuchte Gustav und stürmte erneut in die Küche, pure Verzweiflung in seinen Augen. *„Alles ist weg! Mein Laptop, mein Computer – sie hat das alles mitgenommen!"* Ruprecht, der versuchte, ihn zu beruhigen, griff zum Handy und rief mich an. Der Anruf lief über den Lautsprecher, und ich konnte jede Regung in Gustavs Stimme deutlich hören.

„Wo sind Papas Sachen?", fragte Ruprecht besorgt. Bevor ich antworten konnte, hörte ich Gustavs schrille Stimme durch den Lautsprecher brüllen: *„Wo ist mein Laptop?"*

„Ach, wir spielen jetzt ein bisschen Ostern", antwortete ich sarkastisch. *„Fehlen dir dein iPad, die Handys und deine Abhörgeräte auch?"*

„Wenn meine Sachen nicht in drei Minuten wieder hier sind, rufe ich die Polizei!", brüllte er, die Verzweiflung in seiner Stimme unüberhörbar.

„Ruprecht, leg auf!", kreischte Gustav im Hintergrund. *„Es ist sinnlos, mit ihr zu reden!"*

„Yeah, Ziel erreicht", dachte ich mir, während sich ein Gefühl der Genugtuung in mir breit machte.

Gustav war offensichtlich mit seiner aktuellen Situation völlig überfordert. Sein Geschrei und das Chaos waren genau das, was ich mir erhofft hatte.

Doch es war noch nicht vorbei. Gustav griff zum Telefon und wählte den Polizeinotruf. *„In unser Haus wurde eingebrochen"*, sagte er, seine Stimme zitterte vor Wut. Die Szene war wie aus einem schlechten Film: Gustav, der Kontrollfreak, am Telefon mit der Polizei.

Ein Funkwagen wurde zu uns geschickt. Als die Beamten eintrafen, wollten sie sich ein Bild von dem angeblichen Einbruch machen und mussten feststellen, dass es keinerlei Spuren gab. Gustav, jetzt kleinlaut, meinte dann, er vermute seine Ehefrau hinter dem „Einbruch". *„Sie hat alles gestohlen!"*, empörte er sich. *„Ja! Laptop, iPad, Handys, alles!"*

Der Polizist fragte: *„Und das ist genau... wie? Ein Einbruch?"*

Gustav antwortete: *„Ähm, sie hat die Schlüssel benutzt."*

„Verstehe. Das klingt ja wirklich nach einem klassischen Fall von... äh... häuslichem Einbruch. Aber als ehemaliger Sicherheitsdienstbeamter sollten Sie wissen, dass hier nicht die Polizei zuständig ist, haben Sie das nicht gelernt? Das ist eher was für das Bezirksgericht."

Die Polizei konnte wenig tun. Gustav musste zähneknirschend akzeptieren, dass er seine Sachen nicht so leicht zurückbekommen würde. Das war das Vorstadium eines Rosenkrieges, für den das Bezirksgericht zuständig war. Als die Polizisten das Haus verließen, war Gustav außer sich vor Wut und Panik. Fast hysterisch rief er seinen Freund Timi an: *„Hast du kurz Zeit? Es ist dringend! Sie hat mir alles gestohlen, mein ganzes Leben zerstört. Ich habe Angst, dass sie auch meine Autos stiehlt. Bitte komm schnell und hilf mir, die Autos wegzubringen und zu verstecken!"*

Sein Hilferuf war von einer Art Panik durchzogen, die fast komisch wirkte. Er jammerte und klagte in einer endlosen Schleife, dass ich ihm „sein Leben gestohlen" hätte, als ob seine elektronischen Geräte der Mittelpunkt des Universums wären.

Nachdem er den Anruf beendet und die Tür hinter sich zugezogen hatte, war Gustav allein mit seiner Verzweiflung. Der Gedanke, dass ich ihm mit seinen eigenen Waffen den Spiegel vorgehalten hatte, brachte mir ein Gefühl der Befriedigung. Die Abhörgeräte, die mich zuvor so schockiert hatten, waren nun die Quelle meines Triumphes. Ich hatte ihm die bittere Pille der Realität verabreicht, die er sich selbst eingebrockt hatte.

Kapitel 3   „Vom Brautstrauß zur Anwaltskanzlei"

„Codelisten: Die geheime Sprache der Verwirrung"

Es war, als hätte ich den unerwarteten Hauptgewinn gezogen: Die Codeliste in meinen Händen war der Schlüssel zu einer völlig neuen Dimension der Geheimnisse meines Mannes. Acht A4-Seiten, meine Eintrittskarte in eine düstere Welt. Nun, da ich Zugang zu seinem gesamten digitalen Leben hatte, wurde mir schmerzlich bewusst, wie tief und umfassend sein Betrug tatsächlich reichte.

Diese Liste war nicht nur eine Ansammlung von Passwörtern; sie war das Herzstück seines geheimen Universums. Mit diesen Codes konnte ich mich in sein iPad, seinen Laptop, seine Handys und all seine anderen digitalen Konten einloggen.

Als ich mich durch seine Geräte arbeitete, stieß ich auf eine Vielzahl von Informationen. Anmeldedaten für Portale wie Bild, Auto Scout, Instagram, Facebook und Telebanking. Die Codeliste war gespickt mit Abkürzungen und Nutzernamen, die mir zunächst nichts sagten: Gabo, EF, MTB, lauter mysteriöse Kürzel, die offensichtlich zentral in seiner geheimen Welt waren.

Durch das Ändern der Passwörter auf all seinen Geräten und das Sichern sämtlicher Daten auf einer externen Festplatte hatte ich vorerst den Zugang zu seinen digitalen Schätzen komplett blockiert. Nun konnte er von außen nur noch sehnsüchtig auf seine verlorenen "Schätze" blicken, als wären sie in einer Festung eingesperrt. Ein kleiner Triumph meinerseits!

Mit jedem Klick auf seiner Festplatte stieß ich auf Abscheuliches. Die Fotos waren verstörend: Bilder von extremen und perversen sexuellen Handlungen, die ich mir nicht einmal in meinen schlimmsten Albträumen hätte vorstellen können. Bankunterlagen dokumentierten schockierende finanzielle Machenschaften, und private Fotos offenbarten seine düstere Realität.

Besonders schockierend war der Verlauf seiner Internetbesuche. Er führte mich zu Pornoseiten, die ich lieber nicht im Detail beschreiben möchte. Die Videos waren von erschreckender Brutalität. Doch das war noch nicht alles.

Ich fand eine Seite namens „www.live Webkam-Jungs". Hier zeigten sich diverse Nutzer live vor der Kamera. Jedes Kästchen repräsentierte einen User, der masturbierte oder anderweitig agierte. Warum er diese Seiten speicherte, blieb mir zunächst unklar.

Schließlich entdeckte ich einen geheimen Ordner, der das ganze Ausmaß seiner Obsessionen offenlegte. Der „XXXL-Ordner" entpuppte sich als Schlüssel zu einer Welt voller Abscheulichkeiten. Die Bilder und Videos waren nicht nur widerlich, sondern auch ein klarer Beweis für die Doppelmoral und Verworfenheit meines Mannes.

Und dann war da noch der Nickname „Tulpe" im Chat – „Mein PC macht Mucken, komm am Abend wieder." Eine harmlose Nachricht, könnte man meinen, doch für mich war es ein weiterer Hinweis auf die finstere Welt, die sich hinter seinem scheinbar normalen Leben verbarg.

Mit jedem neuen Fund wuchsen mein Ekel und mein Unverständnis gegenüber der Person, die ich all die Jahre als meinen Ehemann gekannt hatte. Das Bild, das sich mir offenbarte, war das eines Mannes, gefangen in einem Netz aus Lügen und moralischem Verfall.

Entschlossen, alle Beweise zu sichern, bereitete ich mich auf den nächsten Schritt vor. Die Wahrheit, so unangenehm und verstörend sie auch war, musste ans Licht kommen. Da ich noch keine Antworten auf die kryptischen Abkürzungen „Gabo", „EF" und „MTB" hatte, entschied ich, diese Spur vorerst zu verwerfen. „Gabo" führte mich zu Taschen und Schuhen der Marke Gabor, während „EF" eine Seite für Sprachreisen darstellte. Es schien, als wären diese Kürzel zunächst unwichtig oder so gut verborgen, dass ich sie nicht sofort entschlüsseln konnte.

Es war bereits weit nach Mitternacht, und ich war erschöpft, aber die Entdeckungen hielten mich wach. Eine E-Mail, die Gustav im November an die Schneeräumfirma geschickt hatte, ließ mich aufhorchen: „Paula, bitte so weit wie möglich rückwirkend abmelden, DRINGEND!"

Ich war schockiert. Bis zu diesem Moment hatte ich geglaubt, dass die finanziellen Transaktionen nur auf mein Konto gingen. Es war mir nie in den Sinn gekommen, dass ich dort scheinbeschäftigt war. Die Tatsache, dass er mich rückwirkend abmelden wollte, ließ mich vermuten, dass er versuchte, Spuren seines Betrugs zu verwischen. Gustav betrug nicht nur die Pensionsversicherung, sondern möglicherweise auch das Finanzamt und die Krankenkasse.

Die Fäden, die sich nun zusammenzogen, waren komplex. Ich wusste, dass es Zeit war, alle Beweise zu sichern und mich auf den nächsten Schritt vorzubereiten. Der „Prokurist der Firma" mischte sich in unsere Angelegenheiten ein, indem er mir meine angeblich unterzeichneten Dienstverträge nicht aushändigte. Die rechtlichen Konsequenzen für Gustavs Firma würden nicht lange auf sich warten lassen. Es war an der Zeit, die Wahrheit ans

Licht zu bringen, besonders in Bezug auf meine Scheinanmeldung bei der Krankenkasse.

Die nächste E-Mail, die ich in seinem Account fand, war die vorbereitete Scheidungsklage.

Die Scheidungsklage

Nachdem ich die Scheidungsklage und die E-Mail des Anwalts gelesen hatte, war ich erschüttert. Gustavs Darstellung der Ereignisse war eine komplette Verdrehung der Realität und eine kalkulierte Strategie, um mich als die allein Schuldige hinzustellen. Ich wusste, dass ich schnell handeln musste, um mich zu schützen. Gustavs Behauptung, dass er das Haus eigenhändig renoviert habe und ich ihm den Zugang zu den Finanzen verweigerte, war nicht nur falsch, sondern auch eine absurde Umkehrung dessen, was wirklich passiert war. In Wirklichkeit hatte ich fast alle Renovierungsarbeiten finanziert und organisiert.

Gustav hatte nur minimale Beiträge geleistet. Seine "Bemühungen" beschränkten sich meist auf das Anheuern von Pfuschern, die er in Kneipen aufgetrieben hatte, oder auf die Organisation der Entrümpelung und ein paar kleinere Hilfsarbeiten, die nichts mit den eigentlichen, dringend nötigen Renovierungen zu tun hatten. Seine Versuche, sich als Opfer darzustellen, waren nichts anderes als eine geschickte Täuschung. Seine Behauptung, ich hätte mich von ihm entfremdet, war eine verzerrte Darstellung der Realität. Tatsächlich war es Gustav, der sich durch sein Verhalten vor und nach unserer Hochzeit sowie im Laufe der Zeit emotional immer weiter von mir entfernte. Er zog sich in seine eigene Welt zurück, verbrachte immer mehr Zeit allein in seinem Zimmer oder in Kneipen und weigerte sich seit jeher, zu unseren gemeinsamen Bedürfnissen – auch finanziell – seinen Beitrag zu leisten. Seine Aussage, ich hätte ihm körperliche Nähe verweigert, war ebenfalls nur die halbe Wahrheit: Wie hätte es Zärtlichkeit geben können, wenn sein Verhalten mir gegenüber zunehmend distanzierter und unehrlicher als je zuvor wurde und er außerdem ein Alkoholproblem entwickelte?

Am meisten schockierte mich jedoch seine Reaktion auf die Schenkungen an die Kinder. Diese Schenkungen hatte ich in Absprache mit den Kindern und auf rechtlicher Beratung hin vorgenommen, um unser Eigentum zu sichern. Dass Gustav dies als Hintergehung seiner Rechte darstellte, obwohl er genau wusste, warum ich es getan hatte, zeigte, dass er die Situation bewusst manipulierte, um sich einen Vorteil zu verschaffen.

Mir war klar, dass Gustav mich mit der Scheidungsklage unter Druck setzen wollte und versuchte, mich als die Schuldige darzustellen, um möglicherweise eine finanzielle Entschädigung zu erwirken. Doch ich war vorbereitet: Alle finanziellen Vorgänge waren rechtlich sauber und dokumentiert. Ich hatte auch Beweise dafür, dass Gustav selbst nie Interesse an den Immobilien zeigte, außer wenn es darum ging, sein eigenes Spielzeug darin unterzubringen.

Herr Mag. Klopfer, Gustavs persönlicher Taktik-Guru, ließ es sich nicht nehmen, ihm den ultimativen Geheimtipp zu geben: *„Stellen Sie sicher, dass ihre Frau keinen Zugriff auf Ihren Computer oder Laptop bekommt. Das wäre taktisch unklug.“ „Sie werden sehen, sobald sie die Klage vom Gericht im Briefkasten findet, wird sie direkt in den Kampfmodus übergehen“,* prophezeite er mit der Überzeugung eines Hellsehers, der gerade in seine Glaskugel schaut. *„Und sprechen Sie mit niemandem darüber – auch nicht mit Ihrem Sohn.“* Und als ob das nicht schon spannend genug wäre, folgte die nächste Enthüllung: *„Dieses Jahr wird es keine Verhandlung mehr geben. Aber stellen Sie sich auf Anfang des nächsten Jahres ein.“*

Ich wusste, dass ich keine Zeit verlieren durfte, um Herrn Magister Klopfer zu zeigen, wie naiv mein lieber Gustav wirklich war. Also antwortete ich prompt auf seine E-Mail und verfasste ein kurzes Schreiben an seinen Anwalt, natürlich von Gustavs eigener E-Mail-Adresse, mit der

Scheidungsklage im Anhang. Es war fast zu absurd. Während ich schrieb, konnte ich mir schon das verdutzte, leicht dümmliche Gesicht des Anwalts vorstellen, wenn er die Nachricht öffnet. Diese Vorstellung brachte mich unweigerlich zum Grinsen, die ganze Situation war einfach zu komisch, um sie ernst zu nehmen. Meine E-Mail lautete: *„Sehr geehrter Herr Mag. Klopfer, sparen Sie sich das Porto, ich habe mir die Klage bereits selbst zugestellt. Liebe Grüße, der Kampfmodus. Wir sehen uns vor Gericht."*

Meine Antwort an Herrn Magister Klopfer war mehr als nur eine Nachricht. Sie war eine klare Botschaft an Gustav. Die Wortwahl „liebe Grüße, der Kampfmodus" war bewusst gewählt, um ihm zu zeigen, dass ich bereit war, mich dem bevorstehenden Rechtsstreit mit Entschlossenheit und Klarheit zu stellen. Es war auch eine subtile Warnung an seinen Anwalt, dass ich informiert war und nicht gewillt, seine Spielchen weiterhin hinzunehmen.

Ich kochte vor Wut über diese Lügen, die mein Mann seinem Anwalt auftischte.

Um sicherzustellen, dass ich im Rechtsstreit optimal vertreten werde, nahm ich sofort Kontakt zu meinem Anwalt auf. Ich organisierte ein Treffen um die nächsten Schritte zu besprechen. Ich zeigte ihm die Korrespondenz zwischen Gustav und seinem Anwalt und erklärte ihm die wahren Umstände. Mein Anwalt bestätigte, dass ich mich rechtlich auf der sicheren Seite befand und empfahl mir, ruhig zu bleiben und die rechtlichen Schritte abzuwarten, die Gustav und sein Anwalt unternehmen würden.

Die Situation war frustrierend, aber gleichzeitig fühlte ich mich entschlossener denn je. Ich würde mich nicht von Gustavs Lügen und Täuschungen unterkriegen lassen. Es war Zeit, für mich und meine Kinder einzustehen.

Die Informationen, die ich gesammelt hatte, waren der Schlüssel, um eine solide Verteidigungsstrategie zu entwickeln. Ich überprüfte akribisch die Scheidungsunterlagen und die von Gustav geplanten Argumente, um sicherzustellen, dass ich alle Unwahrheiten und Manipulationen in der Klage widerlegen konnte. Stunde um Stunde durchforstete ich sein chaotisches Konvolut aus losen Zetteln, Mails und hinter sieben digitalen Schlössern versteckten Ordnern.

Die gesammelten Daten offenbaren mir schonungslos, dass Gustav nicht nur ein untreuer Partner war, sondern ein wahrer Meister der Verstellung. Jeder noch so kleine Zettel, jede verdächtige Transaktion und alle Konten, die Gustav verborgen hatte, wurden von mir durchleuchtet. Ich bereitete mich darauf vor, diese Informationen bei der Verhandlung schlagkräftig vorzulegen. Es fühlte sich an, als ob ich mich auf eine Schlacht vorbereitete, eine Schlacht, die nicht nur über mein Eigentum und mein Geld, sondern auch über meinen Ruf und den meiner Kinder entschieden werden würde.

Die Spannung stieg mit jedem Tag, der uns der Verhandlung näher brachte. Es ging nicht nur um materielle Güter, sondern auch um meine Selbstachtung und die Sicherheit meiner Kinder. Und dafür war ich bereit, alles zu geben.

Nachdem ich alles Relevante auf die Terabyte-Festplatte kopiert hatte, wusste ich, dass ich nun den vollständigen Überblick über Gustavs Eskapaden und seine verborgensten Geheimnisse hatte.

In den Tagen nach meiner triumphalen Rückkehr in unser Haus setzte ich meine strategischen Vorbereitungen unermüdlich fort. Und Gustav? Er hatte sich in einer klassischen Nacht-und-Nebel-Aktion aus dem Staub gemacht. Sein Kleiderschrank gähnte mich leer an – ein unmissverständliches Zeichen für seinen überstürzten Abgang. Ehrlich gesagt, besser so. Über Telebanking verschaffte ich mir Zugriff auf sämtliche Kontoauszüge der letzten sieben Jahre – eine wahre goldene Fundgrube. Sie offenbarte in allen Details, wofür Gustav in den letzten

Jahren sein Geld ausgegeben hatte. Jeder Eintrag auf den Auszügen war wie ein weiterer Trumpf, der mein Arsenal stärkte. Die Festplatte, auf der ich den gesamten Inhalt seiner elektronischen Geräte gesichert hatte, wurde zu meinem wertvollsten Werkzeug, einer digitalen Schatztruhe voller Geheimnisse, die nur darauf wartete, geöffnet zu werden.

Die bildliche Dokumentation der Zerstörung seiner Geräte, besonders seines heißgeliebten iPads und Laptops, war dabei nur ein kleiner Bonus, den ich mir nicht nehmen ließ. Ich sammelte die Abhörgeräte ein, die ich zuvor so raffiniert versteckt hatte. Diese kleinen technischen Helferlein lieferten mir einige, Puzzleteile, um Gustavs Pläne und Aktivitäten zu durchschauen.

Der nächste Schritt war klar: Ich würde meine Beweise gezielt einsetzen, um eine faire und gerechte Lösung im Rahmen der Scheidung zu erreichen. Dabei wollte ich natürlich sicherstellen, dass wirklich jedes Detail – und sei es noch so pikant – ans Licht kam.

Polizei schlichtet Rosenkrieg

An einem kalten Wintertag fuhr ich mit meinen Kindern an Hertas Lokal vorbei und entdeckte Gustavs Mercedes, randvoll gepackt mit unseren Sachen. Mein Anwalt hatte mir geraten, alles fotografisch zu dokumentieren, also wollte ich gerade aus dem Auto steigen. Doch meine Tochter Viola war schneller. Entschlossen schnappte sie sich den Ersatzschlüssel und ging zielstrebig zum Auto, um die Beweisaufnahme zu starten. Ich drehte noch eine kleine Runde, während sie die Fotos machen wollte.

Als ich zurückkam, hatte sich die Situation völlig verändert: Viola saß im Wagen – wohlgemerkt ohne den Zündschlüssel auch nur in die Nähe des Schlosses gebracht zu haben – und Gustav, begleitet von seinem treuen Freund Timi, versuchte verzweifelt, sie davon abzuhalten, weiter zu fotografieren. Timi, sichtlich in Panik, zückte sein

Handy und rief die Polizei. Mit großer Dramatik beschuldigte er uns des Autodiebstahls, als hätten wir gerade ein Verbrechen von epischem Ausmaß begangen.

Ich ließ den Wagen mitten auf der Straße stehen und eilte zu Viola, die mittlerweile aus dem Fahrzeug ausgestiegen ist. Ohne Zeit zu verlieren, setzte ich mich auf den Fahrersitz und begann, das Handschuhfach nach sämtlichen Schlüsseln zu durchforsten, die mir gehörten. In dem Moment tauchte Gustav auf, wild entschlossen mich aus dem Auto zu ziehen. Es folgte ein Durcheinander von Händen, Schlüsseln und erhitzten Gemütern. Natürlich ließ ich mich nicht so einfach vertreiben. Und ja, in all dem Getümmel könnte es vielleicht passiert sein, dass er versehentlich einen Treffer kassiert hat, solche Dinge geschehen eben.

Wie erwartet, ließ der große Auftritt der Ordnungshüter nicht lange auf sich warten: Drei Streifenwagen und acht Polizisten kamen angerollt. Gustav, stets für einen dramatischen Moment zu haben, versuchte prompt, mich anzuzeigen. Mit tränenerstickter Stimme behauptete er, ich hätte ihn verletzt. Doch die Polizisten, die schon einiges gesehen hatten, blieben vollkommen unbeeindruckt. Sie erklärten ruhig, dass es sich hier um einen Rosenkrieg handele und schickten Gustav direkt zum Amtsarzt und Bezirksgericht, um seine Vorwürfe dort loszuwerden.

Nachdem ich den Beamten die Schlüssel übergeben hatte, die nicht zu meinen Liegenschaften gehörten, mahnte uns die Polizei eindringlich, uns gegenseitig in Ruhe zu lassen. Gerade als die Situation sich etwas beruhigte, tauchte auch Ruprecht auf, als hätte die hitzige Diskussion noch einen weiteren Teilnehmer gebraucht.

Als ich schließlich ins Auto meiner Tochter stieg, fiel mir auf, dass mein Handy fehlte. Mein Sohn war bei Gustav im Auto geblieben um zu Reden, also eilte ich zurück und forderte mein Handy. Gustav, der natürlich sofort alles abstritt, startete panisch den Wagen. Während ich mit einem Fuß auf der Beifahrerseite des Autos stand, trat

Gustav aufs Gaspedal, dann wieder auf die Bremse, beschleunigte und stoppte hektisch, wie ein völlig verunsicherter Fahrer. Mein Sohn hielt mich fest, um mich vor dem chaotischen Hin und Her zu schützen.

Schließlich brachte Gustav den Wagen zum Stehen, nachdem mein Sohn ihn angeschrien hatte. Es folgte eine hitzige Auseinandersetzung, bei der jeder weitere Moment die Spannung zu steigern schien. Widerwillig gab Gustav mir schließlich mein Handy zurück. Triumphierend hielt ich es hoch, als wäre es eine Trophäe, und zeigte es den umstehenden Zuschauern. Zu meiner Überraschung applaudierten einige sogar, als wäre dies der krönende Abschluss einer öffentlichen Darbietung. Zufrieden stieg ich ins Auto meiner Tochter, den Triumph über die absurde Situation noch auf den Lippen. Dieser Vorfall zeigte mir, dass ich die Kontrolle zurückgewonnen hatte, und war ein Wendepunkt im turbulenten Rosenkrieg. Kurz darauf traf der nächste Brief von Gustavs Anwalt ein.

Brief seines Anwalts:

Sehr geehrte Frau Paula,

die Kenntnisnahme der Scheidungsklage hat nun, wie unser Mandant schildert, von Ihrer Seite Aktionen ausgelöst, die nicht nur erneut schwere Eheverfehlungen darstellen, sondern sogar über das Eherecht hinausgehende rechtliche Konsequenzen haben werden.

Bereits einen Tag nach Einbringung der Scheidungsklage bei Gericht haben Sie aus dem von unserem Mandanten befindlichen Safe ohne Wissen und Zustimmung unseres Mandanten Gegenstände, insbesondere auch persönliche Dokumente, entfernt und verbracht. Zu den persönlichen Dokumenten gehören Geburtsurkunde, Taufschein, Reisepass etc., ebenso wie ein benutzter PC, drei Festplatten, ein Laptop, ein iPad mit SIM-Karte. Diese haben Sie widerrechtlich entwendet. Sie haben sämtliche vorhandenen Zweitschlüssel und die Fahrzeugpapiere,

Typenscheine, Kaufverträge widerrechtlich an sich genommen. Im Zusammenwirken mit Ihrer Tochter Viola haben Sie versucht, das Fahrzeug unseres Mandanten vom Abstellort zu entwenden. Wir fordern Sie auf, sämtliche Fahrzeugschlüssel sowie die jeweiligen Fahrzeugpapiere herauszugeben und in unserer Kanzlei abzuliefern.

Vor einem Lokal haben Sie unseren Mandanten tätlich angegriffen und verletzt, sodass sich dieser genötigt sah, die Exekutive einzuschalten und seine Verletzungen amtsärztlich bestätigen zu lassen. Ihnen war bekannt, dass unser Mandant sich einer Vasektomie unterzogen hatte, und Sie haben unter anderem bewusst und absichtlich gegen seinen Unterleib getreten.

Wir fordern Sie hiermit auf, sich jeglicher Angriffe gegen den ruhigen Besitzstand unseres Mandanten zu enthalten.

Mit freundlichen Grüßen,   Mag. Klopfer

Die Besitzstörungsklage

Bei der ersten Verhandlung kurz vor Weihnachten, natürlich perfekt getimt für die festliche Stimmung, klagte Gustav mich wegen Besitzstörung an. Als Krönung des Ganzen hatte er unseren Sohn Ruprecht als Zeugen geladen. Der Haken? Ruprecht war gar nicht dabei gewesen. Vernünftig wie er ist, wollte er neutral bleiben, doch Gustav ignorierte seinen Wunsch und ließ ihn trotzdem als Zeugen laden – weil, warum nicht?

Der Richter, der später auch unser Scheidungsrichter sein wird, griff ein und erklärte, dass Kinder in seiner Verhandlung nichts verloren hätten, egal wie alt sie sind. Gustavs Plan brach zusammen wie ein Kartenhaus, und seine verärgerte Reaktion war das Sahnehäubchen des Tages. Der Richter lehnte es ab, Ruprecht als Zeugen zu hören, und ich konnte mir ein inneres Grinsen nicht verkneifen. In diesem chaotischen Rosenkrieg gab es einen kurzen Moment der Genugtuung, ganz ohne Lametta.

Vor Gericht erklärte ich mit unschuldigem Gesicht, dass ich Gustavs Festplatte durchstöbert hatte – und oh, was für ein Schatz sich da auftat! Private und finanzielle Unterlagen, die er über Jahre wie ein Eichhörnchen von mir gehortet hatte. Also packte ich kurzerhand alles, was ich finden konnte, aus seinem Zimmer zusammen und verstaute es in meinem Auto. Die Abhörgeräte und der Peilsender waren jedoch die Kirsche auf der Torte. Gustav, völlig unbeeindruckt, rechtfertigte diese „Agenten-Ausrüstung" mit dem charmanten Argument, dass er sich als Detektiv selbstständig machen wolle. Klar doch, James Bond lässt grüßen.

Der Richter, der sich Mühe gab, seriös zu bleiben, forderte mich auf, die Dokumente und Geräte zurückzugeben. Mit der Ruhe einer Zen-Meisterin erklärte ich, dass ich sie leider – ups – zerstört und entsorgt hatte. Der skeptische Blick des Richters war einfach unbezahlbar. *„Das glaube ich Ihnen nicht",* sagte er. *„Ist aber so",* entgegnete ich. Am Ende musste er sich jedoch geschlagen geben und die Geschichte so akzeptieren. Trotzdem wurde ich ganz formell für schuldig befunden und durfte die Gerichtskosten tragen. Die Geräte musste ich nicht ersetzen, ein Glücksfall! Kein Problem, dachte ich mir, das verrechne ich großzügig mit Gustavs letztem Lohn von der Winterdienstfirma, der praktischerweise auf mein Konto überwiesen wird. Win-win, würde ich sagen.

Weihnachten auf Abstand

Dieses Jahr war Weihnachten mehr Drama als Besinnlichkeit: Herta war kurz vor Weihnachten an Krebs gestorben, meine Oma hatte beschlossen, sich nach einem Sturz pflegebedürftig zu machen, und als wäre das nicht genug, stand auch noch die Scheidung mit Gustav an. Doch die Kinder bestanden darauf, den Grinch zu Weihnachten einzuladen, also tat ich es. Zu meiner großen Erleichterung lehnte Gustav höflich ab und verkündete, er würde lieber bei seiner Mutter in Leoben feiern. Ein Weihnachtswunder, dachte ich. Nach den Feiertagen kam das nächste „Geschenk": Ein Schreiben der Staatsanwaltschaft, das die Liste von Gustavs Klagen gegen mich – von gefährlicher Drohung bis Sachentziehung – elegant abwischte. Die anderen Highlights wie Körperverletzung und Urkundenunterdrückung hingen noch in der Luft, wurden aber auch geprüft. Gustav versuchte mit seinen Lügen, mich in die Ecke zu drängen, aber ich war nicht so leicht einzuschüchtern.

Silvester verbrachte ich mit Rolf, dem Lebensgefährten meiner verstorbenen Freundin Herta. Er machte ein paar unbeholfene Annäherungsversuche, aber ich erklärte ihm klipp und klar, dass ich nur Freundschaft wollte.

Während ich mich um meine Oma kümmerte, die sich bei Ruprecht und mir eingenistet hatte, verwandelte sich unser Haus in ein kleines Pflegeheim. Zum Glück half Ruprecht fleißig mit, was die Sache erträglicher machte.

Gleichzeitig führte ich meine Recherchen über Gustav fort und bekam über Gini, die als Hilfskraft bei der alten Frau Hanni arbeitete, einige pikante Details: Frau Hanni lebte quasi wie in einem schlechten Horrorfilm. Gustav hatte eine Generalvollmacht über ihr Erbe, kümmerte sich aber kaum um sie. Sie war in ihrem eigenen Haus eingesperrt, bekam einmal am Tag Essen, und der Kühlschrank glich eher einem Biotop für abgelaufene Lebensmittel. Gini erzählte von Stürzen und der absoluten Abwesenheit jeglicher Menschlichkeit. Gustav war, wie immer, „nicht da".

Es war klar: Gustavs Gier und Machtstreben hatten ihn in einen richtigen Bösewicht verwandelt. Er überhäufte mich mit Anzeigen, wohl um von seinen eigenen Verfehlungen abzulenken, aber ich blieb fest entschlossen, seine Fassade zum Bröckeln zu bringen.

„Neues Jahr – Neues Glück"

Im Januar 2018 fuhr ich rein zufällig an Hannis Haus vorbei, naja, so zufällig wie man eben an einem Ort vorbeifährt, wo man mit Drama rechnet, und da sah ich Gustav. Ganz die höfliche Ex-Frau, bot ich an, ihm die Typenscheine zu übergeben. Aber wie gewohnt, weigerte er sich, verschwand im Haus und überließ mir das Schauspiel.

Neugierig wie eine Katze, warf ich einen Blick in sein Auto und entdeckte eine Mappe. Die Autotür war nicht verschlossen (selbst schuld, Gustav), also öffnete ich sie und nahm die Mappe an mich. Sie war voll mit vertraulichen Unterlagen seines Anwalts und – Überraschung! Dokumente zu Gustavs neuer Adresse. Natürlich zückte ich mein Handy, fotografierte die relevanten Papiere und legte die Mappe wieder zurück. Nur ein klitzekleines Problem: Das Auto war inzwischen abgeschlossen. Kein Problem für mich! Ich platzierte die Mappe schön sichtbar auf der Windschutzscheibe, ein kleines Kunstwerk, wenn du mich fragst.

Und dann kam der Moment, auf den ich gewartet hatte: Gustavs Blick, als er die Mappe auf der Windschutzscheibe sah. Der Ausdruck auf seinem Gesicht war unbezahlbar, ein Mix aus Panik und Verwirrung, als hätte er gerade in einen leeren Safe geschaut. Es war fast wie Kino, nur besser, weil live.

Später versuchte Gustav natürlich, mich über Ruprecht mit haltlosen Vorwürfen zu belasten. Aber, wie bei allem, was Gustav versuchte: Da war nichts dran, außer ein weiterer gescheiterter Versuch, seine eigenen Fehler zu kaschieren. Wie immer: *Wiedereinmal Win-win für mich.*

Kurz darauf wurde ich vorgeladen, wegen Gustavs Anzeigen gegen mich: Datenklau, Körperverletzung und Urkundenunterdrückung. Offenbar versuchte er, mich für das nächste Kapitel seines persönlichen Dramas zu casten. Bei der Polizei blieb ich völlig ungerührt, verweigerte die

Aussage und erklärte kühl, dass ich meine Beweise ausschließlich vor Gericht präsentieren würde. Der Beamte nickte, als würde er mir Recht geben, und bot mir ganz freundlich Kopien von Gustavs und seines Freundes Aussagen an. Natürlich nahm ich sie dankend an, warum auch nicht?

Beim Durchlesen der Aussagen musste ich schmunzeln. Die Widersprüche waren so offensichtlich, dass man meinen könnte, sie hätten sich vor der Aussage bei der Kriminalpolizei nicht mal abgesprochen. Ein Plot-Twist, aber eben kein besonders guter.

Ende Januar schrieb ich Gustav einen langen, wahrscheinlich zu gut gemeinten Brief. Darin forderte ich ihn auf, endlich ehrlich zu sein und vor allem die Kinder aus unserem emotionalen Schlachtfeld rauszuhalten. Ich wies diskret darauf hin, dass ich mittlerweile ein kleines Archiv an Beweisen gegen ihn gesammelt hatte, darunter die charmanten Details seiner betrügerischen Steuerangaben und seine pikanten Affären-Chats. Und weil ich gerade so in Fahrt war, erinnerte ich ihn auch an die peinlichen Vorfälle, die ich bisher nie wieder erwähnt hatte. Mit diesem Brief wollte ich ihm wirklich noch eine letzte Chance geben, das Gespräch zu suchen, bevor alles weiter eskalierte.

Zwei Tage später trafen wir uns bei McDonald's… ja, der perfekte Ort für eine Aussprache, wenn man sich wie zwei Erwachsene verhalten will. Doch anstatt über das Wesentliche zu reden, fixierte Gustav sich ausschließlich auf das Testament und die Generalvollmacht von Frau Hanni, die ich sicher in meiner Schatztruhe verwahrt hatte. Als ich versuchte, das eigentliche Thema anzusprechen, passierte das Unvermeidliche: Er brach in Tränen aus und beschimpfte mich zwischen seinen Schluchzern.

Seine Krokodilstränen ließen mich für einen Moment innehalten – vielleicht, weil sie so offensichtlich schlecht gespielt waren. Doch dann verließ er das Lokal panisch, als hätte ich ihm die Wahrheit wie einen Big Mac ins Gesicht geworfen. Mir war klar: Er floh nicht vor mir, sondern vor der Wahrheit, die er nicht hören wollte.

Zu Hause erwarteten die Kinder natürlich eine große Versöhnungsszene, als wäre das alles ein Film mit Happy End. Als ich ihnen sagte, dass Gustav wieder einmal die Flucht ergriffen hatte, war die Enttäuschung greifbar. Wir saßen schweigend da, spürten die Schwere der Situation und das Drama des Tages. Trotzdem wussten wir, dass wir als Familie zusammenhalten würden, irgendwie durch dieses Chaos.

Kapitel 4   „Lügen, Geheimnisse und das Leben auf einer Gayboy-Plattform"

„Unfassbares Geheimnis gelüftet"

Drei Tage nach Gustavs tränenreichem Auftritt bei McDonald's, eine Oscar-würdige Darbietung, wenn du mich fragst – saß ich wieder mit Freunden zusammen. Beim Durchsehen eines Chatverlaufs, den ich von seinem Computer auf mein Handy kopiert hatte, machte ich plötzlich eine Entdeckung, die mich fast meinen Kaffee verschütten ließ. Ganz oben auf dem Bildschirm stand eine URL: **www.Gayboy.at**. Plötzlich dämmerte es mir: „Gabo" bedeutete nicht, wie ich dachte, „Schuhe und Handtaschen nur ohne „r" ". Nein, es bedeutete viel mehr. Eine neue Welt hatte sich mir gerade eröffnet, und sie glitzerte in Regenbogenfarben. „Gabo heißt Gayboy, es wurden nur die „Y" weggelassen auf Gustavs Codeliste.

Mit klopfendem Herzen fuhr ich nach Hause Schließlich wollte ich wissen, ob er wirklich auf dieser Seite aktiv war oder ob es nur ein Zufall oder falscher Gedanke von mir war. Spoiler: Es war kein Zufall. Ich loggte mich ein, und da war es: seine Nachrichten, seine Fotos, seine Treffen mit anderen Usern. Alles schön säuberlich in bunten Chatblasen verpackt. Das jahrelange Geheimnis meines Mannes lag nun vor mir, als wäre es das Hauptgericht auf einer besonders skurrilen Speisekarte. Es war, als hätte sich ein ganzes Paralleluniversum aufgetan – ein, sagen wir mal, buntes Universum. Während ich noch geschockt, durch die Abgründe von Gustavs Doppelleben scrollte, stand Ruprecht, mein Sohn, plötzlich hinter mir und warf einen Blick auf den Bildschirm. Da starrten uns intime Fotos seines Vaters an – aufgenommen, natürlich, im besten Licht, und in unserem eigenen Haus. *„Das ist ja... Papa?!"* stieß Ruprecht entsetzt hervor, bevor er wortlos wegging. Doch kurz vor dem Verlassen des Zimmers konnte er es sich nicht verkneifen: *„Ich könnte nie schwul werden",* flüsterte er über die Schulter. Sein Gesichtsausdruck? Ein Mix aus Entsetzen und: *Ich habe gerade Dinge gesehen, die ich nie hätte sehen wollen.* Verständlich. Und ich saß da, fassungslos, aber auch seltsam erleichtert. Die Wahrheit war erschütternd, auch wenn ich mir den Moment definitiv anders vorgestellt hatte. Vielleicht bei einer Tasse Kaffee, mit ruhiger Musik im Hintergrund, und ohne mein Kind, das traumatisiert das Weite suchte.

War das der Grund für Gustavs Scheidungsklage? Ich fühlte mich betrogen und als Mutter und Ehefrau zutiefst verletzt. Alles, was ich über unsere Ehe zu wissen glaubte, schien eine Lüge. Doch ich wusste, dass ich die Wahrheit herausfinden musste, denn eines war klar, ich war nicht bereit, mich in diesem merkwürdigen Drama als Nebenfigur abzufinden.

Als ich weiter in seine Online-Aktivitäten eintauchte, fand ich auf weiteren Plattformen, wie "EF" (Erotik-Forum), dass er ausschließlich nach Männern suchte. Die nächsten Stunden und Tage verbrachte ich damit, Beweise zu sammeln. Alles deutete darauf hin, dass er dieses Doppelleben bereits seit mehr als 13 Jahren führte, nachweislich.

Auf der Gayboy-Plattform trat er mit folgendem Account auf:

allgemeine Angaben;

Status 53 Jahre ,192 groß, 115 kg schwer, Geschlecht männlich, Sexualität bi, Haarfarbe braun, Augenfarbe blau, Statur mollig, Sternzeichen Schwein, Alkohol ja, Rauchen nein, Ausbildung: Berufsbildende, Beruf Angestellter.

Dann beschreibt er sich und zwar wie folgt:

allgemein über mich;
Bin gepflegt, gesund und diskret, dasselbe erwarte ich auch von dir, bin ungeoutet und möchte es auch bleiben. Verheirateter, gepflegter, lustiger und verträglicher Typ auf der Suche nach fixen Sexpartner, (männlich oder weiblich) Hauptsache Sex mit Nest. Passiv wäre schön, aber nicht Bedienung, ich mache fast alles, blasen, lecken, ficken und so weiter, für alles offen solltest du auch sein, der oder diejenigen sollten Nest haben, da ich leider keines zur Verfügung habe.

erotischer Steckbrief;
mein Sexleben allgemein ,wenig bis… das muss sich ändern ,ich liebe Sex , ich mag alles was geil ist und Spaß macht und ich bin für alles zu haben was im zärtlichen Bereich ist. Mache fast alles auf was ihr Lust habt, bin unten glatt rasiert.

So kann ich mir meinen Erotik Partner vorstellen;
zärtliches verwöhnen gegenseitig, er sollte ein Nest haben.

sexuelle Angaben;
Neigung beides,
Penis Größe large,
Safer Sex immer,

78

<u>Beziehung:</u> lebe in einer Beziehung

<u>sexuelle Präferenzen:</u>
Analsex beides
Oralsex beides
Natursekt aktiv
Bondage beides
Wachsspiele nein
Fisten beides
Sneakers nein
KV nein
Dildos beides
Spanking beides
Poppers nein

<u>was ich überhaupt nicht mag:</u>
ungeduschte Leute, was ins Klo gehört ,Schmerzen beim Sex ,unhygienische arrogante Leute, ausgemachte Termine nicht einhalten.

<u>nach diesem Motto lebe ich</u>:
je mehr Sex desto besser, meinen Lebenstraum den habe ich schon erfüllt

<u>mein Traumpartner</u>: habe ich schon
<u>mein Sexpartner:</u> einfühlsam, zärtlich beim Blasen, das mag ich besonders gern wenn du mir zärtlich und ausdauernd einen bläst und wenn es passt und du gesund bist werde ich dich vielleicht ficken, mit der Zunge und Mund deinen Schwanz zurück bis zu deinem Loch zärtlicher erforschen, dann meine Zunge darin versenken, natürlich wäre gegenseitig schön.
Stehe auf Diskretion, Dauerfreundschaft wird angestrebt, hasse es immer wieder von neuem zu suchen wenn es passt. Gepflegt gesund und Sauberkeit wird geboten und erwartet, bitte nur mit Nest.

<u>so wäre es Top</u>: Hier kommt dann ein Video von x*******, man sieht wie ein Mann am Tisch liegt, den Kopf über der Tischkante, davor steht ein Mann schiebt den

Penis in den Mund des am Tisch liegenden bis zum „Gaumenzapferl".

Texte in deinem Profil wenn du online bzw. offline bist: Gegenseitig Blasen wäre schön, einfach anschreiben, Tagesfreizeit!

der offline Text: Schreib mir wenn du Lust hast!

Die Wahrheit über Gustavs Doppelleben lag vor mir wie ein aufgeschlagenes Buch. Auf einer Gay-Website hatte er seit mehr als dreizehn Jahren zwei Profile – „Helloman" und „Lust". Sein Profil war aktiv, mit über 7.050 Aufrufen, und gefüllt mit Bildern seiner Genitalien, aufgenommen in unserem Badezimmer und sogar im Kinderzimmer. Er war Mitglied in Gruppen wie „Analtoys" und „Auto Blowjob". All das traf mich wie ein Schlag, es war einfach unfassbar. Ich konnte es kaum glauben, all die Jahre hatte Gustav ein solches Geheimnis vor mir verborgen. Die Vorstellung, dass er ein paralleles Leben führte, während er bei uns den aufrechten Familienvater spielte, war kaum zu ertragen. Die Enttäuschung und der Ekel kamen wie eine Welle über mich. Wie hatte ich das bloß nie bemerkt? Wie lange lief diese Show schon? Waren wir alle nur Statisten in seiner Tarnung?

Während ich weiter in seinem Profil stöberte, stieß ich auf eine wahre Goldgrube: Eine Freundesliste mit über siebzig Usern und Gästebucheinträge, die gemeinsame... nennen wir es mal „Erlebnisse" im Detail beschrieben. Aber der eigentliche Höhepunkt, im wahrsten Sinne des Wortes, war sein Kontakt „Controllmeister". Ein 72-jähriger Herr, der, wie es schien, auf Bezahlung für gewisse Dienstleistungen bestand. Und, Überraschung! Mein lieber Ehemann hatte sich tatsächlich mit ihm getroffen und dafür bezahlt. Ja genau, der Mann, der immer so geizig war, hatte für _das_ seine Brieftasche geöffnet.

Die Ironie war kaum zu überbieten: Während er mir die letzten Jahre predigte, wie wenig Geld er habe, hatte er offenbar keine Probleme, einen Rentner zu sponsern. Ganz großes Kino!

Ich fand einen Gästebucheintrag meines Mannes an den „Controllmeister" nach Einreichung der Scheidung. Im Januar 2018 schrieb mein Mann in dessen Gästebuch: *"Grandioser Masseur, Massage war top und der Abschluss grenzgenial."*

Beim Buchstaben „F" fand ich den User „Falle" und zwei Gästebucheinträge. Der erste Eintrag lag bereits fünf Jahre zurück und lautete: *"War super :)"*. Der zweite Eintrag war vor zwei Jahren: *"Bist ein sehr guter Bläser!"* Sein Profil zeigt, dass er bisexuell ist, 53 Jahre alt und ebenfalls in Wels wohnt.

Beim Buchstaben „P" fand ich bei „Popo69" die nächsten zwei Einträge. *"Grandioser, sympathischer Masseur, der sein Handwerk versteht... gerne wieder."* Kurz vor Weihnachten, im Jahr der Trennung, schrieb er: *"Danke, war wieder einzigartig... super Gefühl, gut gefickt!"* Popo69 ist laut seinem Profil bisexuell, ungeoutet und Sportmasseur. Er meint, wenn man die Augen geschlossen hat, fühlt sich ein Männermund genauso wie ein Frauenmund an. Er wohnt zwanzig Minuten von Wels entfernt.

Bei „S" – „Supermassage" gab es auch zwei Einträge im Gästebuch. Laut seinem Profil ist er schwul und bietet für Geld Massagen und mehr an. Auch er wohnt in Wels. In sein Gästebuch schrieb Gustav ein Jahr vor unserer Scheidung: *"Grandioser Masseur, von 5 Sternen bekommt er 6... super massiert bis zur Explosion :)))."*

Danke, sehen uns bald wieder. Einige Monate später war es wieder soweit: *"Habe nicht nur die grandiose Massage genossen, er fickt wie ein kleiner Gott in allen Stellungen und vor allem ausdauernd."*

Bei „W" – „Willyam", bisexuell, ungeoutet, wohnhaft in Wels, Mitarbeiter bei einem Rettungsdienst in Wels, fand ich folgenden Eintrag im Gästebuch, zwei Monate vor der Einreichung der Scheidung: *"War sehr schön, bist ein sehr guter Bläser!"*

Seine Freundesliste erstreckte sich quer durch Österreich – von Wels über Niederösterreich bis nach Kärnten. Auf der Route von Wels bis Leoben lagen etliche „Zwischenstopps", oder besser gesagt, Ab*stecher* im wahrsten Sinne des Wortes. Offenbar hatte mein lieber Ehemann eine ganz eigene Art von „Reiseprogramm".

Ich konnte das nicht einfach so stehen lassen. Doch der eigentliche Gipfel war, dass er mir die Schuld am Scheitern unserer Ehe gab. Unglaublich! Als ob ich das Problem war, während er sich durch seine „Tour de Affären" bewegte. Seine Dreistigkeit ließ mich für einen Moment sprachlos zurück.

Aber dann kochte die Wut in mir hoch. *„Na schön, mein lieber Erzfeind",* murmelte ich, fest entschlossen und mit innerlicher Genugtuung. Es war kein simples Versprechen, nein, es war eher die feierliche Ankündigung eines nahenden, unausweichlichen Auftritts. Dieses Mal würde ich den Vorhang für das Drama selbst heben und meinen Part als Hauptdarstellerin übernehmen.Völlig unerwartet wird sich mein Leben in den nächsten Stunden, Monaten und Jahren total verändern.

Ich werde Dinge tun, die ich mehr als abartig finde.
Ich werde herausfinden, wozu man fähig ist, wenn man keine andere Option hat.
Ich werde auf der Jagd sein und mich über meine Triumphe freuen.
Ich werde für mein Recht kämpfen wie eine Löwin.
Ich werde auch sehr lange schlaflose Nächte haben.
Ich werde mir wünschen, Lokalverbot im Kopfkino zu bekommen.
Ich werde beweisen, dass ich keine Unwahrheiten und Lügen verbreite.

Ich werde es sehr schwer haben, jemals wieder einem Mann zu vertrauen.
Ich werde eine Auszeit brauchen, einen längeren Tapetenwechsel.
Ich werde mich nicht erpressen lassen.
Ich werde lernen, Geduld zu haben.
Ich werde meinen Mund nicht halten.
Ich werde die Scheidung gewinnen.
Ich werde meine Geschichte schreiben.

Der Kampf hatte begonnen, und ich war bereit. Mal sehen, wer am Ende der Reise wirklich ins Schwitzen gerät.

Ich brauchte dringend jemanden zum Reden, aber wem konnte ich vertrauen? Wer würde das schier Unglaubliche nicht sofort weitertratschen? Schließlich musste ich noch etliche Beweise sammeln. Aber wer würde mir überhaupt glauben, wenn ich es selbst kaum fassen konnte?

Also tat ich das einzig Vernünftige: Ich schrieb meinem Anwalt. Schließlich wusste ich, dass er auch um diese Zeit noch aktiv war, so ein nächtlicher E-Mail-Austausch über die Abgründe des Ehelebens gehörte vermutlich zu seinem Alltag. Um 23:50 Uhr schickte ich ihm einen Auszug vom „Gayboy"-Profil meines Mannes. Ganz nüchtern und sachlich, wie man das eben so macht.

„Soeben gefunden, dank seiner Codeliste hatte ich Passwort und Zugangsdaten!" schrieb ich und fühlte mich für einen Moment wie Sherlock Holmes. *„Letztes Bläschen, oder mehr, war vor einer Woche!"*

Ich lehnte mich zurück und wartete.

Er antwortete sofort – natürlich, er liebte solches Drama: *„Männlich oder weiblich?"*

„Männlich!" schrieb ich zurück, als wäre das schon nicht skandalös genug.

„Unfassbar, brrrrrrr, Ziel definiert!", kam die Antwort wie aus einem schlechten Spionagefilm.

„Wahnsinn, Ihr Mann ist ein Homo?" fragte er, als hätte er gerade die neueste Sensation entdeckt.

„Ja", entgegnete ich, *„der lutscht Schwänze, fistet und betreibt Analverkehr. Igitt, hätte gerne ein Foto!"*

„Nein, ekelhaft!" konterte er. Ich konnte förmlich spüren, wie er sich schüttelte.

„Bin von der Rolle, sorry!" fügte ich noch hinzu.

„Verstehe ich völlig!" antwortete er,

Zuerst dachte ich Gustav „wedelt sich nur einen von der Palme" vor der Laptop-Kamera, während andere zuschauen. Aber nein – er war schon seit dreizehn Jahren in diesem Homosexuellen-Portal aktiv! Dreizehn Jahre! Ein ganzes paralleles Leben, und ich hatte NULL Ahnung, ließ ich meinen Anwalt wissen.

Das ist mehr als krass. Verstehe nur nicht, warum die Scheidung nicht schon vorher von ihm kam? Liebe Frau Paula, wir kennen uns jetzt schon lange, deswegen darf ich mir das herausnehmen: Wie konnte er Sie eigentlich so unterschätzen?" schrieb mein Anwalt, und ich konnte förmlich hören, wie er den Kopf schüttelte.

Das frage ich mich auch, „Danke für Ihre Zeit, gute Nacht. Ich melde mich, wenn es etwas Neues gibt", tippte ich zurück, immer noch fassungslos.

„Alles klar", kam die knappe Antwort.

Ich wusste, ich musste jetzt in diese neue Welt eintauchen, tief hinab in die unterste Schublade von großteils verheirateten Männern mit geheimen Parallelleben.

Diese Erkenntnis, dieser kommende Kampf, würde mein Leben für immer verändern. Klar, ich hatte schon viel gesehen, aber *das*? Das war ein neuer Tiefpunkt.

Nachdem ich mich einigermaßen gesammelt hatte und wieder halbwegs klar denken konnte, wusste ich: Beweise. Ich brauchte Beweise, schließlich würde Gustav alles leugnen, als wäre es ein schlecht gedrehter Film.

Zuerst checkte ich mit meinem Handy, ob es ersichtlich war, wenn ich in sein Profil einstieg und seinen Verlauf mitlas. Keine Benachrichtigungen, keine Spuren, ich war unsichtbar. *Gut, das passt!* dachte ich triumphierend. Der Einstieg in Gustavs Doppelleben war bereit für die nächste Runde.

Ich hatte mich im Gayboy-Profil als Mann eingeloggt und mir fünf verschiedene Accounts mit unterschiedlichen Nicknamen erstellt. Von einer einschlägigen Sexseite hatte ich mir männliche Genitalfotos heruntergeladen und in meine Gayboy-Galerie gestellt. Sollte mein Mann nach dem Passwort der Galerie fragen, war ich gewappnet, und er würde keinen Verdacht schöpfen.

Jetzt begann das wahre Spiel. Ich tauchte tiefer in diese düstere Welt ein, bereit, jedes Geheimnis zu entlarven. Jeder Schritt fühlte sich wie ein riskantes Manöver an, aber ich war entschlossen, die Wahrheit ans Licht zu bringen. Die kommenden Tage würden zeigen, wie weit er gegangen war und welche Lügen er noch versteckte. Ich ging auf die Jagd. In diesem Homosexuellen-Forum verkehren ausschließlich Männer. Ich las mir einiges durch, um zu verstehen, wie Männer untereinander kommunizieren. Es war eine fremde Welt, die sich vor mir auftat, voller Codes und Anspielungen, die ich erst entschlüsseln musste. Ich hatte bis dato keine Ahnung was Nest, Poppers, Sneakers, Fisten und Kv bedeutete.

Es zeigte, wie grotesk die Geheimnisse sein können, die Menschen verbergen.

Ich fragte mich ernsthaft: Ist das normal? Wie viele Partnerinnen wissen wirklich von den Vorlieben ihrer Männer und leben sie mit ihnen aus? Vielleicht 5 %?

Entschlossen begann ich, selbst aktiv zu werden. Ich schrieb einige von Gustavs Sexpartnern mit meinen gefakten Männerprofilen an, sogar ihn selbst.

Eines Morgens um 5:30 Uhr loggte ich mich ein und sah, dass mein Mann online war. Mein Herz schlug schneller, als ich ihm eine Nachricht schickte. Unter einem falschen Namen schrieb ich: *"Hey, Lust. Lust auf ein Treffen heute Abend?"* Es dauerte nicht lange, bis die Antwort kam: *"Hey, klar. Bin aber derzeit auf Dienstreise und erst Mittwoch wieder in Wels!"*

Da mein Mann zu diesem Zeitpunkt schon ausgezogen war und den Großteil seiner Zeit in Leoben verbrachte, wusste ich genau, wann ich ihn anschreiben konnte. Immer dann schrieb ich, dass ich heute Zeit für ein Sex-Date hätte. Wenn er in Wels war, das war an drei Tagen die Woche, meist von Mittwoch bis Samstag, hatte ich Ausreden, warum ich mich nicht mit ihm verabreden und treffen konnte.

Einmal schrieb ich, dass ich mit meiner Frau in einem großen Einkaufszentrum Einkäufe erledigen müsste. Mein Mann schlug vor, sich auf der Herrentoilette dieses Kaufhauses zu treffen, um „unsere Schwänze kennenzulernen". Ich war so perplex, dass ich ihn direkt fragte, ob er das wirklich ernst meinte. Fassungslos fragte ich mich, wie tief man sinken muss, um so etwas zu tun. Es erschüttert mich bis heute. Wenn ich Gustav mit meinen verschiedenen Männerprofilen, die ich mir zulegte, schrieb, musste ich stets einen anderen Ausdrucksstil verwenden, um nicht aufzufallen.

Es erforderte Konzentration und Kreativität, die verschiedenen Identitäten glaubwürdig zu verkörpern und sicherzustellen, dass mein wahres Ich verborgen blieb.

Jeder neue Beweis war ein weiterer Schritt in Richtung der Wahrheit. Ich sammelte alles sorgfältig und wusste, dass der Moment der Konfrontation bald kommen würde.

Wenige Tage vor der ersten Scheidungsverhandlung musste ich unbedingt meinen Anwalt informieren, dass ich mit Gustav auf dem Gay-Portal gechattet hatte. Ich wusste, dass diese Informationen entscheidend sein könnten und dass mein Anwalt gut vorbereitet sein musste.

Ich schickte ihm eine Nachricht und fügte Screenshots unserer Gespräche bei. In meiner Nachricht stand: *„Hallo, ich habe mit meinem Mann über das Portal gechattet!"*

Mein Anwalt reagierte sofort und fragte überrascht: *„Jetzt? Geht es Ihnen gut?"*

„Ja, sehr gut sogar, und ihm auch! Wollen Sie es lesen?" antwortete ich.

„Das ist ja fies, sensationell, weltklasse! Sie sind wirklich unglaublich! Ja, aber ohne Bilder. Das ist extrem wichtig. Wir werden diese Informationen nutzen. Danke, dass Sie mir so vertrauen. Aber sammeln Sie noch mehr Beweise. Es wird nicht bei der kommenden Verhandlung eingesetzt, sondern erst bei seiner Einvernahme!" schrieb er begeistert zurück.

Meine Gedanken ratterten unaufhörlich. Wie kann ich Gustav zu Fall bringen? Dann hatte ich die Idee: Ich werde mich als Frau in diesem Homosexuellen-Forum einloggen, ein Profil erstellen und vorgeben, dass ich die Veranlagung habe, Männern beim Sex zuzusehen und dass mich das scharf macht. Gedacht, gesagt, getan!

Mein Name war BAM. Als Frau kommunizierte ich ausschließlich mit seinen Sexpartnern. Der Hintergedanke war, dass vielleicht der ein oder andere Sexpartner meines Mannes, der ja keine Ahnung hatte, dass ich „Lusts" Ehefrau bin, mich zu sich in die Wohnung einlädt.

So könnte ich deren richtigen Namen und Adressen ausfindig machen und diese meinem Anwalt weiterleiten. Seine Sexpartner würde ich dann als Zeugen bei der Gerichtsverhandlung laden. Ja, genau so werde ich es tun. Das ist mein Plan.

Ich erstellte das Profil sorgfältig und wählte einen ansprechenden Text aus, die meinen Charakter BAM überzeugend darstellten. Die ersten Nachrichten ließen nicht lange auf sich warten. Die Männer, mit denen ich kommunizierte, waren neugierig und aufgeschlossen. Einige boten sofort an, sich zu treffen und mich zu ihren Begegnungen einzuladen. Es war ein seltsames Gefühl, in diese Rolle zu schlüpfen und mich als eine voyeuristische Frau auszugeben. Doch ich war fest entschlossen, meinen Plan durchzuziehen. Jeder Schritt brachte mich näher an die Informationen, die ich brauchte.

Meine Nächte waren schlaflos, ständig geisterte das Doppelleben meines Mannes in meinem Kopf herum. Ich stellte mir vor, wie er es mit seinen Sexpartnern treibt. Treibt er es mit oder ohne Kondom? Wie oft trifft er sich – täglich, wöchentlich? Haben sie seine Handynummer, oder geht alles nur über diese Plattform? Mein Verstand war ein ständiger Kreislauf aus Sorgen und Spekulationen. Es fühlte sich an, als wäre ich in einem endlosen Albtraum gefangen, aus dem es kein Erwachen gab.

Die nächsten Tage und Wochen verbrachte ich ständig auf dieser Plattform. Ich hatte einiges zu tun, um seine Sexpartner anzuschreiben und deren Vertrauen zu gewinnen. Um sicherzustellen, dass ich nicht entdeckt wurde, besorgte ich mir ein Handy mit einer Wertkartennummer. Dieses Handy nutzte ich ausschließlich für die Kommunikation über WhatsApp mit seinen Sexpartnern und mit meinem Mann selbst. Jeder Schritt musste sorgfältig geplant und ausgeführt werden, um mein wahres Vorhaben zu verbergen.

Mit jedem neuen Kontakt sammelte ich mehr Informationen. Ich speicherte die Screenshots der Chats und bereitete alles für meinen Anwalt vor. Zuerst suchte ich nach seinen Sexpartnern, die bisexuell waren. Unfassbar, ich muss sagen, da braucht man nicht lange zu suchen. Fast jeder in diesem Portal ist bisexuell, ungeoutet und hat eine Frau zu Hause. Es ist schlimm, von seinem Partner so hintergangen zu werden, ohne es zu wissen. Noch schlimmer ist, dass man seinen Partner nie so einschätzen würde, geschweige denn einen Gedanken daran verschwendet.

Mein Partner, der offensichtlich hetero sein sollte, bewegt sich in solchen Foren. Ich weiß nicht, ob es nicht besser gewesen wäre, wenn ich es nicht herausgefunden hätte. Das Kopfkino liefert so einige Szenen. Oft wusste ich nicht, ob ich wach war oder schlief; ich befand mich in einer Art Zwischenzustand.

Meine Tage und Nächte verschmolzen zu einem einzigen, endlosen Strom von Aktivitäten. Tagsüber führte ich mein normales Leben, doch sobald die Dunkelheit hereinbrach, wurde ich zu BAM, der Frau, die bereit war, alles zu geben um das Lügenkonstrukt meines Mannes zu Fall zu bringen. Trotz der Belastung spürte ich eine seltsame Art von Befriedigung. Ich war nicht länger das Opfer seiner Täuschungen; ich war die Jägerin seiner Geheimnisse. Jede neue Entdeckung brachte mich meinem Ziel näher und stärkte meinen Willen, diese Tortur zu überstehen.

Um meinen Plan weiterzuführen, schrieb ich Gustavs schwulen Sexpartnern, die teilweise für Geld Massagen anboten, und fragte, ob ich als Frau zu ihnen kommen könnte und sie mich massieren würden. Einige lehnten ab, aber andere sagten für die kommenden Wochen zu. Jede Zusage brachte mich meinem Ziel näher, doch ich spürte den Druck der nahenden ersten Scheidungsverhandlung. Am darauffolgenden Tag dürfte Gustav unsere Klagsbeantwortung bekommen haben und reagierte auf seinem Whats App Status mit einem Spruch aus dem Netz: *"Ehrlichkeit ist was für starke Menschen, die Schwachen wählen die Lüge."* Der Spruch war super, er war nicht nur sehr treffend, er spiegelte auch seinen Charakter.

Diverse Freunde und Bekannte sendeten mir weitere Postings, die er in den sozialen Medien verbreitete. Er inszenierte sich als Opfer, als jemand, der von mir hintergangen und betrogen wurde. Diese Lügen verbreitete er in der Hoffnung, Sympathien und Unterstützung aus seinem Umfeld zu gewinnen.

Währenddessen arbeitete ich unermüdlich daran, weitere Beweise zu sammeln. Jeder neue Hinweis, jede Nachricht, die ich auf der Plattform fand, war ein weiterer Baustein.

Ich selbst konnte seine Postings zunächst nicht lesen, da mein Mann mich überall blockiert hatte, aber einige Freunde kopierten mir die Einträge oder ließen mich mit ihren Zugangsdaten auf seiner Seite Einsicht nehmen. Er verfasste tatsächlich einen Facebook-Eintrag über unseren Beziehungsstatus.

Gustav ging in seiner Verzweiflung noch einen Schritt weiter. Er postete tatsächlich so einen Unsinn in den sozialen Medien – wieder einmal auf der Jagd nach Mitleid. In seinem Eintrag stellte er sich wieder einmal als das Opfer dar:

Hallo Freunde,
wie viele andere bin auch ich leider in einen unschönen Rosenkrieg verwickelt. Aus verschiedenen Gründen musste ich die Scheidung einreichen, was dazu geführt hat, dass meine Frau nun versucht, mich öffentlich schlecht zu machen und Falschaussagen zu verbreiten. Ich schätze eure Unterstützung über Messenger und WhatsApp sehr und möchte mich für die entstandenen Unannehmlichkeiten entschuldigen. Was sie mit dieser Aktion bezweckt, ist mir nicht klar – vermutlich nichts Positives. Liebe Grüße,
Gustav

Die Kommentare darunter waren voller Mitgefühl und Unterstützung für ihn. Ich konnte sehen, welche Freunde ihn bemitleideten oder ihm viel Glück wünschten. Da war schon der ein oder andere dabei, bei dem ich mir dachte:

Welch falsches A********! Aber ich ließ mir nichts anmerken. Nun wusste ich Bescheid, wer ein wahrer Freund und wer nur ein flüchtiger Bekannter war. Manche schrieben mich an und fragten, was los sei.

Da ich zu diesem Zeitpunkt „undercover" im Gayboy-Portal unterwegs war, konnte ich öffentlich wenig dazu sagen. Mein einziger Gedanke war: "Das Echo kommt." Dann würde ich sein Lügengebäude, das er über die Jahre so sorgfältig aufgebaut hatte, zum Einsturz bringen.

Dass er nach seinen Krankenhausaufenthalten Fotos von seinem frisch operierten Fuß oder anderen Verletzungen teilte, war mir nicht neu. Aber jetzt, wo er mich in ein schlechtes Licht rückte, nahm ich es sehr wohl zur Kenntnis.

Was er nicht ahnte: Ich wusste seit Tagen mehr über ihn, als ihm lieb gewesen wäre. Wäre ihm das bewusst, hätte er seinen Gayboy-Account längst gelöscht. Vielleicht saß er gerade an seinem Laptop, sah sich seine abartigen Tier-Videos an oder erinnerte sich an den Vorfall, als wir ihn mit dem Dildo in der Dusche erwischten. Ich hatte nie ein Wort darüber verloren – bis jetzt.

Ich hörte, dass Gustav in seinen Stammlokalen erzählte, ich würde ihn verleumden und ihm Pädophilie unterstellen. Was? So etwas hatte ich nie gesagt und nie auch nur daran gedacht. Aber jetzt, wo er es selbst ins Spiel brachte, musste ich mich fragen: Was hat er noch zu verbergen? Ich war mir nicht sicher, ob ich ihm auch hier trauen konnte, und inzwischen legte ich für diesen Menschen meine Hand für nichts mehr ins Feuer.

Wie hasserfüllt musste er sein? Was hatte ich ihm wirklich getan? Die Antwort war simpel: nichts. Ja, genau, *nichts* – kein Geld, kein Sex, kein Haus, keine Liebe. Und das war offenbar genug, um seinen Hass zu schüren.

Einige Tage später kam Rudi, ein guter Freund, bei mir vorbei. Er hatte einen unscheinbaren Umschlag dabei. „Ich habe da etwas für dich", sagte er, während er mir den Zettel überreichte. „Hübsches Foto", fügte er mit einem verschmitzten Lächeln hinzu. Verwirrt öffnete ich den Umschlag und faltete das Papier auf. Es war ein Foto aus einem Polizeiakt, datiert auf das Jahr 1991, ein Jahr, das ich lieber aus meinem Gedächtnis gestrichen hätte.

„Das war in meinem Postkasten und ich dachte mir, das muss ich dir vorbeibringen. Außerdem bin ich neugierig", sagte Rudi, seine Augen funkelten neugierig. *„Was war da los?"*

Mit einem tiefen Seufzer ließ ich mich auf das Sofa sinken. *„Das ist eine lange Geschichte",* begann ich, während Rudi sich neben mich setzte. *„Kurz gesagt, es war ein unglücklicher Vorfall, an dem ich beteiligt war. Ein Fehler, der mich noch Jahre später verfolgt hat." „Das fällt eindeutig unter den Datenschutz. Aber wo kein Kläger, da kein Richter. Zumindest bis jetzt."*

Nachdem Rudi gegangen war, informierte ich sofort meinen Anwalt. Wir beschlossen, erst in meiner Einvernahme bei der Scheidungsverhandlung tätig zu werden, falls das Foto dort auftauchen sollte.

"Mögen die Spiele beginnen"

Die erste Scheidungsverhandlung stand vor der Tür, und ich war bereit, in den Ring zu steigen, allerdings nicht ohne ein Ass im Ärmel. Es war das erste Zusammentreffen mit meinem Mann, seit ich herausgefunden hatte, dass er auf der Gayboy-Seite aktiv war. Es kostete mich all meine Kraft, um nicht emotional oder ausfällig zu werden. Mein Wissen musste ich überspielen, durfte nichts erwähnen. Zwar hatte ich bereits Beweise, aber mein Anwalt sagte: *„Mehr Beweise sind immer besser."*

Da Gustav sich nach wie vor auf diesem Portal aufhielt, standen die Chancen gut, dass ich dem Gericht in Zukunft noch einige pikante Details präsentieren könnte. Bei den Vergleichsgesprächen kam nichts zustande, und die nächste Verhandlung wurde für Mai 2018 angesetzt. Bis dahin würde ich weiter sammeln – denn ich wusste, die Zeit arbeitete für mich, schließlich wollte ich Gustavs wahres Ich vor Gericht entlarven.

Am Abend spielte ich „Peter65" weiter und unterhielt mich munter mit Gustav, der immer noch keine Ahnung hatte, wer wirklich hinter dem Profil steckte. Er drängte auf ein Treffen, und das gab mir die Idee: Ein Lockvogel musste her! **„Suche Mann für meinen Mann"** – klingt verrückt? Willkommen in meinem Leben.

Ich schaltete eine Annonce und bekam prompt eine Antwort von einem Walter aus Wels. Bingo! Jetzt musste ich nur noch diesen Plan umsetzen. Während ich auf einer Familienfeier stand, versuchte ich, ihm am Telefon zu erklären, was ich vorhatte. Leicht betrunken und nicht gerade der Hellste, verstand er erst mal gar nichts. *„Ich melde mich morgen"*, log ich und legte auf. Tja, das „morgen" verschob sich dann. Fünf Tage später kam eine SMS: *„Interesse verloren?"* Oops!

Ich antwortete schnell und versuchte, das Ganze wieder ins Laufen zu bringen. Er schien endlich zu verstehen, dass es nur um meinen Mann ging, und war plötzlich bereit zu helfen, na endlich! Ich erklärte ihm den Plan, wie er Gustav ins Bett bekommen und alles heimlich filmen sollte. Aber die Fragen hörten nicht auf: *„Wer filmt das?"* *„Hat er einen großen Schwanz?"* Langsam dachte ich, ich hätte es mit einem besonders begriffsstutzigen Kandidaten zu tun.

Nach etlichen Erklärungen schien er endlich zu schnallen, dass ich nur einen Beweis wollte, um Gustav zu überführen. *„Ah, verstehe... Scheidungsgründe!"*, schrieb er. Puh, endlich! Ich dachte, ich hätte ihn an der Angel. Doch ein paar Tage später kam seine Nachricht: *„Danke, dass du mich zum Narren gehalten hast!"*

Super, Walter dachte wohl, der Plan würde sich von heute auf morgen umsetzen lassen. Vielleicht war mein Vorhaben doch etwas zu ambitioniert für ihn. Also zurück auf Start – ein neuer Plan musste her. Sollte ich einen professionellen Detektiv engagieren? Oder doch lieber einen neuen Kandidaten aus dem Gayboy-Portal fischen? Es war klar: Ein Neuer musste her. Walter hatte versagt…aber mein Plan? Der ging in die nächste Runde.

Durch einen alten Bekannten bekam ich den Namen eines gewissen Kochs mit einem Faible für Homoerotik, der angeblich mal für einen bekannten Fußballklub gearbeitet hatte. Neugierig schrieb ich ihn über Messenger an, und wir vereinbarten ein Treffen in seiner Wohnung.

Pünktlich und bereit für mein nächstes Abenteuer, stand ich vor Ort – in einem Mehrparteienhaus im letzten Stock. Tür geht auf, und da steht er: Ewald. Ein Blick reichte, um zu wissen, dass das kein gutes Match werden würde. Zähne? Fehlanzeige. Haare? Fettig und strähnig. Wohnung? Das Chaos selbst hätte sich hier verlaufen. „Okay", dachte ich, „man trifft sich zwar nicht zum Putzen, aber ein Minimum an Hygiene wäre schön." Ich sah mich um und beschloss: kein Kaffee. Ich hatte keine Lust auf Zusatzstoffe, die ich nicht identifizieren konnte.

Ewald, sichtlich entspannt in seinem natürlichen Chaos, fragte mich, ob ich Kaffee will. Nein, *„Danke, nein."* Die Wohnung schien wie ein U-förmiges Labyrinth aus Dreck. Die Küche war direkt vom Wohnzimmer einsehbar, nur getrennt durch einen Rundbogen, quasi ein Panoramablick auf das Desaster. Der einzige moderne Akzent? Ein Red Bull Kühlschrank mit LED-Beleuchtung.

Dann ging's los: Während ich mich skeptisch auf die Couch setzte, hörte ich aus der Küche erst ein Klappern, dann einen Knall – und plötzlich flogen mir Glassplitter entgegen. Ewalds Backofen hatte sich entschieden, eine spontane Detonation zu veranstalten. Ein Schwall von Gasgeruch breitete sich aus. Ewald, die Verwirrung in Person, saß wie eine verstörte Katze auf der Arbeitsplatte und blickte auf das Desaster: Der Backofen lag deformiert in der Mitte der Küche, als hätte er sich auf ein missglücktes Abenteuer begeben.

Ich dachte nur: „*Selbstmordgefährdeter Koch, oder einfach Pechvogel?*" Ewalds Erklärung? „*Hab 'ne Gaskartusche drin vergessen und versehentlich auf 100 Grad erhitzt.*" Ah ja, eine kreative neue Kochmethode. Vielleicht war er ein Pionier, dachte ich, während ich langsam rückwärts zur Tür schlich und frische Luft reinließ. Ewald folgte, völlig panisch, dass die Nachbarn die Explosion gehört haben könnten. In Windeseile schloss er alle Fenster. Ja klar, am besten das Gas schön einschließen, genialer Plan.

Nachdem wir irgendwie die gröbsten Scherben beseitigt hatten, flüchtete ich ins Auto und rief den Freund an, der mir diesen „Kandidaten" empfohlen hatte. „*Was zur Hölle hast du mir da empfohlen? Einen durchgedrehten Koch?*" Er lachte nur schallend und ich konnte mir, trotz allem, auch ein Lachen nicht verkneifen. Immerhin hatte niemand außer dem Parkett, der Herd und dem Red Bull Kühlschrank Schaden genommen.

Es war unmöglich, einen Typen aufzutreiben, bei dem ich mir vorstellen konnte, dass Gustav nicht sofort die Flucht ergreifen würde. Wenn ich ehrlich bin, kannte ich seine „Kandidaten" eigentlich nur aus der Galerie im Gayboy-Portal – in aller Pracht unter der Gürtellinie abgebildet, aber das Gesicht blieb stets ein Mysterium. Es war wie eine Lotterie: Welches Gesicht passt wohl zu welchem Genital? Nur der gute „Controllmeister" hatte es sich nicht nehmen lassen, sich stolz mit einem Portrait zu präsentieren. Ein echter Profi, der genau wusste, wie er sich vermarkten musste.

Also blieb mir nur eine Lösung: durch das Portal zu wühlen und Gustavs Abenteuer aufzudecken, so lange, bis ich die passenden Gesichter zu den Genitalien hatte. Wer hätte gedacht, dass es so schwer sein könnte, diese Puzzleteile zusammenzufügen? Aber aufgeben? Keine Option.

Abend für Abend war ich nun auf diesem Portal unterwegs, als wäre es mein zweites Zuhause, das dunkle, skurrile Zuhause, das mir den Schlaf raubte. Es gab nur noch einen Grund für meine Existenz: Beweise zu sammeln, die Geheimnisse meines Mannes zu lüften und die Wahrheit ans Licht zu zerren. Die Kinder beobachteten mich mit einer Mischung aus Sorge und Ungläubigkeit. *„Wann wirst du endlich wieder normal?"* fragten sie mit hochgezogenen Augenbrauen, als wäre ich eine Art Internet-Sherlock, der sich in seinem eigenen Krimi verrannt hatte.

„Lass den Mist doch sein", sagten sie immer wieder. *„Wofür machst du das überhaupt?"* Sie konnten nicht verstehen, dass ich tief in diesem Sumpf steckte, den ich selbst nicht geschaffen hatte, aber in dem ich die Antworten finden musste. Ich konnte nicht einfach aufhören, das war mein persönlicher Kriegsschauplatz. Jeder Klick, jede Nachricht, jeder neue Chat war ein weiterer Schachzug im Spiel um die Wahrheit.

Sie verstanden nicht, dass das für mich wichtig war. Dass ich endlich mein Leben zurückholen wollte – und irgendwie auch für sie kämpfte. Warum sollte ich einfach abwarten und alles laufen lassen? Ich hatte schon genug Jahre meines Lebens verschwendet, darauf wartend, dass Dinge sich von selbst klären. Jetzt war ich dran, und ich würde nicht auf der Strecke bleiben.

Ja, vielleicht fühlten sie sich unwohl und schämten sich. Ja, sie wollten nicht, dass ich das weiter verfolge. Aber ich musste das tun. Ich hatte genug Rücksicht genommen, genug geschwiegen und ignoriert. Es war an der Zeit, mein Leben zurückzuerobern, ohne auf Verluste zu achten. Irgendwann, dachte ich mir, würden sie verstehen, warum ich so handelte – und vielleicht würden sie mir dann sogar danken.

„Adrian trat wieder in mein Leben"

Die erste Nachricht von Adrian kam an wie ein Blitz aus der Vergangenheit – und das inmitten des größten Scheidungstheaters meines Lebens. Nachdem ich jahrelang nichts von ihm gehört hatte, meldete er sich plötzlich mit den Worten: *„Hey, was geht bei dir ab?"* Offenbar hatte er Gustavs Dramen auf Social Media verfolgt. Ich hätte mir gewünscht, es gäbe eine lustige Antwort à la „Ach, nichts, alles wunderbar, Gustav und ich probieren neue Rezepte aus – für die Scheidungsküche!", aber stattdessen schrieb ich: *„Wenn du wirklich wissen willst, was hier los ist, schnall dich an. Mein Leben ist momentan eine Soap – nur ohne Werbepause."*

Adrian rief an und so starteten unsere Gespräche, die teilweise wie eine Mischung aus „Therapie light" und „Lachkrampf-Club" abliefen. Ich schickte ihm all die Beweise, die ich hatte, wie eine stolze Ermittlerin, die ihre erste große Spur ausgräbt. Sein Kommentar? *„Das ist echt heftig – und ich hoffe, du hast jetzt keinen Nervenzusammenbruch!"* Ich dachte mir: *Ach, einen Nervenzusammenbruch gönne ich mir später, vielleicht mit Schlagsahne und Kirsche oben drauf.*

„Ich brauche ernsthaft Lokalverbot in meinem Kopfkino", textete ich ihm, während ich mir vorstellte, wie ich eine imaginäre Absperrung vor meinem Gehirn errichte: *„Kein Zutritt für peinliche Bilder!"* Adrian versuchte, mich aufzumuntern, aber ich konnte förmlich hören, wie er dabei den Kopf schüttelte.

Wir schrieben uns immer häufiger, und Adrian warf ein: *„Hey, hast du wenigstens jemanden, mit dem du reden kannst – jemanden, der dir nicht den letzten Nerv raubt?"* „Ja, schon", antwortete ich. *„Ich habe meine Gedanken, die mir allesamt hervorragende Ratschläge geben. Aber das Problem ist, sie diskutieren immer miteinander und ignorieren mich dann einfach."*

Manchmal schalteten wir auch in den Comedy-Modus. *„Sag mal, kennst du einen solo Sicherheitsbeamten, der weder bi noch schwul ist? Und idealerweise auch kein Alkoholproblem hat?"* fragte ich ihn. Adrians Antwort: *„Du willst schon wieder einen Aufpasser des Vertrauens? Du lernst es echt nie!"* Es war fast, als würden wir ein imaginäres Bewerbungsformular für potentielle Kandidaten erstellen: *„Zähne vorhanden, alkoholfrei, geradeauslaufend – und bitte, keine Doppelleben im Angebot."*

Seine Sprüche brachten mich oft zum Lachen, obwohl mein Leben sich gerade wie eine misslungene Sitcom anfühlte. Einmal meinte er: *„Bitte bleib, wie du bist, alles andere wäre Verschwendung. Außerdem gibt's doch genügend Typen, die du noch therapieren kannst."* Tja, vielleicht war ich ja einfach ein verlorener Fall von „Ich werde eine Männer-Flüsterin". Aber in Wahrheit: Wenn ich schon eine Therapiesitzung mit jemandem hätte, dann bitte mit mir selbst, ich brauchte dringend ein Gespräch mit meiner Geduld und meinem Humor, denn die waren eindeutig auf Urlaub.

Trotzdem ging die „Operation Gustav" weiter, und ich war entschlossen, mein Ziel zu erreichen: die Wahrheit zu finden und mein Kopfkino irgendwann in eine Komödie zu verwandeln, oder zumindest in einen netten Kurzfilm, der weniger Horror und mehr Happy End hat.

Meine Jagd nach Gustavs Sexpartner ging weiter.

Endlich erhielt ich eine Nachricht: Der User "Mundficker" kontaktierte meinen Account, den ich als Frau auf der Gayboy-Plattform erstellt hatte. Er fragte, ob ich Lust und Laune hätte, ihm heute zuzusehen, wie er es mit einem anderen User treiben würde. Der zweite User nannte sich "Falle" – das war doch der Typ aus Gustavs Freundesliste! Enthusiastisch stimmte ich zu. Obwohl ich "Falle" bereits angeschrieben hatte, hatte er sich bisher noch nicht gemeldet. Dennoch sollte mein erstes Date bei "Falle", der als bisexuell in seinem Profil angegeben war, stattfinden.

Wir vereinbarten, uns auf einem öffentlichen Platz zu treffen, der gleich um die Ecke von "Falles" Wohnort lag. Die Verabredung verlief irgendwie anders, als ich es mir vorgestellt hatte – und das in jeder Hinsicht. „Mundficker" (ja, das war tatsächlich sein gewählter Nickname) stieg aus seinem blauen VW Golf und schüttelte mir die Hand. Ein Blick auf ihn, und ich dachte mir: Na ja, zumindest kein Schnurrbart à la 70er-Jahre-Porno, das ist ja schon mal was. Stattdessen Halbglatze und eine Jacke der öffentlichen Verkehrsbetriebe, eher der Typ „Kneipenbekanntschaft nach der letzten Runde", wenn ihr wisst, was ich meine.

Er erzählte mir, dass er verheiratet sei und eine zwölfjährige Tochter habe. Dass er sich trotzdem gerne nach der Arbeit einen „Maulfick" gönnte, ließ er so beiläufig fallen, als würde er von einem schnellen Abstecher in die Kneipe sprechen. Ich nickte nur und versuchte, mein Kopfkino auf Stand-by zu setzen, aber nein, es war natürlich schon mitten im Programm: Heute im Abendprogramm: Der Alltag eines Verkehrsbetriebs-Mitarbeiters auf Abwegen!

Er informierte mich, dass „Falle", der eigentliche Star der Show, sich um eine Stunde verspäten würde. Dabei standen wir beide wie zwei verlorene Seelen vor einer Bankfiliale – und es war kalt. Sehr kalt. Das perfekte Setting für ein Date, bei dem man eigentlich hofft, unentdeckt zu bleiben. Am Ende bliesen wir das Treffen ab (kein Wortspiel beabsichtigt), weil meine Zehen kurz davor waren, den Dienst zu quittieren.

Ich dachte mir: Gut, noch ist nichts verloren. Der nächste Versuch wird sicher besser. Also setzte ich mein großes Experiment fort: Mit den bisexuellen „Bekannten" meines Mannes flirtete ich als Frau, während ich für Gustav meinen „Männer-Account" nutzte. Alles war so skurril und verrückt, dass ich mich manchmal fragte, ob ich nicht schon selbst in dieser Parallelwelt fest hing.

Doch die Antworten ließen oft tagelang auf sich warten, und mein „Agenten-Leben" war mühsamer, als ich mir vorgestellt hatte. James Bond hätte vermutlich schon das Handtuch geworfen und sich einen Martini gegönnt. Aber ich war fest entschlossen, weiterzumachen. Vielleicht würde ich eines Tages tatsächlich den Jackpot knacken, oder zumindest einen Männer-Typ finden, der nicht im Outfit der Verkehrsbetriebe aufkreuzt.

Dann kam mir die glorreiche Idee, mir einen ahnungslosen homosexuellen Mann aus der Freundesliste meines Mannes zu schnappen, der mir bei meiner "Recherche" behilflich sein könnte. Doch, wie sollte es anders sein, alles lief nur im Schneckentempo. Der Einzige, der mich als "Peter65" unermüdlich anschrieb, war...na klar, mein eigener Mann. Und dazu noch ein paar andere bi und homosexuelle Männer, die mich, ehrlich gesagt, herzlich wenig interessierten.

Mein Leben drehte sich nur noch um Spycams, schwule Bars und Online-Chats, bei denen ich mal die Frau, mal den Mann spielte – und dabei versuchte, meinen eigenen Mann zu überführen. Wer hätte gedacht, dass ich mich eines Tages in so einem absurden Theaterstück wiederfinden würde?

Rolf, mein treuer Begleiter in diesem absurden Abenteuer, war zunächst völlig fassungslos, als ich ihm die Wahrheit erzählte. Er dachte erst, ich mache Witze, bis ich mich direkt vor seinen Augen in das Gayboy-Portal einloggte und live mit Gustav chattete. Es dauerte keine fünf Minuten, da schickte Gustav prompt ein paar Fotos – und nein, das waren keine Urlaubsbilder. Die Aufnahmen von seinem entblößten Genitalien und seinen eindeutigen Handlungen ließen wenig Raum für Zweifel. Rolf starrte die Bilder an und schüttelte nur den Kopf. *„Also, wenn ich das nicht mit eigenen Augen sehen würde..."*, murmelte er, während er sich mit einer Hand die Stirn rieb. *„Gamsbart, schiefe Nase, lange Zähne – das ist eindeutig er"*, stellte er fest. Na, wenigstens hatten wir die Bestätigung.

Inzwischen war Rolf so tief in die „Operation Ehebruch" involviert, dass er mir sogar half, die Spycams zu installieren. Während wir uns mit den Kameras abmühten, lief im Hintergrund „Du kleiner Spion", passender hätte es nicht sein können. Ich fühlte mich wie eine Mischung aus Sherlock Holmes und einer verzweifelten Mutter auf Rachefeldzug.

Um das Ganze auf die Spitze zu treiben, gingen wir in das Gay-Lokal „Blue Why Not", so hieß es wirklich. Unten in der Disco tobte das Leben, und wir versuchten, ein paar Kontakte zu knüpfen. Ein älterer Herr, der am Rand der Tanzfläche lehnte, erregte meine Aufmerksamkeit. Ich schlich mich an ihn heran und flüsterte ihm ins Ohr: „Na, bist du auf der Suche?" Was folgte, war ein kurzes Katz-und-Maus-Spiel, bei dem er schließlich, wie sollte es anders sein, mein Angebot, einen Mann für meinen Mann zu finden, freundlich, aber bestimmt ablehnte. Stattdessen klebte sein Blick weiterhin an den knackigen Jungs auf der Tanzfläche. Tja, ich war wohl nicht das, was er suchte. Als ich ihm leicht beleidigt ins Ohr zischte: „Ach, nur die Jüngeren sind gut genug, stimmts?", ignorierte er mich komplett.

Rolf, der neben mir stand, lief mittlerweile hochrot an und zog mich Richtung Ausgang. „Vielleicht hält die Gay-Community eben zusammen wie Pech und Schwefel", murrte ich, als wir das Lokal verließen. „Möglich", sagte Rolf, „aber wir dürfen nicht aufgeben."

Zurück im Alltag meiner geteilten Identitäten: Mal war ich der verführerische „Peter65", dann wieder die lüsterne Bam auf der Suche nach neuen Enthüllungen. Es fühlte sich an, als würde ich in einem endlosen Loop feststecken, einem Doppelleben im Doppelleben meines Mannes. Vielleicht wäre ich eine hervorragende Spionin geworden.

Jeder Abend bestand aus neuen Chats, neuen Verkleidungen und einer immer tiefer werdenden Grube, in die ich mich selbst hineinbuddelte. Es war ein echter Balanceakt, der mich zunehmend erschöpfte.

Doch aufgeben kam nicht infrage. Es ging um die Wahrheit, um Gerechtigkeit – und wenn ich dafür in die skurrilsten Situationen schlittern musste, dann bitte schön. Die Jagd war doch schon eröffnet.

Jeder Tag fühlte sich wie ein Drahtseilakt an, aber ich war fest entschlossen, nicht zu fallen. Und ich würde es schaffen, auch wenn ich dafür in die tiefsten Abgründe seiner Welt hinabsteigen musste.

Manchmal schrieben mich Männer an, die sich auf meinem Account als Bam (Frau) als mein "Wunscherfüll-Prinz" vorstellten. Anscheinend hatte meine Profilbeschreibung „Wo ist mein Wunscherfüll-Prinz?" ihre Fantasie ordentlich beflügelt.

Über mich:
"Ich liebe es, heimlich zwei Männer beim Sex zu beobachten. Wer erfüllt mir diesen Wunsch? Ich habe kein finanzielles Interesse und bin diskret. Bitte nur Männer mit eigenem Nest. Ich bin aufgeschlossen und nicht unattraktiv."

Das mag ich besonders gern:
"Wenn zwei Männer sich unbeobachtet fühlen."

Was ich überhaupt nicht mag:
"Gewalt."

Nach diesem Motto lebe ich:
"Lass die Vergangenheit hinter dir, wenn sie abgeschlossen ist."

Meinen Lebenstraum:
"Den erfülle ich mir hoffentlich hier."

Mein Traumpartner:
"Den gibt es wahrscheinlich nicht."

Um glaubwürdiger zu wirken, schrieb ich mir selbst mit einem meiner Männer-Accounts in mein Gästebuch und lobte mich in den höchsten Tönen. Alles nur, um nicht aufzufallen. Wenn ich mit Gustav chattete, loggte ich mich manchmal auch auf meinem zweiten Handy ein, um ihm fast zeitgleich eine Nachricht eines anderen "Users" zukommen zu lassen. So schöpfte er keinen Verdacht.

Es war eine ausgeklügelte Tarnung, und ich musste ständig auf der Hut sein. Einer dieser Männer, nennen wir ihn Michael, schien besonders interessiert. Er schrieb mir: *"Ich könnte dein Wunscherfüll-Prinz sein. Erzähl mir mehr über deine Fantasien."*

Ich antwortete ihm vorsichtig und versuchte, seine Ernsthaftigkeit zu testen: *"Ich möchte einfach sehen, wie zwei Männer sich lieben,*

ohne dass der andere weiß, dass ich zuschaue. Es geht mir um die Authentizität des Moments."

Oh mein Gott, was für ein Blödsinn!

Die Worte, die ich schrieb, fühlten sich völlig fremd an, weit entfernt von meinem wahren Ich. Aber ich wusste, diese Maske war notwendig, um mein Ziel zu erreichen. Mit jedem Schritt, den ich tiefer in diese Welt unternahm, entfernte ich mich weiter von meinem alten Leben und meiner alten Identität. Doch das war der Preis, den ich bereit war zu zahlen.

Jedes Gespräch, jede Nachricht war ein Balanceakt auf dünnem Eis. Ich konnte es mir nicht leisten, einen Fehler zu machen. Aber ich wusste auch, dass ich nicht zurückweichen konnte. Der Weg war klar, und ich musste ihn bis zum Ende gehen, egal wie steinig er war.

Kapitel 5 Sein Profil, mein Fang: „Die Jagdsaison ist eröffnet"

„Seine Sexpartner haben angebissen"

Tja, Männer und ihre Geheimverstecke – auf dem Gayboy-Portal scheinen sie sich wirklich wie die unantastbaren Helden ihrer eigenen Geschichten zu fühlen. Sie sind die Sherlock Holmes der Täuschung, zumindest glauben sie das. Aber ich, als die weibliche Miss Marple im Training, hatte mir vorgenommen, ihnen auf die Schliche zu kommen, egal wie viele Umwege ich dabei machen musste.

Diesmal stand „Popo 69" auf meiner Liste. Ein bisexueller Kollege meines Mannes, der anscheinend seine Massagedienste gerne etwas „vertiefte". Wir vereinbarten einen Termin Anfang März. Das erste „Aha" kam, als ich an der falschen Adresse landete. Die Hausnummer, die er mir geschickt hatte, war schlichtweg falsch, ein kluger Versuch, mich auf Distanz zu halten? Oder ein peinlicher Zahlendreher? Jedenfalls stand ich wie ein Detektiv ohne Plan auf dem fremden Grundstück und fragte mich, ob ich jetzt läuten oder die Nummer eintippen sollte.

Dann kam eine Nachricht auf meinem „Gay-Handy" (ja, so nenne ich es inzwischen): die richtige Adresse, nur zwei Häuser weiter. Wie praktisch. Anscheinend hatte er mich durch sein Fenster erspäht und wollte mich jetzt ins richtige „Nest" locken.

Das besagte Haus war in einem unübersehbaren Orange gestrichen. Ein Farbschema, das vielleicht subtil für „Hier werden Geheimnisse in bunten Farben gelebt" stand. Im Vorraum erwarteten mich drei schnüffelnde Hunde, die mich mehr inspizierten als die Grenzkontrollen am Flughafen. *„Na toll, Paula, alias Bam, alias Andrea",* dachte ich, „das ist deine Chance, cool zu bleiben." Schließlich war ich undercover!

Der Mann stellte sich als Dieter vor. Ich nannte mich Andrea, wie bei allen anderen Gelegenheiten. Dieter war nicht unsympathisch, sogar ziemlich athletisch, groß, blond und blauäugig. Eben der Typ, bei dem man eher an Fitnessstudio als an heimliche „Massagen" denkt. Aber der Anblick der Damenschuhe im Flur und das lila Designer-Kaffeemaschinchen in der Küche machten mir klar: Hier steckte mehr dahinter.

Die Hunde, inzwischen gelangweilt, legten sich auf die Couch, während ich durch den Vorraum ging. Das Gefühl von Ekel mischte sich mit einem Hauch von Mitleid – seine arme Frau oder Freundin, dachte ich. Dieter, der fast wie der perfekte Schwiegersohn wirkte, war im Grunde eine tickende Zeitbombe. Wer hätte gedacht, dass hinter diesem durchtrainierten „Modell" ein heimlicher „Fellatio-Bruder" stecken könnte?

Ich blieb freundlich, ließ mir nichts anmerken und versuchte, das Spiel weiter mitzuspielen. Schließlich war ich auf der Jagd. Doch im Hinterkopf nagte der Gedanke: Wie viele solcher Dieters laufen wohl noch unbemerkt herum?

Ich fragte ihn, wie er dazu gekommen sei, sich auf diesem Gayboy-Portal zu registrieren. *„Ich treffe mich schon sehr lange mit Männern"*, sagte er. *„Mit geschlossenen Augen fühlt sich ein Männermund genauso an wie ein Frauenmund."* Er war kein Welser, sondern wie mein Mann aus der Steiermark.

„Und wie hat deine Frau darauf reagiert?" fragte ich vorsichtig, während ich mich auf die Couch setzte.

„Sie weiß nichts davon", antwortete er und zuckte mit den Schultern. „Das ist mein kleines Geheimnis."

„Und was, wenn sie plötzlich nach Hause kommt und dich mit einem anderen Mann hier erwischt?" fragte ich neugierig.

„*Das tut sie nicht*", sagte er gelassen. „*Sie arbeitet im Krankenhaus und hat ihre festen Schichten.*"

Der Geruch von frisch gebrühtem Kaffee erfüllte den Raum, als Dieter sich eine Tasse einschenkte. „*Möchtest du auch eine?*" fragte er.

„*Ja, bitte*", sagte ich höflich. Das Gespräch mit Dieter bestätigte nur, was ich bereits wusste: Diese Männer führten ein Doppelleben, und sie waren gut darin, es zu verbergen. Dieter schien sich keiner Schuld bewusst zu sein; für ihn war das alles nur ein Spiel, eine weitere Möglichkeit, seine Bedürfnisse zu befriedigen.

Und wieder dachte ich an Gustav. Wie lange hatte er schon so gelebt? Hatte er jemals ein schlechtes Gewissen gehabt?

„*Wie oft triffst du dich mit anderen Männern?*", fragte ich weiter und bemühte mich, meine Stimme ruhig zu halten.

„*So oft es geht*", antwortete er gelassen. „*Es ist ein Teil meines Lebens, den ich nicht missen möchte.*"

Ich nickte und versuchte, interessiert zu wirken, obwohl ich mich zunehmend unwohler fühlte. „*Und deine Frau hat wirklich keinen Verdacht?*"

„*Nein*", sagte er grinsend. „*Ich bin sehr diskret.*"

Dieses Gespräch öffnete mir die Augen darüber, wie tief die Täuschung und das Versteckspiel in dieser Welt wirklich gingen.

Es war nicht nur mein Mann, der ein Doppelleben führte; viele Männer lebten in dieser geheimen Parallelwelt, die für ihre Familien und Freunde unsichtbar war.

Dieter schien auch ein wenig paranoid zu sein. Er fragte mich plötzlich, ob mich ein Nachbar geschickt hätte, um ihn auszuspionieren. „*Schwachsinn*", erwiderte ich schnell. Er erzählte mir, dass ein Nachbar seine ständigen Männerbesuche bemerkte und in der Siedlung das Gerücht verbreitet hätte, er sei schwul oder bisexuell. Dabei, so sagte Dieter, wolle er nur gelegentlich "*einen Schwanz genießen*".

Um ihn zu beruhigen, erzählte ich ihm von meiner angeblichen Vorliebe, heimlich zwei Männern beim Sex zuzusehen, ohne selbst daran beteiligt zu sein. Er bot mir an, mich zu massieren, was ich zuließ. Nach etwa einer Stunde verließ ich das Haus. Er begleitete mich zur Tür und bedankte sich höflich für meinen Besuch. Kaum war ich im Auto, griff ich zu meinem Handy und kontaktierte Max, einen guten Freund, der über alles Bescheid wusste. „*Hi, naja, sagen wir mal so: Ich lebe noch und habe sämtliche Berührungen unbeschadet überstanden*", sagte ich lachend, während ich mich auf dem Fahrersitz abmühte, das Desinfektionsmittel großzügig auf meinen Händen zu verteilen. „*Ich hab ihm die Geschichte von meiner angeblichen Vorliebe aufgetischt, zwei Typen beim Sex zu beobachten. Das hat ihn dann ein bisschen entspannt – zum Glück.*" „*Und, ist er darauf angesprungen?*" fragte Max neugierig. „*Oh ja, total*", erwiderte ich, „*aber dann wollte er mich massieren, und als seine Hand auf Abwege ging, musste ich ihm ziemlich deutlich klar machen, dass wir beim klassischen Rückenmassage-Programm bleiben.*" Ich schnaubte. „*Immerhin, er hat's kapiert und sich dann zurückgehalten. Für den Kaffee und seine fragwürdigen Massagekünste hat er dann aber doch 80 Euro einkassiert. Na ja, günstiger als eine Therapie, oder?*" „*Wow, also eine richtige Wellness-Erfahrung*", feixte Max.

Ich erzählte Max weiter, wie Dieter tatsächlich erleichtert wirkte, als ich ihm erklärte, dass ich nur zuschauen wollte. „*Aber das Beste*", fuhr ich fort, „*war, dass er sagte, sein Haus sei nicht ‚geeignet', um unbemerkt zuzusehen. Wenigstens habe ich seine richtige Adresse, den Rest wird mein Anwalt herausfinden.*

Max lachte. *Und, was jetzt? Plan B?*"

„Plan B, Plan C, vielleicht auch Plan Z", seufzte ich. *„Ich werde weitersuchen. Der Typ war jedenfalls eine Enttäuschung, aber wenigstens hab ich jetzt wieder eine Anekdote für mein Buch der skurrilen Erlebnisse."*

Ich startete den Motor und fuhr los, während ich mich mit einem Grinsen von Max verabschiedete. Eines stand fest: Wenn das Leben dir absurde Geschichten präsentiert, kannst du entweder darüber lachen – oder, na ja, mindestens 80 Euro dafür zahlen.

An meinen Anwalt schickte ich sofort die Adresse und er fand den Namen heraus. Damit hatten wir den ersten Zeugen für die Scheidung, ohne dass er überhaupt ahnte, was auf ihn zukam. Dieter schrieb mir noch einmal und fragte, ob ich wirklich nicht von seinem Nachbarn geschickt worden sei. Es sei ihm merkwürdig vorgekommen, dass ich so viele Fragen gestellt hätte. Ich versicherte ihm wieder, dass ich nichts mit den Nachbarn zu tun hatte.

Was für ein Heuchler, dachte ich. Die arme Frau. Aber Mitleid war hier fehl am Platz; mein Fokus lag darauf, meinen Mann bei einem Seitensprung zu erwischen und handfeste Beweise für die Scheidung zu sammeln. Mittlerweile weiß ich, dass Dieters Frau Gabriele heißt. Ich habe sogar ihre Telefonnummer. Ob ich sie über seine Eskapaden aufklären soll? Ein solch vertrackter Betrug ist nicht gerade alltäglich, und ich hatte immer geglaubt, ich sei die Einzige, die so etwas durchmacht. Aber weit gefehlt, es gibt viele ahnungslose Frauen da draußen, die genauso im Dunkeln tappen wie ich damals. Eine richtige Clubmitgliedschaft könnte man daraus machen!

Die Jagd nach der Wahrheit ging weiter. Zwischenzeitlich schrieb mir der Sexpartner meines Mannes, "Supermassage", dass er auch Frauen massiere, obwohl er homosexuell sei.

Er betonte nochmals, dass seine Massagen kostenpflichtig seien. Einverstanden, das stellte für mich kein Problem dar. Er gab mir seine Adresse, und ich war einige Tage später pünktlich zum ausgemachten Termin vor Ort.

Er stellte sich als Martin vor. An seinem Dialekt erkannte ich, dass er nicht aus Österreich stammte. Er war etwa 40 Jahre alt, blond, blaue Augen, etwas untersetzt und trug nur Boxershorts.

Vom Vorraum gelangte man direkt in die Wohnküche. Die Wohnung war ein langer, schmaler Schlauch. Links führte eine Tür ins Schlafzimmer, das man vom Wohnzimmer aus betreten konnte. Im Wohnzimmer stand ein Massagetisch, und eine Matratze lag auf dem Boden neben der Couch.

Die ganze Situation fühlte sich surreal an. Hier war ich wieder, in der Rolle der Beobachterin, stets auf der Suche nach Hinweisen. Mein Entschluss stand fest: Ich würde Gustavs Doppelleben und all die dunklen Geheimnisse enthüllen, die diese Männer so sorgfältig zu verbergen versuchten.

Martin fragte, wie ich auf ihn gekommen sei. *„Über das Portal"*, antwortete ich. *„Ich habe nach einem Mann gesucht, der vielleicht mein Wunscherfüll-Prinz sein könnte."* Ich gaukelte ihm vor, dass ich auf der Suche nach einem homosexuellen oder bisexuellen Mann sei, der mich heimlich zusehen ließe. *„Ich habe keine sexuellen Interessen"*, sagte ich ihm. *„Mich turnt es nur an, Männer beim Sex zu beobachten."*

Er fand mein Interesse spannend und wollte wissen, ob ich das schon mal getan hätte. *„Ja klar, immer wieder"*, log ich. *„Aber wenn immer dieselben Personen vorkommen, wird es langweilig. Deswegen bin ich auf der Suche nach etwas Neuem, sprich: Frischfleisch."*

Martin wollte wissen, was ich beruflich mache. *„Ich arbeite bei einer Fitness-Kette"*, schwindelte ich. *„Und übrigens, mein Name ist Andrea. "*

Nachdem ich mich entkleidet hatte, fragte ich vorsichtshalber noch einmal: *„Ist das Leintuch auf dem Massagetisch wirklich frisch gewaschen?"* *„Selbstverständlich"*, versicherte er mir, als hätte ich seine berufliche Ehre beleidigt. *„Das wird nach jedem Kunden gewechselt. "* In einem unbeobachteten Moment schnupperte ich unauffällig daran und inspizierte es auf Flecken, bevor ich mich widerwillig darauf legte.

Während ich da lag, auf dem Bauch, und durch den Gesichtsausschnitt des Massagetisches auf den Boden starrte, drifteten meine Gedanken ab. Mein Mann hat auch schon durch dieses Loch gestarrt, das Schwein. Dass wir ausgerechnet hier dieselbe Perspektive teilen, war wohl die Ironie des Lebens.

Wie abartig, dass ich hier liege – und dennoch empfinde ich eine Art Triumphgefühl. Es ist, als wäre ich auf einem Beutezug und hätte endlich etwas erlegt, auch wenn es nur die Adresse und der richtige Name ist. Nun liege ich hier auf dem Massagetisch, und gleich wird Martin – ja, genau der Martin, über den mein Mann in seinem Gästebuch schrieb, er "f**** wie ein kleiner Gott, in allen Stellungen und vor allem ausdauernd" – seine professionelle Massage beginnen.

Martin fragte mich, ob es mich stören würde, wenn er seine Hose abstreife. Er massiere lieber nackt. *„Nein, von mir aus"*, antwortete ich gleichgültig.

Durch den Gesichtsausschnitt des Massagetisches sah ich, wie seine Boxershorts leise zu Boden glitten. Meine Finger krallten sich am Kopfende des Tisches fest, während Martin sich bedächtig Öl auf die Hände goss und begann, meinen Rücken zu massieren. Neugierig hob ich den Kopf ein wenig, den absurden Gedanken im Hinterkopf: *Bekommt ein schwuler Mann eine Erektion, wenn er eine nackte Frau massiert?* Ein winziger wissenschaftlicher Exkurs sozusagen. Doch da war nichts. Kein Hauch von Reaktion. Ich ließ den Kopf wieder sinken. Natürlich nicht, ich war wohl nicht seine Zielgruppe.

Während der Massage sprach er weiter. *„Es ist wirklich interessant, dass du so eine Vorliebe hast. Die meisten Frauen sind eher konservativ."*

„Ja, ich weiß", antwortete ich. *„Aber jeder hat seine eigenen Fantasien."*

Martin lachte leise. *„Das stimmt wohl. Weiß dein Mann von deinen Vorlieben?"*

„Ich bin seit vielen Jahren geschieden", log ich.

Er nickte verständnisvoll. *„Verstehe. Es gibt viele Männer, die das genießen würden."*

„Wirklich?" fragte ich interessiert. *„Kennst du welche?"*

„Vielleicht", sagte er und lächelte geheimnisvoll.

Das könnte die Gelegenheit sein, die ich suchte. *„Das wäre großartig"*, sagte ich und bemühte mich, meine Aufregung zu verbergen. Während Martin die Massage beendete, begann er offen über sein Leben zu sprechen. Wir plauderten über Männer, und er erzählte mir, dass er verliebt sei, aber die Eltern seines Lovers die Beziehung nicht akzeptierten. Er sprach mit leuchtenden Augen von den heißen Nächten, die er mit seinem Freund verbracht hatte, aber jetzt kam dieser nur noch heimlich zu ihm, gefangen in der Hörigkeit gegenüber seinen Eltern. Die Freude in seiner Stimme schwand, als er erklärte, dass er sich auf dieser Plattform eingeloggt hatte, um sich zusätzlich etwas dazuzuverdienen, da er Schulden habe. In jungen Jahren war er mit einer Frau zusammen gewesen, aber er hatte immer das männliche Geschlecht bevorzugt.

Ich spürte seine Labilität, seine Verletzlichkeit, und irgendwie tat er mir aufrichtig leid. Es war klar, dass er eine schwierige Zeit durchmachte, gefangen zwischen den Erwartungen anderer und seinen eigenen Bedürfnissen. Doch so sehr mich sein Schicksal auch berührte, ich wusste, dass ich mein Ziel weiterverfolgen musste. Kein Mitleid durfte mich von meinem Weg abbringen, denn mit mir und meinen Kindern hatte es auch keiner.

„Ich verstehe dich", sagte ich und atmete tief durch, um die aufkeimende Empathie zu unterdrücken. *„Aber ehrlich gesagt, ich bin hier, weil ich eine besondere Vorliebe habe. Es interessiert mich einfach, heimlich Männer beim Sex zu beobachten."*

„Auf diesem Portal gibt es drei User, die mich besonders interessieren", fuhr ich fort.

Seine Augen weiteten sich leicht, als er fragte: *„Wie stellst du dir das genau vor?"*

„Ganz einfach", sagte ich und versuchte, meinen Ton so sachlich wie möglich zu halten, während ich den eigentlichen Plan tief in mir verbarg. *„Ich werde bei dir versteckte Kameras aufstellen und mich im Schlafzimmer verstecken, während ihr es treibt. Anschließend würde ich die aufgenommenen Videos mit nach Hause nehmen und sie mir später ansehen... um mich dabei selbst zu befriedigen"*, log ich, wobei die Worte bitter auf meiner Zunge schmeckten. *„Beim nächsten Mal bringe ich die Videos dann wieder mit, und wir löschen sie hier bei dir gemeinsam."*

Martin blickte mich ernst an und sagte: *„Nein, ich möchte nicht, dass diese Aufnahmen meine Wohnung verlassen."*

Ich lächelte freundlich, obwohl mein Inneres vor Anspannung bebte. *„Okay, dann müssen wir eine andere Lösung finden"*, sagte ich ruhig. *„Du könntest mir deinen Laptop und dein Schlafzimmer zur Verfügung stellen.*

Alles bleibt hier bei dir, und wir löschen die Aufnahmen anschließend direkt von der Speicherkarte."

Martin schien kurz nachzudenken, dann nickte er zustimmend. *„Das klingt fair. So bleibt alles unter Kontrolle."*

Nach einer Stunde Massage, die Martin ununterbrochen mit seinem Geplauder begleitete, zeigte ich ihm auf seinem Laptop, welche User ich meinte. Er klickte durch die drei Profile und betrachtete die Bilder, während er mir aufmerksam zuhörte.

Als ich den User „Lust" nannte, erkannte er ihn sofort. *„Ach, Lust? Ja, der war schon öfter bei mir. Dem habe ich gesagt, er solle solche Einträge ins Gästebuch wie ‚fickt wie ein kleiner Gott, in allen Stellungen und vor allem ausdauernd' bitte unterlassen."*

„Er ist ein wenig eigen, aber wenn es wirklich dein Wunsch ist, könnte ich ihn schon anschreiben. Aber ehrlich gesagt, er kommt ohnehin alle drei Monate vorbei."

„Wie sieht er aus?" fragte ich, als würde mich das nur beiläufig interessieren. *„Auf der Gay-Plattform gibt es nur Genitalfotos von den ungeouteten Männern, das ist nicht wirklich hilfreich."*

Martin zögerte kurz, bevor er begann, Gustav zu beschreiben. *„Er ist groß, dunkelhaarig und hat einen ziemlich großen Bauch. Verheiratet, aber ungeoutet. Ehrlich gesagt, er hat eine nicht so prickelnde Ausdünstung; er riecht ziemlich streng."*

Ich konnte mir das Lachen nicht verkneifen. Wie hatte mir das nie auffallen können? Wie auch, schließlich hatten wir schon seit fast zehn Jahren getrennte Schlafzimmer. Ja, seine Polyester-T-Shirts muffelten tatsächlich ordentlich nach Schweiß, die mussten sofort in die Waschmaschine, so viel Parfüm konnte er gar nicht verwenden, um den Geruch zu überdecken.

Neugierig fragte ich weiter: *„Und wie ist es mit 'Lust'? Welche Sexualpraktiken darf ich mir vorstellen, wenn dieser User tatsächlich kommen sollte?"*

Ich saß auf der roten Couch und wartete gespannt auf Martins Antwort. Doch bevor er darauf eingehen konnte, musste ich noch etwas loswerden: *„Sag mal, erinnerst du dich wirklich an jeden einzelnen Sexpartner aus dem Portal? Und auf wie viele kommst du so wöchentlich?"*

Martin lehnte sich zurück und begann zu erzählen. *„Das ist unterschiedlich"*, sagte er. *„Manchmal habe ich zwei bis drei Männer pro Woche, dann wieder ein, zwei Tage gar nichts. Das kann man nicht so genau sagen, aber es sind schon einige. Hauptsächlich sind es immer wiederkehrende Stammkunden. Der User 'Lust' zählt übrigens auch dazu."*

Das war mir klar. Gustav hatte Martin doch schon mehrmals Gästebucheinträge hinterlassen. *„Und kannst du dich an alle erinnern?"*

„Eigentlich schon", antwortete Martin. *„Vielleicht vergisst man den einen oder anderen, wenn er nur einmal hier war. Aber die Kunden, die öfter kommen, da kennt man dann schon deren Vorlieben."*

Mit dem Finger deutete ich auf den Laptop und den User „Lust". *„Was hat der für eine Vorliebe?"* fragte ich neugierig.

„Der macht alles", sagte Martin mit einem wissenden Grinsen.

„Oh mein Gott", dachte ich, während meine Gedanken wieder zu rotieren begannen. Aber ich wollte es wissen. *„Was verstehst du unter 'alles'? Er schreibt auf seinem Profil, dass er nur anal aktiv ist."*

Martin schmunzelte und sagte: „*Das stimmt zu 90 Prozent nicht. Fast alle tun alles. Zumindest bei 'Lust' stimmt das nicht, da ich ihn ja auch schon des Öfteren anal genommen habe.*"

Ich schluckte schwer und versuchte, mir meine Reaktion nicht anmerken zu lassen. „*Und wie läuft das dann ab?*"

„*Wenn er kommt, lässt er sich etwa 15 bis 20 Minuten massieren*", begann Martin zu erklären. „*Dann wird gegenseitig oral verkehrt, ohne Kondom natürlich. Er schluckt gerne. Und auf der Matratze oder am Massagetisch wird dann anal das Finale erledigt.*"

Ich musste kurz innehalten, um diese Flut an Informationen zu verarbeiten. „*Es kommt auch vor, dass auf dem Massagetisch gevögelt wird*", fügte Martin hinzu.

„*Aha*", sagte ich und konnte mir ein schiefes Lächeln nicht verkneifen. „*Bricht der filigrane Tisch bei zwei Männern nicht zusammen?*" fragte ich skeptisch.

Martin lachte herzhaft. „*Nein, nicht aufeinander! Einer steht davor…*"

„*Ah ja, alles klar*", antwortete ich, während mein Kopfkino in Dauerschleife lief. Ich starrte auf den Massagetisch und stellte mir vor, wie dieser „Tisch des Vergnügens" die Aktivitäten überstehen musste.

Es war eine groteske Mischung aus Faszination und Ekel, die mich ergriff, während Martin weiterplauderte. Die absurde Vorstellung, dass dieser filigrane Tisch zu einem Schauplatz von Gustavs geheimen Eskapaden wurde, ließ mich schmunzeln, obwohl mir innerlich eigentlich alles revoltierte. Trotz der Ernsthaftigkeit der Situation konnte ich nicht anders, als über die Absurdität der ganzen Geschichte zu lachen – leise, für mich selbst. Manchmal braucht man inmitten all der Dunkelheit eben ein wenig schwarzen Humor, um nicht völlig den Verstand zu verlieren.

Ich zeigte auf den User "Leben". Martin berichtete, dass dieser Kunde älter sei, etwa 72 Jahre, schlank und schwul. *„Nichts Außergewöhnliches oder Widernatürliches"*, fügte er beiläufig hinzu.

Während er sprach, malte ich mir aus, wie mein Mann es hier mit Martin treiben könnte. Kaum vorstellbar! Und doch, die Realität war oft viel absurder als jede Vorstellung.

Wenn Martin wüsste, dass auf seinem Sofa die gehörnte Ehefrau eines seiner Sexpartner ihm gegenüber sitzt! Möglicherweise genauso unvorstellbar für Martin wie für mich – da wäre er sicher nicht so redselig gewesen.

Ich entschied mich, noch nach dem User "Stef79" zu fragen, um keinen Verdacht zu erregen. Auch hier war die Antwort im Grunde dieselbe wie bei den anderen. Es schien, als würden all diese Männer einem bestimmten Muster folgen.

„Glaubst du, es wäre möglich, einmal ein Treffen zu organisieren, bei dem ich heimlich zusehen könnte?" fragte ich schließlich. *„Ich wäre auch bereit, 50 Euro zu bezahlen, also denselben Betrag wie für die Massage und was alle anderen auch bezahlen."*

Martin schrieb sich die Namen auf und nickte. *„Ich werde dich kontaktieren, sobald sich einer von ihnen meldet. Ich fahre jetzt zwei Wochen in den Urlaub, aber danach werde ich sie anschreiben und fragen, ob sie mal wieder bei mir vorbeikommen wollen."* Nachdem ich ihm meine eigens für diesen „Feldzug" organisierte Handynummer gegeben hatte, wünschte ich Martin einen schönen Urlaub und verließ die Wohnung.

Auf dem Weg nach draußen musste ich über die Absurdität der Situation schmunzeln. Es war fast komisch, dieser

Mann, der so offen über seine sexuellen Abenteuer sprach, hatte keine Ahnung, wer ich wirklich war. Das ich die Frau eines seiner Stammkunden war, die mit jedem Schritt näher daran war, die Geheimnisse ihres Mannes zu entlarven.

Zurück im Auto überkam mich eine seltsame Mischung aus Erleichterung und nervöser Erwartung. So viele Unbekannte, so viele Variablen, die alles zum Scheitern bringen konnten. Doch in dem Moment, als ich den Motor startete und von Martins Haus wegfuhr, wusste ich: Aufgeben war keine Option. Der Erfolg meines Plans hing davon ab, die Fassade zu wahren, mein Pokerface zu behalten und dabei genau die richtigen Fäden zu ziehen. Und so setzte ich meine Jagd fort, mit einem Lächeln auf den Lippen und einem Plan im Kopf, entschlossen, das Unvorstellbare möglich zu machen.

Trotzdem fühlte ich immer noch Abscheu, wenn ich mir vorstellte, wie mein Mann tatsächlich lebte. Schwänze lutschen, Sperma schlucken und danach nach Hause kommen, um die Kinder und mich am Mund zu küssen, der Gedanke machte mich krank. Diese Vorstellung verfolgte mich unerbittlich und verstärkte nur meine Abneigung.

Am nächsten Vormittag fuhr ich erneut zu Martins Adresse. Die Briefkästen waren außen am Haus angebracht, was es mir leicht machte, einen Brief aus seinem Postfach zu fischen, um seinen tatsächlich bürgerlichen Namen herauszufinden. Nachdem ich den Umschlag abfotografiert und an meinen Anwalt geschickt hatte, legte ich ihn wieder zurück in das Fach, fuhr nach Hause und widmete mich erneut der Gayboy-Plattform. Ein weiterer Zeuge, den ich vor Gericht präsentieren konnte.

Wochen vergingen, und die Last dieses Wissens verfolgte mich hartnäckiger als ein schlecht erzogener Hund. Meine Gedanken kreisten in Endlosschleife. Abends legte ich mich mit einer Gehirn-Playlist ins Bett, die aus nichts anderem als *"Wie kann ich seine homoerotische Seite und meine Unschuld beweisen?"* bestand, und morgens wachte ich mit demselben Soundtrack auf. Schlaf?

Pfff, völlig überbewertet. Essen? Wozu noch, wenn man sich auch von reinem Drama und der Aussicht auf ein handfestes Ehespektakel ernähren kann?

Gustav übte sich in seiner neuen Lieblingsrolle: dem tragischen Opfer einer „geschlechtsverweigernden" Ehefrau. Seine Forderung? 300.000 Euro! Wofür? Tja, wahrscheinlich für den emotionalen Schaden, den meine „Verweigerung" seiner illustren Avancen angerichtet hat. Vielleicht dachte er, er hätte mir einen Deluxe-Service angeboten, für den er jetzt die Rechnung stellt.

In dieser schweren Zeit, als meine Oma im Krankenhaus lag, fuhr ich jeden Tag zu ihr, und direkt gegenüber befand sich Gustavs neue Bleibe. Er wusste nicht, dass ich wusste, wo er untergekommen war, und dabei sollte es auch bleiben. Er wohnte genau gegenüber vom Krankenhaus. Ich nutzte die Chance, Fotos in sein geparktes Fahrzeug zu machen, vorausgesetzt, es war dort abgestellt.

Der Grund dafür war, dass Gustav sehr schlampig war und auf dem Beifahrersitz seines Autos stets eine Menge Unterlagen herumliegen hatte. Mal war es ein Schreiben seines Anwalts, mal eine Liste der Firma, die er als Kontrolleur abarbeiten musste. Ich sammelte Beweise und Fakten, um herauszufinden, was Gustavs nächster Schritt sein würde.

Es war März, als ich wieder mit ihm als „Peter65" über das Gayboy-Portal chattete. Gustav erzählte mir, dass er geschäftlich in Salzburg sei, gerade ein Geschäftsessen hätte und erst weit nach Mitternacht in Wels ankommen würde. Daher sei ein Treffen heute zu spät. Um seine Geschichte zu untermauern, schickte er mir ein Foto vom Interieur eines China-Restaurants.

Aber ich wusste, dass er sich tatsächlich in Wels aufhielt. Also postete ich das Bild und fragte meine Freunde, ob jemand wisse, wo sich dieses Lokal befinde. Keine zwei

Minuten später kam die Antwort: Es war das Wok-Haus, gleich um die Ecke von seiner Bleibe.

Sofort machte ich mich auf den Weg dorthin und fand ihn tatsächlich, er saß in Begleitung eines schlanken Mannes im Restaurant. Von draußen konnte ich ein Foto von ihnen machen. Gemeinsam verließen sie das Lokal und fuhren in die Wohnung von Timis Freundin.

Das Beste daran war, dass ich mich zuvor im Halbstock versteckte und unauffällig ein Foto machen konnte, als er in Begleitung des vermeintlichen Sexpartners ankam. Ich verfolgte meinen Mann auf dieser Plattform. Ich verfolgte jede seiner Bewegungen, jedes Wort, das er schrieb, jedes Treffen, das er arrangierte und wo. Die Jagd nach Beweisen hatte mich fest im Griff. Die Spannung wuchs mit jedem Tag, und die Abscheu, die ich empfand, trieb mich weiter an. Es war nicht nur das, was er tat, sondern die Heimtücke, mit der er es verbarg, und die Kälte, mit der er uns alle belog.

Mein nächstes „Opfer" war der User „Controllmeister". Gustav war nicht zum ersten Mal bei ihm. Vor Wochen hatte ich einen Gästebucheintrag meines Mannes entdeckt, in dem er voller Begeisterung geschrieben hatte: *„Grandiose Massage und der Abschluss grenzt an genial, weiterzuempfehlen."* Ich hatte auch ihren Chat mitgelesen und wusste, dass ein neues Treffen nach der Rückkehr meines Mannes von seinem Skiurlaub für den 22. April um 11 Uhr vereinbart war. Unter seinem Alias „Andy" hatte mein Mann den „Controllmeister" um einen speziellen Service gebeten. *„Würde gerne eine komplette Intimrasur mit anschließender Massage und Vollendung genießen. Was würde das kosten, wann hättest du Zeit? Liebe Grüße, Andy",* schrieb Gustav.

Die subtile Ironie der Situation war nicht zu übersehen: Während mein Mann sich in geheimen Chats nach speziellen Dienstleistungen erkundigte, war ich als

Detektivin am Werk, um die Einzelheiten seiner geheimen Aktivitäten aufzudecken. Es war fast schon ein perverses Spiel von Katz und Ratte – nur, dass die Ratte keine Ahnung hatte, dass ich ihr unermüdlich auf den Fersen war.

Es dauerte nicht lange, bis der „Controllmeister" antwortete:
„Hoi Andy, Zeit ist kein Problem. Etwa eine Stunde 50 €, die Rasur kostet 10 €. Ich hoffe, das passt für dich. LG, Willi."

„Ja, das ist in Ordnung. Wann geht es?" schrieb mein Mann zurück.
„Wann möchtest du?" fragte der „Controllmeister".
„Wenn möglich morgen, ab 11Uhr," antwortete Gustav.
„Okay, 11Uhr passt!"
„Super, ich komme um 11Uhr!" schrieb Gustav weiter.
Falls etwas sein sollte, hier meine Handy-Nummer: 0660 6378..." schloss der „Controllmeister" den Austausch.

Da ich die Adresse in der Region bereits von einem früheren Chat kannte, hatte ich die Gegend am Vortag ausgekundschaftet. Der 72 jährige „Controllmeister" hatte sich mit seinem Porträt als Profilbild im Gayboy-Portal geoutet, und dieses Bild hatte ich dabei.

Die alte Reihenhaussiedlung war typisch für die Gegend – ein kleiner Vorgarten, ein paar Treppen zur Eingangstür und ein Postkasten, der wie ein unscheinbarer Wächter am Haus angebracht war. Um das Risiko zu vermeiden, die Gartentür zu öffnen und direkt zum Postkasten zu gelangen, musste ich mir einen anderen Weg überlegen, um den bürgerlichen Namen des „Controllmeisters" herauszufinden.

Ich entschied mich, zwei Häuser weiter zu klingeln. Eine junge Frau, noch in Malergewand und mit einem Hauch von Farbe an den Händen, öffnete die Tür. *„Entschuldigung"*, begann ich höflich, *„Wissen Sie zufällig, wie der Herr heißt, der am Eck wohnt?"*

Dabei deutete ich auf das Haus des „Controllmeisters".
„*Nein, leider nicht*", antwortete sie. „*Ich bin gerade erst hier eingezogen.*"

„*Danke*", sagte ich und trat einen Schritt zurück. Verdammt, dachte ich, jetzt bin ich hier und finde einfach nicht heraus, wie dieser Mann heißt? Aber ich wusste, dass es immer einen Weg gibt. „*Geht nicht, gibt's nicht*", sagte ich mir und setzte meine Suche fort.

Einige Häuser weiter bemerkte ich eine Frau, die gerade ihren Müll wegwarf. Bevor sie wieder ins Haus verschwand, rief ich ihr ein freundliches „*Hallo*" hinterher. Sie drehte sich um und kam zur Gartentür.

„*Entschuldigen Sie*", begann ich erneut, „*Wissen Sie, wie der Herr im Eckhaus heißt?*"

„*Welches Eckhaus meinen Sie?*" fragte sie.

Ich zog das Bild des „Controllmeisters" hervor und zeigte es ihr. Sie warf einen kurzen Blick darauf, bevor sie nickte.

„*Ja, das ist Herr Igerer*", sagte sie schließlich. „*Seine Frau ist vor etwa zehn Jahren gestorben, und seitdem bekennt er sich offen als schwul. Der hat regen Männerverkehr, das weiß hier jeder in der Gasse, und er macht auch keinen Hehl daraus. Früher hat er bei der Rettung gearbeitet, aber jetzt ist er schon in Pension. Sein Sohn wohnt gleich nebenan, aber die beiden haben keinen Kontakt.*"

Ihr offenes und schnelles Eingeständnis überraschte mich. „*Warum möchten Sie das wissen?*" fragte sie neugierig.

Ich überlegte kurz, wie viel ich ihr erzählen sollte, und entschied mich für eine vorsichtige Wahrheit. „*Ich habe einen Chat zwischen meinem Mann und ihm gefunden*", sagte ich knapp.

Die Frau war sichtlich perplex, ihre Augen weiteten sich. *„Oh..."* sagte sie nur, bevor sie mir alles Gute wünschte und sich rasch zurückzog.

Es war fast schon komisch, wie leicht es war, Informationen zu bekommen.

Sofort leitete ich mein Wissen an meinen Anwalt weiter und informierte ihn darüber, dass morgen voraussichtlich ein Treffen zwischen den beiden stattfinden würde. *„Ich habe endlich den Namen",* schrieb ich ihm. *„Es ist Herr Igerer. Morgen um 11 Uhr treffen sie sich. "*

Die Beweise häuften sich, und ich wusste, dass ich etwas Großes in den Händen hielt.

Der Morgen des 22. April brach an, und ich bereitete mich vor, als ginge ich zu einem wichtigen Geschäftstermin, obwohl innerlich ein Sturm tobte. Früh am Morgen schrieb ich von meinem „Fake-Profil" als Mann den „Controllmeister" an und fragte, ob er heute am 22. April um 10:30 Uhr einen Termin für mich hätte. Kurze Zeit später erhielt ich die Antwort: Er bot mir 9:00 Uhr oder 13:00 Uhr an, da er um 11:00 Uhr bereits einen Kundentermin hatte.

Bingo, jawohl! dachte ich mir. Ein weiteres Beweisstück und der dritte Zeuge, den ich vor Gericht laden werde.

Mit geliehenem Auto und Spiegelreflexkamera bewaffnet, parkte ich ein paar Häuser von der Schwabingerstraße 75 entfernt, bereit für mein kleines Detektivabenteuer. Willi, alias „Controllmeister", stand vor seinem silbernen Auto, ungeduldig hin und her blickend, als würde er auf eine Pizza warten, nicht auf meinen Ehemann. Sein Kennzeichen trug den Namen seiner verstorbenen Frau, sentimental und gleichzeitig irgendwie ironisch. Nach kurzem Zappeln verschwand er wieder im Haus.

Pünktlich um 11 Uhr schlenderte Gustav an, als hätte er sich für einen Weißwäsche-Werbespot eingekleidet: Weißes Hemd, weiße Shorts, unschuldiger geht's kaum, dachte ich schmunzelnd. Doch die Tarnung zog bei mir nicht. Nervös stapfte er auf und ab, bis Willi ihm die Tür öffnete. Klick! Die Kamera fing die entscheidenden Momente ein, mein Mann, auf frischer Tat ertappt, wie er im Nest des „Controllmeisters" verschwand.

Dann hieß es warten. 50 Minuten lang saß ich im Auto und versuchte, meine Fantasie im Zaum zu halten. Was ging da drin gerade vor? Intimrasur oder sind sie schon beim Happy End? Kopfkino Deluxe!

Als Gustav endlich wieder auftauchte, lächelte er, als hätte er gerade eine entspannende Stunde hinter sich, und spazierte lässig zum Auto zurück. Jackpot! Sofort schickte ich die Beweise an meinen Anwalt und gönnte mir eine kleine Siegerpose im Auto, quasi ein Selfie, mit dem Haus des "Controllmeisters" im Hintergrund. Mission erfüllt – die Detektiv-Show geht weiter!

„Martin „Supermassage", April 2018

Martin war längst aus seinem Urlaub zurückgekehrt. Eines Morgens kontaktierte er mich über WhatsApp auf meinem „Gay-Handy". Sollte ich heute um 11 Uhr Zeit und Lust haben, könnte ich heimlich zusehen, schrieb er mir. Zusehen wäre für mich nur dann interessant, wenn es meinen Nochmann betreffen würde. Daher fragte ich ihn sofort, welcher User kommen werde.

Er antwortete, es sei „Lust", der Dicke, der unangenehm riecht. Mein Herz begann sofort schneller zu schlagen, als ich das las. Es war Gustav, mein Mann. Ich schrieb ihm sofort zurück: *„Ich komme"* und verschob alle meine Termine für diesen Tag. Mit zittrigen Händen packte ich meine versteckten Kameras, die als Bilderrahmen, Schlüsselanhänger und Notizbuch getarnt waren, in meine Tasche.

Mein Auto parkte ich zwei Autobusstationen entfernt, um nicht gesehen zu werden. Bewaffnet mit meiner Ausrüstung, die der eines Detektivs glich, tauchte ich eine Stunde vor dem geplanten Termin bei Martin auf. Gemeinsam stellten wir den Bilderrahmen auf seinem Regal im Wohnzimmer auf, in dem Raum, wo auch der Massagetisch stand. Die Kamera, als Schlüsselanhänger getarnt, ließ ich am Esstisch liegen.

Ich ging ins Schlafzimmer und schloss die Tür hinter mir. Martin stellte einen Sessel seitlich hin, den er später für den Akt des Blowjobs nutzen würde. Der Massagetisch stand etwa eineinhalb Meter von der geschlossenen Schlafzimmertür entfernt. Martin gab mir ein Daumen-hoch-Zeichen, als würde er sich vergewissern wollen, dass alles gut sichtbar war. Alles war perfekt positioniert, um den besten Blick auf die bevorstehenden Ereignisse zu gewährleisten. Er erklärte mir, dass er Gustav zunächst kurz massieren und dann zur Sache kommen würde.

Durch das Schlüsselloch konnte ich den Massagetisch nur im letzten Drittel einsehen – quasi von den Kniekehlen abwärts. Der Grund dafür war, dass „Supermassage" meinen Mann später anal nehmen würde, und das Hinterteil meines Nochgatten an der Kante des Tisches liegen würde. Es war fast schon absurd, wie akribisch ich die Situation vorbereitet hatte, nur um sicherzustellen, dass ich durch das Schlüsselloch den besten Blick auf das Geschehen erhaschen konnte. Die ganze Szenerie war wie ein groteskes Stück eines schrägen Theaterstücks, bei dem ich die perfekt platzierte Zuschauerin war. Der Gedanke, wie ich mich mit solch detektivischem Feingefühl in die Spionage eines intimen Moments verstrickte, war kaum zu fassen.

Plötzlich läutete es unten an der Sprechanlage. Sofort schloss ich mich im Schlafzimmer ein und zog den Schlüssel vom Türschloss ab. Neugierig kniete ich vor der Tür, bereit, jedes Detail zu beobachten. Ich durfte mich keinesfalls bewegen oder Geräusche machen, die zu hören wären.

Mit einem „Hallo" begrüßten sich die beiden Männer. Martin forderte Gustav auf, die Schuhe auszuziehen, ehe er das Wohnzimmer betrat. Es fand kein Smalltalk statt. Gustav musste sich sofort ausgezogen haben, denn eine Minute später lag er bereits auf dem Massagetisch, und ich konnte seine Unterschenkel sehen. Seine Unterschenkel erkannte ich sofort – relativ stark gebaut im Vergleich zu anderen Männern.

Die Spannung war greifbar, als ich durch das Schlüsselloch spähte und versuchte, so ruhig wie möglich zu bleiben. Mein Herz schlug wild in meiner Brust, während ich darauf wartete, was als Nächstes passieren würde. Jede Sekunde schien sich endlos zu dehnen. Martin begann, Gustav zu massieren. Leise stöhnte Gustav vor sich hin, wie man es bei einer normalen Massage manchmal tut, wenn ein schmerzhafter Punkt getroffen wird. Meine Knie begannen zu schmerzen, und meine Füße schliefen langsam ein, nachdem ich bereits eine gefühlte Ewigkeit in dieser Position verharrte. Doch das war der Preis, den ich bereit war zu zahlen.

Nun wurde die Position gewechselt, und Martin nahm auf dem Stuhl Platz, den er zuvor strategisch positioniert hatte, um mir ein perfektes Zuschauererlebnis zu gönnen. Mein Mann kniete sich vor Martin nieder und ergriff seinen Penis, seine Lippen umfassten Martins Eichel.

Es fühlte sich an, als würde mein Herz bis zum Hals schlagen und Millionen Ameisen über meine Füße krabbeln. Trotzdem hielt ich die Szene durch das Schlüsselloch mit meiner Handykamera fest. Die Kamera zoomte unkontrolliert – mal war das Schlüsselloch scharf, dann wieder mein kniender Nochgatte mit Martins Penis im Mund.

Es war ein chaotisches Schauspiel, und während ich versuchte, die perfekten Aufnahmen zu machen, wurde mir klar, dass ich als unbequemer Zuschauer in diesem intimen Drama eine ganz besondere Rolle spielte – eine Rolle, die ich niemals in meinem „detektivischen Lebenslauf" angegeben hätte.

Martin hatte die Hände auf Gustavs Kopf gelegt und bestimmte das Tempo. Plötzlich blickte er zu mir und machte eine Daumen-hoch-Bewegung. Ich ließ mich auf meine Waden fallen, und meine Knochen krachten, doch dank der Hintergrundmusik, die Martin laufen hatte, war das Geräusch glücklicherweise nicht zu hören.

Ich hatte genug gesehen... widerlich, unfassbar und trotzdem neugierig, richtete ich mich wieder auf und beobachtete das Geschehen weiter. Nun lag Gustav auf dem Massagetisch, sein Hintern war am Ende des Tisches platziert, und seine Füße hielt er mit den Händen in den Kniekehlen. Noch nie hatte ich meinen Mann so gelenkig gesehen.

Martin stülpte sich ein Kondom über und massierte mit Gleitcreme Gustavs Anus. Ich beobachtete, wie in Gustavs Anus erst ein, dann zwei und schließlich drei Finger von Martin verschwanden. Es war ekelhaft. In diesem Moment dachte ich kurz daran, die Tür aufzureißen und für einen Überraschungseffekt zu sorgen.

Doch so sehr es mich auch drängte, wusste ich, dass ich Martin nicht gefährden oder in Erklärungsnot bringen wollte. Er hatte keine Ahnung, wer ich tatsächlich war. Außerdem war nicht abzusehen, wie jemand reagieren würde, wenn er in einer solch prekären und heiklen Situation überrascht wird. Also verhielt ich mich weiter ruhig, obwohl mein Inneres vor Aufregung und Abscheu brannte. Das Bild, das sich mir bot, war surreal – mein Mann, der sich in einem so intimen Moment einem Mann hingab, während ich, seine Ehefrau, versteckt und stumm alles beobachtete.

Es war, als wäre ich in einem Albtraum gefangen, aus dem es kein Erwachen gab. Doch trotz des Ekels und der schieren Unfassbarkeit dessen, was ich sah, wusste ich, dass ich diesen Moment für meine Beweisjagd brauchte.

Es war eine surreale Mischung aus Ekel und Entschlossenheit, die mich durchhalten ließ. Obwohl ich wusste, dass dieser Moment mich für immer prägen würde, hielt ich an meinem Plan fest. Während ich durch das Schlüsselloch das weitere Geschehen beobachtete, versuchte Martin, sein halbsteifes Glied in Gustavs Poloch zu drücken, was nach einigen widerlichen Versuchen schließlich gelang. Gustav stöhnte und onanierte währenddessen – ein Anblick, der mir fast den Atem raubte und mich in eine Mischung aus Entsetzen und Unbehagen versetzte. Zu meiner Überraschung legte Martin sein Handy auf den Massagetisch und filmte heimlich die Penetration. Später schickte er mir das Video via WhatsApp. Ich war schockiert und angewidert. So etwas Abartiges hatte ich nicht erwartet – nicht von meinem Ehemann, der sich als heterosexuell durch unser Leben gelogen hatte. Ich stellte mir die Frage: Was hatte ich eigentlich erwartet? Vielleicht wollte ich es noch immer nicht glauben oder verdrängte es trotz der eindeutigen Chats mit meinem Mann. Aber jetzt war klar: Es war, wie es war.

Die 50 Minuten kamen mir wie eine Ewigkeit vor, die nie enden wollte. Endlich war es soweit. Mein Mann ejakulierte auf seinen Bauch, und Martin zog sein wenig erregtes Glied aus Gustavs Poloch und entfernte das Kondom. Mit einer Küchenrolle wischte sich Gustav den Abgang vom Bauch, stieg vom Massagetisch, sagte „Danke", zog sich an, bezahlte und verließ die Wohnung.

Ich war geflasht, doch ich durfte mir nichts anmerken lassen. Wir nahmen die Speicherkarte aus dem zuvor aufgestellten Bilderrahmen und dem Schlüsselanhänger und legten sie in Martins Computer, um die Aufnahmen anzusehen. Leider war darauf nicht viel zu sehen. Aber auf meinem Handy hatte ich genug Beweismaterial, das ich vorlegen konnte. Ich bedankte mich bei Martin, zahlte 50 Euro und verabschiedete mich mit den Worten *„Bis zum nächsten Mal."*

Nun hatte ich kein Kopfkino mehr, die realen Bilder kontrollierten meine Gedanken. Auf dem Weg zu Rolfs Kneipe, ließ ich das Geschehene noch einmal Revue passieren. Mir war aufgefallen, dass Gustav nicht einmal ins Bad gegangen war, um sich zu waschen. Wie grauslich ist das denn?

In Gedanken versunken erreichte ich mein Ziel. Rolf wusste, dass ich heute die Möglichkeit gehabt hatte, zuzusehen. Ich hatte ihn vorher informiert und ihm gesagt, dass ich anschließend vorbeikommen würde, um zu berichten. Er hatte mir viel Glück und gutes Gelingen gewünscht und mich gebeten, vorsichtig zu sein.

Bevor ich ihm die ganze Geschichte erzählen konnte, tauchte Gustav im Lokal auf. Bestens gelaunt betrat er den Raum, begrüßte die Gäste mit Handschlag und Küsschen. Ich deutete Rolf noch sich zurückzuhalten, doch es war zu spät. Gustav ignorierte mich, fühlte sich aber durch meine Anwesenheit sichtlich sehr unwohl. Nach etwa zehn Minuten verließ er das Lokal, und ich konnte endlich Rolf alles erzählen. Ich zeigte ihm den Film und ergänzte, dass Gustav ohne Duschen oder Hände waschen den Ort verlassen hatte.

Sofort ging Rolf in die Küche, wusch sich das Gesicht und rieb sich die Hände mit Desinfektionsmittel ein. Ich musste trotz all der Widerlichkeit herzhaft lachen.

Ich hatte einen weiteren Trumpf in der Hand. Meinen Erfolg leitete ich sofort an meinen Anwalt weiter, der mich vermutlich schon für verrückt hielt. *„Unglaublich ekelhaft"* war einer seiner Kommentare.

Nun war ich bereit für unsere zweite Scheidungsverhandlung im Mai 2018. Trotz dieses einzigartigen Trumpfs konnte ich es nicht lassen und hörte nicht auf, weiter nach Beweisen zu jagen.

Manchmal schien es, als wäre Adrian mein Rettungsanker inmitten dieses ganzen Scheidungs-Chaos. Wir telefonierten oder chatteten oft, und es gelang ihm immer wieder, mich zum Lachen zu bringen – etwas, das in den vergangenen Monaten eher unmöglich schien. Eines sonnigen Tages im April, als ich an einem Feldrand parkte, überkam mich plötzlich das Bedürfnis, ihm zu schreiben. Fenster runter, Füße hoch – ich lehnte mich zurück und tippte los, als ob die Worte nur darauf gewartet hätten, endlich herauszukommen.

„Weißt du, ich hab mir unsere Chats mehrmals durchgelesen und muss immer schmunzeln. Es ist einfach schön, wie du mich ablenkst, auch wenn es nur durch zweideutiges Flirten ist. Ehrlich gesagt, finde ich unser Kopfkino tausendmal erotischer als die Realität mit meinem Ehemann. Jeden Tag aufzuwachen und an sein Doppelleben zu denken, das geht echt an die Nerven. Aber heute war das erste Mal, dass ich nicht sofort an all das denken musste, als ich aufgewacht bin. Du hast mich abgelenkt, und dafür wollte ich dir mal DANKE sagen. Es fühlt sich wirklich gut an."

Keine zwei Minuten später kam Adrians Antwort. Der Mann hatte wohl einen sechsten Sinn für meine Nachrichten, oder einfach viel Zeit. „Wow, das ist wirklich lieb von dir. Ich freu mich, dass ich dir helfen kann, wenigstens ein bisschen abzuschalten. Zweideutig oder eindeutig, ich bin gern dabei. Und ganz ehrlich, deine Fotos sind der Hammer."

Wir alberten noch eine Weile herum, schickten uns lustige Emojis und tauschten freche Sprüche aus. Es tat so gut, endlich mal wieder ungezwungen zu lachen. Am Ende verabschiedeten wir uns, wie immer mit ein paar Icons und dem Versprechen, bald wieder zu schreiben.

Mit einem leichten Lächeln fuhr ich schließlich weiter. Irgendwie fühlte ich, dass vielleicht doch noch ein Hauch von Romantik und Hoffnung in meinem Leben möglich war, auch wenn es momentan mehr digital als real war.

Zu diesem Zeitpunkt lag Oma wieder im Krankenhaus. Ihr Zustand hatte sich erheblich verschlechtert, und die Ärzte hatten mir gesagt, dass das Ende nahe sei. Jeden Tag verbrachte ich Stunden an ihrem Krankenbett, fütterte sie und erzählte ihr von den kleinen Freuden des Alltags, um ihr Trost zu spenden. Leise sprach ich mit ihr, bat sie, loszulassen – Opa warte bereits auf sie. Mit zittrigen Händen streichelte ich ihre Hand, küsste sie sanft auf die Stirn und spürte, wie meine Tränen lautlos auf das Kissen fielen. Ein letztes, zartes Aufleuchten in ihren Augen ließ mich glauben, es gebe vielleicht doch noch Hoffnung. Für einen kurzen, schmerzhaft schönen Moment dachte ich, es gehe vielleicht bergauf. Doch Oma war 95 Jahre alt, und die Realität ließ keine Wunder erwarten. Obwohl sie kaum noch sprach, flüsterte sie mir zu, ich solle mir nichts wegnehmen lassen. *„Gustav war von jeher falsch"*, sagte sie. Sie hatte ihn schon damals durchschaut. Ich musste meiner Oma Recht geben und versprach ihr, mir auf keinen Fall etwas wegnehmen zu lassen. Dann verstummte sie und blickte mich nur noch an, als könnten ihre Augen das ganze Gewicht ihrer Gefühle ausdrücken.

Die zarte Hoffnung, die in mir aufgekeimt war, verschwand schnell, als ich erkannte, dass ich sie in wenigen Stunden für immer verlieren werde. Der Abschied war so endgültig, und der Gedanke, dass dies der letzte Moment war, den ich mit ihr teilen durfte, ließ mein Herz brechen. Es war ein Schmerz, der tiefer ging, als ich es je für möglich gehalten hätte, und die Traurigkeit überwältigte mich in einem endlosen Strom von Tränen. Dann schloss sie friedlich die Augen und schlief am 19. April 2018, um 15:30 Uhr, für immer ein.

Es waren sehr harte Monate. Ich hatte meine Großmutter gepflegt, während der Scheidungskrieg und die Beweisjagd mich zunehmend auslaugten. Jetzt stand auch noch das Begräbnis bevor.

Adrian meldete sich zwischendurch, drückte mir sein Beileid aus und versuchte, mich aufzuheitern. Er erklärte mir, wie man den Pool sauber bekommt, eine willkommene

Ablenkung von den düsteren Gedanken, die mich sonst beherrschten.

Die Kinder benötigten Geld, um ihre Liegenschaften finanzieren zu können, und so wurde eine Immobilie mit meinem Einverständnis verkauft. Währenddessen verbrachte ich weiterhin jeden Tag auf der Gayboy-Plattform, um mit Gustav zu chatten. Und obwohl der Schmerz über Omas Tod tief in mir nagte, wusste ich, dass ich das durchstehen würde. Für sie, für mich und für meine Kinder. Das Leben ging weiter, und ich war entschlossen, es nach meinen Bedingungen zu leben.

Die Spannung der bevorstehenden Scheidungsverhandlung wuchs mit jedem Tag. Kurz vor der zweiten Scheidungsverhandlung im Mai 2018 stand ich erneut in einem zermürbenden Schlagabtausch mit meinem Mann, diesmal jedoch auf der Gayboy-Plattform. Ich hatte mich unter dem Profilnamen „Soooogeil" angemeldet, um ihm eine Falle zu stellen und ihn weiter in sein eigenes Netz aus Lügen und Geheimnissen zu verstricken. Mit den einfachen Worten „Lust auf Spaß?" köderte ich ihn – und er biss sofort an.

Er antwortete schnell: „Ja, bin erst Mittwoch wieder in Wels, gegenseitig blasen wäre klasse!"

Während ich das Gespräch weiter in die Tiefe zog, schrieb ich: „Ich stehe auf 69, Deepthroat und gegenseitiges Schlucken. Vielleicht wäre auch Fisten interessant – natürlich gegenseitig!"

Er zögerte keinen Moment: „Fisten könnte ich nur bei dir machen, dass habe ich noch nie an mir gemacht."

Dieses entwaffnend ehrliche Geständnis schockierte mich gleichzeitig und trieb mich weiter voran.

„Bist du auf der Suche nach etwas Speziellem?" fragte ich weiter, während die Spannung mit jeder Nachricht wuchs.

„*Eigentlich gegenseitiges Blasen, aktiv ficken, wenn gewünscht, und sonst alles, was Spaß macht und geil ist!*" Seine Worte waren eine eiskalte Bestätigung dessen, was ich schon wusste. Der Gedanke, dass mein Ehemann solche Praktiken ausführte, war widerlich, doch ich blieb in meiner Rolle und fragte: „*Hast du schon wem gefistet?*"

„*Ja, zuerst mit vier bis fünf Fingern vorgedehnt und dann wollte er seinen Riesendildo rein!*" Seine Bereitschaft, solche Details zu teilen, schockierte mich, bestätigte aber auch, dass ich auf dem richtigen Weg war.

Der Chat entwickelte sich zu einer Spirale aus immer expliziteren Fantasien – gegenseitiges Lecken, Ficken, das Hineinstecken von Gegenständen. Jeder Satz brachte mir mehr Gewissheit über das abgrundtiefe Doppelleben, das mein Mann führte.

„*Hört sich voll geil an, lässt du dich auch ficken?*", fragte ich.

„*Eher nicht, zweimal bis jetzt, beide Male schmerzhaft!*" schrieb er und erzählte, dass es wohl an unerfahrenen Partnern und fehlendem Gleitmittel lag. Der Gedanke, dass er all das vor mir verbergen konnte, machte mich noch immer fassungslos.

Als er weiter erzählte, dass er regelmäßig Wohnungen von Freunden nutzte, die nichts von seinen Neigungen wussten, um dort seine sexuellen Abenteuer auszuleben, wurde mir klar, wie geschickt er sein Doppelleben inszenierte. Niemand schöpfte Verdacht. „*Ich bin bi*", erklärte er, „*69 wäre jetzt super!*"

Der Chat ging weiter, die Worte wurden härter, die Fantasien intensiver. Ich musste jedes Detail wissen, um bei der bevorstehenden Scheidungsverhandlung den entscheidenden Schlag zu landen.

„Hast du schon mal, wie in deinem Video, auf einem Tisch gelegen, den Kopf nach hinten, und wurdest dabei richtig hart ins Maul gefickt?" fragte ich neugierig.

„Wäre auf jeden Fall einen Versuch wert!", antwortete er.

„Ich verspreche dir, wenn wir uns sehen, werde ich dir dein Maul so stopfen, dass du sprachlos sein wirst!", schrieb ich angewidert zurück, obwohl ich es mit kaltem Kalkül tat.

„Ich freue mich schon auf unser Treffen, kann mir das schon lebhaft vorstellen. Was darf ich dann alles mit dir machen?" fragte er, die Spannung in seinen Worten spürbar.

„Sag mir, was du willst", versuchte ich ihn weiter in meine Falle zu locken.

„Ich werde dich richtig hart rannehmen, und du wirst ihn dann auch blasen dürfen! Glaub mir, niemand hat so viel Ausdauer und Zärtlichkeit wie ich. Es gibt nichts Geileres, als deine Eichel mit meinen Lippen zu umschließen und dich dabei mit der Hand zu verwöhnen", entgegnete er, die Selbstsicherheit in seinen Worten machte mich beinahe wütend.

„Was machst du mit deiner Hand?" hakte ich gezielt nach. „Das kommt ganz darauf an... Ich könnte deine Eier massieren, langsam zu deinem Loch wandern und vielleicht noch ein bisschen mehr!", ließ er mich wissen, ohne zu ahnen, dass er sich selbst tiefer in das Netz aus Lügen verfing.

„Okay, aber ich darf dir das Maul richtig stopfen, oder?" fragte ich erneut, um sicherzugehen, dass er bereit war, alles preiszugeben.

„Ja, das darfst du!", antwortete er, seine Worte waren für ihn eine Einladung – für mich ein weiterer Beweis.

„Ciao, bis bald. Du wirst mich nicht vergessen, das verspreche ich dir. Ich werde dir nicht mehr aus dem Kopf gehen. Ich kann es kaum erwarten, dich zu sehen um dir dein Maul so richtig zu stopfen, dass dir die Augen rausfallen!", schloss ich den Chat.

Er hatte keine Ahnung, dass dies nicht nur ein Spiel war, für ihn vielleicht, aber für mich war es die Schlacht in einem bitteren Krieg. Die Spannung, die sich in mir aufbaute, war nicht nur von Ekel, sondern auch von einer grausamen Vorfreude auf den Moment, in dem ich diese Beweise vorlegen würde.

Zusätzlich meldete ich mich am 2. Mai 2018 als User „Wald" bei ihm und schlug ihm eine noch gewagtere Session vor – Spanking, Bondage, Anal Plug, Dildo-Spiele. *„Lust auf eine geile Session mit allem Drum und Dran?"* schrieb ich. *„Gegenseitiges blasen und Saft schlucken, N******** trinken?"* Gustav antwortete zögerlich, ließ sich jedoch darauf ein: *„Bin in den Sachen Anfänger, bis jetzt nur gegenseitig blasen. Spanking bei dir, N******** auch nur aktiv."*

Ich antwortete: *„Also du bist ganz frisch, wurdest du noch nie gefickt? Schluckst du wenigstens und würdest dich auch f***** lassen?"*

Seine Antwort kam schnell und knapp: *„Schlucken ja, f***** nein."* Liebe Grüße, Andy.

Mit jedem Chat, jedem Wort, das er schrieb, wusste ich, dass ich mit diesen Beweisen nicht nur die Wahrheit enthüllen, sondern auch das Blatt in der Scheidungsverhandlung endgültig zu meinen Gunsten wenden konnte.

Am 6. Mai, geschah etwas, auf was ich bereits gewartet hatte. Gustav löschte und änderte sein Gayboy-Profil. Es war, als ob er die Schlinge um seinen Hals spürte und versuchte, sich zu retten, bevor es zu spät war.

Vielleicht hatte er einen Verdacht geschöpft oder wollte einfach auf Nummer sicher gehen. Doch die Indizien, die ich bereits gesammelt hatte, waren zu stark, um einfach zu verschwinden.

Mein Mann hatte keine Ahnung, wie lange ich ihm bereits auf den Fersen war. Doch ich hatte beschlossen, nicht alle Karten sofort auszuspielen. Einige Fakten behielt ich zurück, für den Fall, dass ich sie später noch brauchen könnte. Wie sich herausstellen sollte, war dies eine weise Entscheidung.

Vier Tage vor unserer zweiten Scheidungsverhandlung meldete sich der User „Falle", einer von Gustavs Sexpartnern, auf meinem Frauen-Profil.

Er fragte mich, ob ich real sei und ob es wirklich mein Wunsch sei, zwei Männer beim Sex zu beobachten. „*Ja, das ist meine Vorliebe*", log ich ihm vor. Daraufhin fragte er, ob er mich anrufen dürfe. Natürlich willigte ich ein und gab ihm meine „Gay-Nummer". Keine zwei Minuten später klingelte mein Handy. Ich hob ab und stellte mich als Andrea vor.

„Falle" verriet mir, dass sein richtiger Name Tom war. Unser Gespräch verlief unkompliziert, doch Tom konnte es kaum glauben, dass am anderen Ende der Leitung tatsächlich eine Frau war. Er erzählte mir, dass er für heute keinen Sexpartner habe, aber wenn ich wolle, könne ich ihm beim Masturbieren zusehen. Beeindruckt von meiner angeblichen „Leidenschaft", lud er mich für 19 Uhr zu sich nach Hause ein.

Auch wollte Tom wissen, wie ich empfangen werden wollte: Sollte er mich an der Tür mit einem Handschlag und einem netten Empfang begrüßen, oder sollte er die Tür angelehnt lassen, damit ich direkt in sein Büro kommen könnte, wo er mich masturbierend erwarten würde? Ich entschied mich für letzteres. Gestylt und herausgeputzt fuhr ich in den Stadtteil, zur Thalkirchenstraße, nahe dem

Bauerndorfplatz. Bei seiner Hausnummer parkte ich, das Haustor stand offen. Ich wusste nicht, was mich erwarten würde. Wie sieht dieser Typ aus? Ist er ein Psycho? Am Telefon klang er sympathisch, hatte einen Kärntner Dialekt und war sehr nett.

Als ich im ersten Stock ankam, entdeckte ich die angelehnte Tür zu Top 9. Ich öffnete sie vorsichtig und rief ein „Hallo" hinein. Vom Vorraum aus hatte ich einen direkten Blick in das Zimmer, wo Tom auf einem Drehstuhl saß, den Rücken zu mir gewandt. Ich ließ die Tür ins Schloss fallen und trat ein. Mit einem gewissen Sicherheitsabstand stellte ich mich neben ihn.

Er sagte nichts, sondern starrte mich nur mit seinen großen, dunkelbraunen Augen an. Seine Blicke wanderten von oben nach unten, während ich, vollständig angezogen und inklusive Jacke, seitlich am Fensterbrett lehnte, meinen linken Ellenbogen darauf gestützt. Tom war dunkelhaarig, schlank und, nun ja, fast attraktiv. Aber seine Neigung… das war schon ein ziemlicher Dämpfer.

Er trug ein weißes T-Shirt, das zum Bauch hochgeschoben war. Mit seiner linken Hand knetete er seine fast schwarzen Hoden, während er mit der rechten Hand seinen dunkelvioletten Penis bearbeitete, ihn wuchtig würgte und daran zog. Auf dem PC-Bildschirm lief ein Männerporno, in dem zwei vollbärtige Männer miteinander Sex hatten und sich am Bauch ejakulierten, um das Sperma anschließend abzulecken. Einer der Männer hatte das Ejakulat im Bart hängen, und es tropfte in einer charmanten Unordnung herab. Ich musste wegsehen, mir wurde übel, und ich wusste, dass ich mich übergeben würde, wenn ich weiter hinsah. Also richtete ich meinen Blick starr auf Tom und tat so, als würde mich sein Masturbieren anturnen.

Manchmal muss man eben auch mal im Spiel der Verführung die Kunst des Schauspiels perfektionieren.

Ich strich über meinen Oberschenkel und spielte kokett mit meiner Zunge, als ob ich eine Femme fatale wäre. Die ganze Situation war einfach absurd. Da stand ich, völlig übertrieben gestylt, und tat so, als wäre ich total erregt von diesem bizarren Schauspiel, das sich vor mir abspielte. In meinem Kopf lief ein regelrechter Comedy-Film ab. „Na bravo", dachte ich, „jetzt bin ich hier, stehe wie eine billige Schauspielerin aus einem schlechten Film da, mache auf sexy und denke dabei nur: *'Wie bin ich nur in diese irrsinnige Lage geraten?'*"

Ich konnte kaum glauben, dass ich tatsächlich versuchte, ernsthaft den Vamp zu mimen, während dieser Typ mit seinem schlaffen, violetten Penis vor mir saß und verzweifelt versuchte, irgendetwas aus sich herauszuholen. Wenn ich nicht so damit beschäftigt gewesen wäre, mein Grinsen zu unterdrücken, hätte ich wohl laut aufgeschrien: *„Oscar für die beste Laiendarstellerin geht an... mich!"*

Meine Gedanken gingen weiter: „Na, wenn das nicht die skurrilste Situation meines Lebens ist! Als nächstes zünde ich mir noch eine Zigarette an und frage: *'War's das jetzt?'*" Doch statt meiner inneren Komödie gab ich mich weiterhin als die heiße, geheimnisvolle Beobachterin. Die Ironie des Moments war so stark, dass ich sie fast schmecken konnte – und bei dem Gedanken daran, wie albern alles war, musste ich mich wirklich zusammenreißen, um nicht zu grinsen.

Zwischendurch spuckte Tom auf seine Finger, um den Speichel großzügig auf seiner Eichel zu verteilen, während er mich dabei beobachtete, wie ich meine Hand weiter über meinen Oberschenkel gleiten ließ. Da war ich also, festgefroren in meiner peinlichen Performance, während sein Penis einfach… schlaff blieb. Ganz ehrlich, ich hatte noch nie so violette Genitalien gesehen! Es war, als ob er versucht hätte, einen Tintenfisch zum Leben zu erwecken – aber nichts half: weder das Spucken, noch das Quetschen oder das Würgen. Das Ding war einfach tot.

Irgendwann konnte ich es nicht mehr mit ansehen und sagte: *„Das hat keinen Sinn, dein ‚bestes Stück' rührt sich*

137

gar nicht mehr. " Innerlich amüsierte ich mich köstlich, als ich ihm dann noch vorschlug: *„Aber du kannst mich ja kontaktieren, wenn du mal einen funktionierenden Sexpartner zum Zusehen hast.* "

Tom, der Arme, entschuldigte sich tatsächlich mit den Worten, dass er schon den ganzen Tag masturbiert habe. Er stand schließlich auf, wahrscheinlich erleichtert, dass der Albtraum vorbei war, und begleitete mich zur Tür. Dann streckte er mir die Hand entgegen, um sich zu verabschieden. Und ich dachte nur: *„Nein, Freundchen, so läuft das hier nicht!"*

Ich hob meine Hände sofort auf Schulterhöhe und schüttelte den Kopf, als wäre ich Zeugin einer besonders schlechten Hygiene-Verfehlung: *„Nein, nein, deine Hände sind nicht gewaschen,"* sagte ich und wedelte dabei mit den Händen wie eine Grundschullehrerin, die einen frechen Schüler in seine Schranken weist.

Mit einem winkenden *„Bis zum nächsten Mal"* verließ ich den Schauplatz und konnte es kaum glauben, dass dieser Typ mir tatsächlich die Hand geben wollte, die Hand, die gerade eben noch in Spucke getränkt seine Eichel malträtiert hatte! Igitt.

Schon im Treppenhaus schüttelte ich den Kopf über die absurde Situation, die sich da gerade abgespielt hatte. Wer hätte gedacht, dass meine Undercover-Beweisjagd mich jemals in solch eine groteske Slapstick-Szene katapultieren würde? Vielleicht sollte ich mir beim nächsten Mal Handschuhe einpacken, oder noch besser, gleich ein ganzes Arsenal an Desinfektionsmitteln mitnehmen.

Mein unkontrolliertes Kopfschütteln ist inzwischen fast zur Gewohnheit geworden, ein zwanghaftes Echo auf all die skurrilen und irrsinnigen Szenen, die ich in letzter Zeit erlebt habe.

Mein Kopfkino drehte sich unaufhörlich weiter, als ob es von einem chaotischen Regisseur geleitet würde. „Vergangenes aus dem Archiv", „Hier und Jetzt" und „In the Future" liefen gleichzeitig auf verschiedenen Kanälen ab, während zwischendurch die Werbetrommel mit „heißen Flirt-Chats" gerührt wurde. Es war, als wäre ich in einem absurden Film gefangen, in dem die Realität alle Grenzen des Normalen längst gesprengt hatte.

Und während ich die Treppen hinunterging, konnte ich mir ein schiefes Grinsen nicht verkneifen. Ja, das war definitiv eine Szene, die in meiner persönlichen Sammlung von „Du glaubst es nicht, aber es ist wirklich passiert"- Momenten landen würde.

„2. Scheidungsverhandlung"

Der Tag der zweiten Scheidungsverhandlung war endlich gekommen. Nachdem ich monatelang akribisch Beweise über die außerehelichen Affären meines Mannes gesammelt hatte – insbesondere über sein geheimes Leben als Bisexueller – reichte ich diese Unterlagen, insgesamt 31 Seiten, zwei Tage zuvor bei der Einlaufstelle des Gerichts ein. Mein Hintergedanke war klar: Gustav und sein Anwalt sollten keine Gelegenheit haben, sich auf dieses Konvolut vorzubereiten. Gustav wusste zwar, dass ich eine Ahnung von seinen Eskapaden hatte, aber das wahre Ausmaß war ihm bis dahin verborgen geblieben.

In der Verhandlung stellte sich heraus, dass Gustavs Anwalt keine Zeit gehabt hatte, die von mir eingereichten Beweise zu studieren. Das Gericht gab ihm vier Wochen Zeit, einen Schriftsatz hierzu einzureichen. Es war ein taktischer Zug von unserer Seite, um ihn und Gustav aus dem Gleichgewicht zu bringen.

Gustav, der als Kläger auftrat, bestritt alles vehement. Er behauptete, die von mir angeführten Kontakte seien keine realen Begegnungen gewesen. Stattdessen erklärte er, dass meine jahrelange Verweigerung des sexuellen Kontakts ihn lediglich zu Fantasien in diese Richtung getrieben habe. Die Fotos und Beweise, die ich vorgelegt hatte, seien seiner Meinung nach widerrechtlich erlangt und zudem manipuliert worden.

Ich wies diese Vorwürfe entschieden zurück. Ich erklärte, dass ich erst von seiner Bisexualität erfahren hatte, als ich seine Codelisten mit den entsprechenden Passwörtern entdeckte. Daraufhin hatte ich mich auf der Gayboy-Seite registriert und selbst Kontakt zu anderen Homosexuellen, seinen Sexpartnern und ihm aufgenommen. Die Beweise, die ich vorlegte, sollten eindeutig belegen, dass mein Mann seit nachweislich 13 Jahren außereheliche sexuelle Kontakte zu Männern pflegte. Ich bot an, weitere Zeugen zu benennen, die dies bestätigen könnten.

Gustav und sein Anwalt versuchten verzweifelt, mich als Lügnerin darzustellen, die alles manipuliert und gefälscht hätte, um ihn in ein schlechtes Licht zu rücken. Sie behaupteten, nichts von dem, was ich vorgebracht hatte, sei wahr. Ich sollte die Böse sein, die alles inszenierte, um ihm zu schaden. Doch warum hätte ich das tun sollen? Es gab keinen Grund. Schließlich wollte ich ihn schon lange loswerden.

Ich ließ den Richter wissen, dass ich, sobald die heutige Verhandlung abgeschlossen ist, den Wahrheitsbeweis antreten werde – und zwar über soziale Medien, ganz wie Gustav es getan hatte, als er postete, dass er die Scheidung einreichen musste und mich dabei schlecht darstellen wollte.

Sein Anwalt versuchte es natürlich auch auf die einschüchternde Tour. Nicht nur, dass mir eine weitere „Eheverfehlung" vorgeworfen wurde, nein, er legte noch einen drauf und behauptete, das Ganze könnte sogar strafrechtliche Konsequenzen haben. Als würde mich das jetzt noch beeindrucken. Angst? Das war für mich nach all meinen Recherchen ohnehin nur noch ein Konzept, das irgendwo in einem Wörterbuch existiert. Ich war längst darüber hinaus, mich von solchen lächerlichen Drohungen aus der Fassung bringen zu lassen. Dazu müsste schon sehr viel mehr passieren, den ich bin hart im nehmen.

Die Verhandlung endete damit, dass die Vernehmung der Parteien auf Ende August 2018 vertagt wurde. Der Kampf war noch lange nicht vorbei, aber ich war entschlossen, weiterhin für die Wahrheit und meine Rechte zu kämpfen.

„Gegenschlag – Soziale Medien" –

Aus dem Gerichtssaal ins Rampenlicht: Mein Ex und seine 7 Stunden Ruhm

Er drängte mich in eine Ecke, indem er in den sozialen Medien Lügen über mich verbreitete, um meinen Ruf zu ruinieren. Er wollte, dass ich mich rechtfertige. Vor Gericht sagte ich nur: „*Kein Problem, ich trete den Wahrheitsbeweis an.*
Drei Monate nach seinem ersten bösartigen Posting im Februar schlug ich Mitte Mai 2018 zurück, direkt und unmissverständlich. Ich stellte die Fakten klar, postete die gesammelten Beweise, die ich monatelang dokumentiert hatte, und ließ keinen Zweifel daran, dass die Wahrheit auf meiner Seite war.

Es war ein befreiender Moment, als ich meinen Beitrag veröffentlichte. Meine Zeilen begannen fast wie seine – mit dem Unterschied, dass meine Geschichte die Realität traf und nicht ein weiteres Kapitel aus seiner Phantasie.

Liebe Bekannte, Freunde und Familie,

aufgrund einer weiteren Anzeige wegen angeblicher Unwahrheiten sehe ich mich gezwungen, den Wahrheitsbeweis öffentlich zu erbringen. Gustav hat mich in den sozialen Medien als Lügnerin dargestellt, um sein Doppelleben als bisexueller Mann zu vertuschen. Moralisch ist es natürlich nicht falsch, seine Neigungen auszuleben – aber wenn man seit nachweislich über 13 Jahren heimlich

Männer trifft und dabei sich selbst und seine Familie einer gesundheitlichen Gefahr aussetzt, sollte man zumindest ehrlich genug sein, die Familie vorher zu verlassen.

Es tut mir leid, diesen Weg wählen zu müssen, aber dies ist der Wahrheitsbeweis. Ich verspreche, dies wird mein einziges Statement zu diesem Thema sein, um niemanden weiter mit diesen unangenehmen Details zu belasten.

Danke an alle, die mir beistanden, die an meiner Seite waren, als ich die Chats und Fotos von Gustav alias „Andy-Lust" erhielt. Besonderer Dank gilt meinem Anwalt, der mir tapfer rund um die Uhr zur Seite stand.

Liebe Grüße,
Paula

Diese Worte waren nicht nur meine Antwort auf seine Angriffe, sondern auch eine endgültige Klarstellung der Wahrheit. Es war nicht leicht, diese unangenehmen Details öffentlich zu machen, aber es war notwendig, um meine Ehre und die meiner Familie zu verteidigen.

Ich verschickte einunddreißig Seiten, die ich auch beim Gericht eingereicht hatte, über Facebook, Messenger und WhatsApp an verschiedene Empfänger. Zusätzlich versandte ich zwanzig gebundene Hefte per Post. Die Reaktionen ließen nicht lange auf sich warten – sie trafen im Minutentakt ein. Anrufe, WhatsApp-Nachrichten, SMS, E-Mails und persönliche Kontakte bombardierten mich. Mit einem solchen Feuerwerk an Reaktionen hatte ich nicht gerechnet.

Ich ging aufs Ganze und postete fast alles. Angefangen bei seinem Taufschein, auf dem sein zweiter Vorname Andreas und sein Geburtsdatum klar zu erkennen waren – Informationen, die er auch korrekt auf der Gayboy-Plattform angegeben hatte. Ich fügte seine E-Mail-Adresse hinzu, die er nicht nur für private Angelegenheiten und die

Kommunikation mit seinem Anwalt nutzte, sondern auch auf der besagten Plattform.

Ein besonders schwerwiegender Fehler von Gustav war ein Schreiben an seinen Anwalt, das er versehentlich mit seiner Gayboy-E-Mail-Adresse unterzeichnete, anstatt den privaten Account zu verwenden. Ein schwerer Fehler, der vor Gericht nicht leicht zu erklären war, oder wollte er etwa behaupten, ich hätte auch das gefälscht?

Ich enthüllte auch seine zweite Handynummer, die er benutzte, um in dem Glauben, ich sei ein Mann, Genitalfotos, Aufnahmen seines Anus und andere Bilder seiner Selbstbefriedigung zu verschicken, inklusive eines Fotos, auf dem er auf seinen Bauch ejakulierte. Mit derselben Nummer arbeitete er als Kontrolleur bei einer Firma und schrieb sein Team über diese Rufnummer an, wenn es Einsätze zu koordinieren gab. Auch das sollte ich gefälscht haben?

Besonders eindrucksvoll waren die Bilder seiner Genitalfotos, die eindeutig in unserem Badezimmer und im Zimmer unserer Tochter aufgenommen wurden. Man konnte klar den Hintergrund unseres Wohnbereichs erkennen – ebenfalls ein Detail, das nicht so leicht zu leugnen war.

Die Videos und Fotos, die ich durch das Schlüsselloch aufgenommen hatte, und weitere Chats mit Gustav behielt ich noch für mich. Man sollte nicht die ganze Munition auf einmal verschießen.

Ich veröffentlichte einen Chat mit dem „Controllmeister" und ein Bild, das Gustav zeigt, wie er vor dem Reihenhaus des „Controllmeisters" steht und auf Einlass wartet. Dazu kam jede Menge Chatverkehr, den er nicht nur mit mir über die Gayboy-Plattform führte. Sein komplettes Profil von dieser homosexuellen Plattform, das unmissverständlich zeigte, worum es sich handelte, auch das sollte gefälscht sein?

Und dann war da noch seine Arbeitnehmerveranlagung, bei der er in der Spalte „besondere Belastungen" ein „Ja" ankreuzte. In dieser Spalteging es um Krankheiten wie Zöliakie, Diabetes, Tuberkulose und Aids. Ich ergänzte die Sammlung mit einem weiteren Blatt, auf dem Gustav bei zwei verschiedenen Ärzten für Haut- und Geschlechtskrankheiten in Behandlung war. Er blieb bei seiner Meinung, dass alle Tatsachen von mir manipuliert wurden. Mein Entschuldigungsschreiben postete ich ebenfalls und kündigte an, dass ich das komplette Posting mit allen Details und Inhalten nach vierundzwanzig Stunden wieder löschen werde.

Liebe Freunde und Bekannte,

es war nie meine Absicht, unsere Ehe auf solch eine niveaulose Weise zu beenden – und ich hätte nie gedacht, dass es so weit kommen könnte. Das entspricht absolut nicht meiner Art. Leider sind die Dinge, die jetzt zur Sprache kommen, keine Unwahrheiten, auch wenn sie für Außenstehende schwer zu glauben sind. Niemand kann sich wirklich in meine Lage versetzen und nachvollziehen, wie es sich anfühlt, selbst betroffen zu sein.

Es ist unvorstellbar schmerzhaft und hätte ganz anders gelöst werden können, anstatt in einem so bitteren Rosenkrieg zu enden.Gustav ist leider derjenige, der Unwahrheiten verbreitet, in sozialen Netzwerken gepostet und sich geweigert hat, offen zu sprechen. Irgendwann musste ich mich wehren. Während die Lügen sich schnell verbreiteten, brauchte die Wahrheit ihre Zeit, um ans Licht zu kommen. Gustavs Doppelleben zehrt an ihm. Ob es seine Berechnung ist – er hat seit 2004 finanzielle Unterlagen von mir gesammelt – oder seine geheime sexuelle Neigung, all das belastet ihn schwer. Nun hat er den Absprung gewagt, in der Hoffnung, sich finanziell abzusichern.

Es ist traurig, dass jemand so unehrlich ist, seiner Partnerin mindestens dreizehn Jahre ihres Lebens stiehlt, nur um ungeoutet zu bleiben und sich einen finanziellen Vorteil erhofft. Gleichzeitig verbreitet er erhebliche Unwahrheiten und startet haltlose Anzeigen. Narzissten zerstören Familien. Man kann lügen, aber die Wahrheit lässt sich nicht ändern.

Erst wenn es keine andere Option mehr gibt, erfährt man, wie stark man wirklich ist. Menschen glauben oft lieber an eine Lüge, die sie schon hundertmal gehört haben, als an eine neue, fremde Wahrheit. Gustav versteht es hervorragend, die Opferrolle zu spielen, während er selbst der Täter ist.

Lügen mögen den Sprint gewinnen, aber die Wahrheit gewinnt den Marathon.

Gruß Paula

Sieben Stunden nach meinem großen Enthüllungsposting machte Facebook mir einen Strich durch die Rechnung. Die Bilder von Gustavs Genitalien wurden gesperrt, und ich erhielt eine freundliche, aber bestimmte Ermahnung: *„Das ist hier nicht erlaubt."* Offenbar hat das Internet doch seine Grenzen, wer hätte das gedacht?

Nach vierundzwanzig Stunden, wie angekündigt, löschte ich mein gesamtes Posting von der Plattform. Es war ein bisschen wie das Aufräumen nach einer wilden Party, es war aufregend, aber irgendwann muss man den Besen in die Hand nehmen und die Spuren beseitigen.

Trotz des digitalen Rüffels hatte ich mein Ziel erreicht. Die Nachricht war raus, und der Marathon der Wahrheit hatte gerade erst begonnen. Facebook konnte die Bilder löschen, aber nicht die Wirkung, die sie in sieben Stunden erzielt hatte.

Die Reaktionen auf mein Posting reichten von aufrichtigem Beileid bis hin zu entsetztem *„Welch ein Wahnsinn, was für ein Schwein!"* und natürlich durfte auch das mahnende *„Tutu, das macht man nicht!"* nicht fehlen. Aber ehrlich gesagt, ich hatte meine Genugtuung, und das war alles, was zählte. Es war mir einerseits wichtig, andererseits aber auch völlig egal, wie die Leute darüber dachten und es bewerteten. Mir ging es endlich wesentlich besser, und das war für mich das Allerwichtigste!

Die erste Hürde war geschafft. Endlich konnte ich mit allen und jedem offen darüber sprechen, ohne ständig darauf achten zu müssen, was ich sage. Es fühlte sich an, als hätte ich einen schweren Koffer voller Geheimnisse abgestellt. Jetzt gönnte ich mir eine kurze Pause, bevor Ende August die dritte Scheidungsverhandlung anstand. Eine Ruhepause, die sich ein wenig wie die Stille vor dem Sturm anfühlte. Nach all den Verhandlungen und meinen schmerzenden Bandscheiben war eine Auszeit dringend nötig. Eine Bekannte überzeugte mich von einem Kuraufenthalt in Warmbad, die perfekte Entscheidung. Drei Wochen Erholung, nette Gesellschaft und Ausflüge gaben mir die Kraft, die ich brauchte.

Kapitel 6 „Scheidungsrunde 3: Jetzt erst recht! – Und mit doppeltem Drama"

„3. Scheidungsverhandlung"

Die nächste Verhandlung stand schon wieder vor der Tür – unglaublich, wie schnell die Zeit vergeht. Einen Tag vor dem Gerichtstermin erreichte mich ein Brief von Gustav über die Kinder.

„Im Sinne unserer Familie, besonders der Kinder, bitte ich dich nochmals um eine gütliche Einigung. Eine normale Trennung sollte für Erwachsene möglich sein. Wir müssen

nicht weiter über Fehler sprechen – das haben wir zur Genüge getan. Ich bin bereit, meine Forderung zu reduzieren, obwohl sie mir zusteht.

Da ich ebenfalls eine Wohnung brauche, halte ich es für fair, wenn du mir 150.000 Euro gibst, damit wir den Rosenkrieg der Kinder zuliebe beenden können. Lass mich wissen, wie du dich entscheidest". Gustav

Ständig bedrängte er Ruprecht, ob ich seinen Brief schon gelesen hätte. Aber ich tat, was ich bei ihm gelernt hatte, ich ignorierte es. Wir würden uns ohnehin am nächsten Tag vor Gericht sehen. Ein Statement von mir? Fehlanzeige.

Jetzt, nach all den Monaten schlafloser Nächte und endloser Kopfkino-Szenen, will er plötzlich klein beigeben? Jetzt denkt er auf einmal an die Kinder und an eine „gütliche Einigung"? Wo war diese Einsicht, als er mich verleumdete und mich anzeigte? Oder als er jahrelang meine Kinder und mich finanziell ausnutzte?

Ach, Gustav, jetzt spielst du den reuigen Sünder? Nach all den Dramen, die du inszeniert hast? Nein, sorry, das ist zu spät. Und was soll diese „Einigung" sein? Wie naiv hält er mich? Dass er den Betrag gleich mal halbiert, soll wohl großzügig wirken? Wirklich, glaubt er, ich springe vor Freude in die Luft und danke ihm für seine „Großzügigkeit"? Er hatte lange genug die Chance, zu reden. Aber jetzt, wo ihm das Wasser bis zum Hals steht, will er auf einmal Frieden schließen?

Nein, jetzt ziehen wir es durch! Dein Zug ist abgefahren – direkt in Richtung „Leck mich am Arsch"!

Irgendwann kommt der Zahltag. Jeder bekommt, was er verdient, die einen früher, die anderen später. Von all seinen Lügen war „Ich liebe dich" die schönste.

Eine Beziehung, die auf einer Lüge basiert, endet immer mit der Wahrheit. Du kannst lügen, aber die Wahrheit bleibt unveränderlich.

Meine Familie ist inzwischen überzeugt, dass Gustav dringend Hilfe braucht. Seine Wahrnehmung ist gestört, er verdreht Fakten, die ich jederzeit belegen kann. Er ist ein Narzisst, der sich für überlegen hält. Anfangs macht er einen guten Eindruck, doch sein Bedürfnis nach Bewunderung ist unersättlich. Kritik empfindet er als Bedrohung, und widerspricht man ihm, beendet er Freundschaften.

Er war nie bereit, in die Beziehung zu investieren, wollte aber immer profitieren. Mit der Zeit habe ich ihn durchschaut, ein Narzisst durch und durch. Was ich einst bewunderte, entpuppte sich als leere Fassade. Welch Fehleinschätzung meinerseits!

Aber jetzt? Jetzt bin ich bereit für den nächsten Akt. Vorhang auf für den Showdown, Gustav, dein Theaterstück nähert sich hoffentlich dem Ende!

Bei der dritten Scheidungsverhandlung blieben die Vergleichsgespräche ergebnislos. Nun saßen wir in einem kleinen Raum und Gustavs Einvernahme begann. Er wirkte nervös, als er unbeeidet seine Geschichte präsentierte: *„Schon vor der Eheschließung ging es uns nicht gut"*, beginnt er zögerlich, als würde er sich selbst vergewissern, dass dies wirklich seine Geschichte ist. *„Meine Frau hatte schon vor der Eheschließung wenig Interesse an sexuellen Kontakten mit mir. Sie sagte damals, sie fühle sich nicht abgesichert und wolle heiraten. Ich versprach mir eine Besserung. Ich habe also den Entschluss gefasst, meine Frau zu heiraten, weil sie sagte, auch ihr sexuelles Interesse würde dann steigen."*

„Ein paar Monate hat das dann auch gut funktioniert", fährt er fort, *„aber nach wenigen Monaten hat das wieder komplett ausgesetzt."* Gustav wirkt dabei, als erzähle er die

Geschichte eines tragischen Helden, der gegen das Unvermeidliche kämpft. *„Es ging dabei nicht nur um die sexuellen Kontakte"*, betont er, *„sondern auch um die Zuwendung insgesamt. Wenn ich das thematisierte, sprach sie nur von dem leidigen Thema Sex. Wir waren dann wirtschaftlich sehr aktiv und haben ein Haus gekauft. Ich habe viel gearbeitet, und dann denkt man über solche Dinge nicht so intensiv nach."*

Wirtschaftlich aktiv? Wie oft habe ich ihn „aktiv" im Wirtshaus gesehen? Und jetzt, wie ich nachweisen kann, war er auch „aktiv" in Homo-Foren.

Seine Geschichte klang immer abstruser. *„Ich habe mir über eine strittige Scheidung keine Gedanken gemacht"*, fügt er noch hinzu, als wäre das ein nobler Verzicht. *„Ich habe mich erst von meinem Anwalt darüber aufklären lassen, dass man in so einem Fall eine Klage führen muss.*

Meine Frau hatte schon mehr Erfahrung damit – sie war nämlich schon geschieden." Und wieder dieser Unterton, als wäre ich diejenige, die das ganze Theater angezettelt hat.

„Ich war bei einer Sicherheitsdienstfirma beschäftigt bis 2012. Dann hatte ich einen Dienstunfall und musste in Pension gehen.

Dabei wurde mein Fuß zertrümmert, die Knochen waren gebrochen. Neben meiner Arbeit bei der Sicherheitsdienstfirma habe ich immer auch körperlich gearbeitet, bei der Renovierung von Immobilien. Schon vor der Ehe hatten wir uns ein Haus angeschafft. Das ist die Ehewohnung." Er erzählt das alles mit einem Anflug von Stolz, als hätte er allein das ganze Leben aufgebaut. Dabei lässt er die vielen Details weg, wie die Tatsache, dass er finanziell wenig bis gar nichts beisteuern konnte. *„Ich hatte damals einen Konkurs und bekam keinen Kredit"*, gesteht er schließlich, fast beiläufig. *„Den Kredit hat meine Frau aufgenommen. Der Kredit ist schon lange abbezahlt."*

Gustavs falsche Zunge war wieder voll im Einsatz, aber das überraschte mich nicht mehr.

Der Richter begann mit seinen Fragen, und Gustav legte los: „*Wenn meine Frau behauptet, es hätte im Jahr 2016 ein Gespräch gegeben, in dem wir vereinbart hätten, nicht mehr geschlechtlich zu verkehren, aber weiterhin als Eltern zu funktionieren, so streite ich das ab. Ein solches Gespräch hat es nie gegeben. Wenn meine Frau sagt, sie hätte mich Anfang 2016 vor dem Computerbildschirm erwischt, wie ich mir Pornovideos mit einer Frau und einem Pferd anschaue und dabei masturbiere, dann stimmt das nicht.*"

Dann kam er zum eigentlichen Thema: „*Was meine angeblichen homosexuellen Kontakte betrifft, so gebe ich zu, dass die Beilagen von Gayboy korrekt sind. Ich habe mich auf diesem Netzwerk bewegt, war dort registriert und bin dort teilweise eingestiegen. Der Rest ist von ihr gemacht worden, meine Frau hatte nämlich alle Zugangsdaten zu meinem Konto. Ich war einfach neugierig, weil meine Frau mich vollkommen ignoriert und links liegen gelassen hat. Ich hatte praktisch keine sexuellen Kontakte zu meiner Frau.*"

„Neugierig", dachte ich nur. „Was ist das für eine Neugier, die einen heterosexuellen Mann auf eine Plattform für homoerotische Männer führt?"

Ich stellte mir vor, wie ich das Ganze in eine Umfrage verpacke:
„Gustav behauptet, er sei aus purer Neugier auf einer Gay-Plattform gelandet, weil ich ihn im Bett ignoriert habe. Also, was meint ihr? Wie groß ist die Wahrscheinlichkeit, dass ihr euch aus Neugier auf eine Seite anmeldet, die so gar nicht eure sexuellen Vorlieben trifft?

A) Klar, ich schau auch mal auf Fetischseiten für Fußliebhaber, obwohl ich nur Socken sammle.

B) Natürlich, ich besuche auch regelmäßig SM-Foren, obwohl mich schon eine Massage mit sanftem Druck überfordert.
C) Nur, wenn ich vorher versprochen bekomme, dass es da auch einen Rabatt auf mein nächstes Trauma gibt."

Es war einfach zu köstlich, wer braucht schon Netflix bei dieser Comedyshow?

„Ich habe mich auch auf Frauenseiten aufgehalten und dort Kontakte gesucht", fuhr er fort, *„aber ich habe nicht wirklich Kontakte gesucht, sondern habe mich einfach umgeschaut. Ich war auch bei Parship mal angemeldet, aber ich glaube, ich war dort nicht registriert. Bei Gayboy war ich aber registriert. Ich müsste so um 2010 oder 2011 erstmals dort eingestiegen sein."*

Der Richter setzte seine Befragung fort, und Gustav begann sich mehr und mehr in seinen Erklärungen zu verheddern: *„Haben Sie jemals Männer von der Seite Gayboy getroffen?"*

„Ich hatte einmal eine Massage in Anspruch genommen, das müsste 2017 gewesen sein. Mein Name dort war 'Lust' und auch 'Gendarm 44'. Es war eine Ganzkörpermassage, keine sexuell orientierte, sondern eine ganz normale Massage. Es kam dabei zu keinen sexuellen Handlungen."

Natürlich, auf einer Gay-Plattform sucht man ja auch ausschließlich nach harmlosen Massagen! Als gäbe es nicht tausend andere Möglichkeiten, sich den Rücken massieren zu lassen, ohne dabei in den DMs von homosexuellen Männern zu landen.

Der Richter warf in den Raum, dass es genug offizielle Massagesalons gibt. *„Was ist mit den Angaben in Beilage 1?"*, fragte der Richter weiter.

„Die meisten Dinge, die in Beilage 1 vorkommen, habe ich nicht gemacht. Ich blättere nun Beilage 1 durch und werde

Ihnen sagen, welche Interventionen auf Gayboy von mir stammen: Das eine Profil wurde 2014 angelegt, das stimmt. Der Name dort war 'Lust'. Aber das erste Foto, das dort zu sehen ist, bin sicher nicht ich!"

Ich konnte mich kaum zurückhalten. Natürlich, das Foto auf dem einprägsamen Profil gehört ihm also nicht. Wahrscheinlich wurde das Bild von einem „unsichtbaren Doppelgänger" hochgeladen, der zufällig dieselbe E-Mail-Adresse, Telefonnummer und dasselbe Badezimmer wie er benutzt.

„Und was ist mit den Angaben, die in Ihrem Profil gemacht wurden?", fragte der Richter weiter. *„Die stimmen nicht mit den von mir gemachten Angaben überein. Meine Frau muss das alles geändert und ausgedruckt haben. Ich möchte noch hinzufügen, dass es viele Fotos von mir gibt, die meine Frau zur Verfügung hatte und die sie dort einstellen konnte."*

Da konnte ich mir nur eines denken: „Wenn er schon so tief in der Kiste der Ausreden wühlt, hätte er doch wenigstens die Prinzen-Hymne ‚Alles nur geklaut' als Hintergrundmusik für diesen Auftritt wählen können." Vielleicht sollte ich dem Richter beim nächsten Mal eine Playlist vorschlagen, um das Ganze noch ein bisschen aufzulockern.

Gustav legt weiter nach: *„Wenn Fotos von den Geschlechtsteilen vorkommen, dann stammen diese Fotos von mir. Ich habe mich selbst fotografiert. Meine Frau hatte Zugang zu diesen Fotos, aber ich habe sie nicht auf die Webseite gestellt. Ich hatte viele Fotos abgespeichert, zu denen meine Frau Zugang hatte und die sie dort reinkopiert hat – beziehungsweise mit meinen Zugangsdaten hochgeladen hat. Es gibt auch ein Foto unseres Badezimmers, das aber nicht von mir ist. Sogar ein Foto vom Zimmer unserer Tochter, beziehungsweise ihrer Tochter, ist dabei."*

Der Richter bleibt hartnäckig: *„Warum haben Sie sich beziehungsweise Ihr Geschlechtsteil selbst fotografiert?"*

„Ich habe das aus Spaß gemacht, das ist schon alt. Ich hatte all diese Fotos abgespeichert. Ich habe nur 15 oder 20 Fotos meines Geschlechtsteils gemacht."

Das Argument seines Anwalts konnte ich mir nur auf der Zunge zergehen lassen: *„So etwas ist offenbar so ähnlich wie ein Selfie."*

Ah, klar doch! Der Mann, der mich bei der Staatsanwaltschaft wegen angeblichen „Hackens eines Computersystems" und „Datenklau" angezeigt hat, behauptet nun, ich hätte immer Zugang zu seiner IP-Adresse und seinen Daten und Geräten gehabt. Es ist schon fast komisch, wie er seine eigenen Widersprüche nicht einmal merkt! Einfach genial.

Es scheint, als sei er selbst sein größter Komiker. Dass er mich dafür verantwortlich machen will, dass seine Fotos, die er aus „Spaß" gemacht hat, plötzlich auf einer Gayboy-Plattform landen, ist einfach absurd.

Der Richter führte die Befragung nun in eine für ihn wirklich brenzlige Richtung:
„Wenn ich Ihnen sage, dass Ihre Aussage nur schwer nachzuvollziehen ist und Zeugenaussagen vorliegen, die die Angaben der Beklagten bestätigen – was Ihrer Glaubwürdigkeit erheblich schaden könnte – was haben Sie dem entgegenzusetzen?"

Gustav setzte sein Pokerface auf, als hätte er gerade einen Royal Flush in der Hand. *„Ich habe nicht gelogen, ich habe das wirklich nicht gemacht"*, sagte er mit hochrotem Kopf. Klar, wie könnte man daran auch zweifeln? Seine Version der Geschichte klang ja so wasserdicht, wie ein Sieb.

Gustav fährt fort: *„Nachdem alles renoviert war und ich mit allem fertig war, habe ich wieder mehr nachgedacht.*

Ich suchte dann wieder ein Gespräch mit meiner Frau und sie sagte damals, wenn ich gehen wolle, soll ich gehen, aber mittellos."

Er fügt noch hinzu: *„Voriges Jahr starben mein Vater und mein Bruder am selben Tag, und meine Frau wirft mir vor, ich würde spaßhalber in die Steiermark fahren. Da war für mich klar, dass ich in dieser Ehe nicht mehr bleiben wollte. Ich wollte auch nicht mehr auf die gemeinsame Reise mitfahren."*

Die Verhandlung wird für meine weitere Einvernahme vertagt.

Man könnte meinen, er hätte die Häuser im Alleingang hochgezogen.Vermutlich habe ich die Handwerkerrechnungen nur „erfunden". Die Behauptung, ich hätte gesagt, ich wolle heiraten, um abgesichert zu sein und um mein sexuelles Interesse wiederzubeleben, gibt es diesen Ehering-Fetisch wirklich?

Nach der Verhandlung dann wieder das gleiche Theater: Eine Nachricht an die Kinder, in der er verkündet, den Kontakt abzubrechen. Er stellt sich immer in den Mittelpunkt und zeigt dabei, wie wenig er wirklich verstanden hat.

Ich wurde vom Richter aufgefordert wieder ins Berufsleben einzusteigen, also meldete ich mich beim Jobcenter. Dort erklärte ich, dass ich einen Meisterbrief im Schneidergewerbe besitze. Die Betreuerin meinte, es könnte schwierig werden, einen Job für mich zu finden, erstens, weil ich schon länger aus der Branche draußen bin, und zweitens, weil mich niemand als Meisterin einstellen würde. Die Entlohnung wäre dann entsprechend höher als bei einer Gesellin.

Kaum war ich zu Hause, hatte ich bereits drei Einladungen zu Vorstellungsgesprächen im Postkasten: zwei im Umkreis der Innenstadt und eine im äusseren Ortsteil der Stadt.

Na gut, dachte ich, dann mache ich mich mal auf den Weg und vereinbare die Termine.

Als Erstes fuhr ich in die Innenstadt. Dort suchte man eine Schneiderin, die die Kunst der Hosenverlängerung beherrscht, ich fühlte mich sofort fehl am Platz. Die Besitzerin sah das genauso, gab mir einen Stempel auf dem Zettel des Jobcenters und schrieb darauf: *„Nicht eingestellt."*

Dann ging es in den Ort, den ich schon längst mal besuchen wollte, genauer gesagt, die angebliche Adresse, an der laut Mediadaten der Sitz der Gayboy-Plattform sein sollte. Doch als ich ankam, führte mich die Adresse zu einer geschlossenen orthopädischen Praxis. Nichts von dem, was ich erwartet hatte. An der Scheibe klebte lediglich ein Zettel mit einer Handynummer. Verwirrt, aber neugierig, rief ich an – und landete in der Sprachbox des Arztes. Der Name? Identisch mit dem Geschäftsführer der Plattform.

Keine zehn Minuten später rief „Doktore-Amore" zurück. Ich fragte, ob er tatsächlich der Inhaber dieser Plattform sei und wie lange die Accounts auf dem Server bleiben. Er erklärte mir: *„Nach sechs Monaten wird alles gelöscht."* Na, wieder was gelernt, dachte ich.

Um 10 Uhr war ich auf dem Weg zur Hörlstraße für das nächste Vorstellungsgespräch, diesmal bei einer Herrenschneiderei. Das kleine Geschäft wirkte einladend, doch der Besitzer war nicht da. Stattdessen begrüßte mich ein Angestellter mit gebrochenem Deutsch und fragte sofort: *„Du haben Gewerbeschein?"* Ich nickte etwas verwirrt. Er erklärte, sein Chef sei im Deutschkurs beim Jobcenter und bat mich, später wiederzukommen. Mir kam das schon seltsam vor.

Während ich kurz wartete, holte er nicht etwa Kaffee, sondern zwei Ordner hervor, voller Schulden: 12.000 Euro bei der Krankenkasse und 8.000 Euro beim Finanzamt. Er schlug vor, ich solle meinen Gewerbeschein herborgen –

natürlich ohne Bezahlung. *„Du Arbeit, aber nix Geld."* Kafkaesk, dachte ich. Ich forderte nun den Stempel, als Bestätigung hier gewesen zu sein. *„Nix Firma, nix Stempel"*, war seine Antwort. Ironisch lächelnd verabschiedete ich mich und verließ das Geschäft.

Beim nächsten Termin traf ich auf eine typisch Welserische Chefin – und freundlich war definitiv anders. Kaum hatte ich erwähnt, dass ich vom Jobcenter komme, wurde ich mit einem unfreundlichen Ton abgebügelt und durfte erst einmal warten. Während ich auf meine Uhr schaute, konnte ich mir einen kühlen Kommentar nicht verkneifen: *„Meine Zeit ist begrenzt, nur zur Information."*

Als ich dann beiläufig fallen ließ, dass ich bald nach Spanien und Südamerika reisen würde, interessierte sie nur noch der „Wisch vom Amt". Den Stempel drückte sie so wuchtig auf das Papier, dass ich dachte, der Schreibtisch würde gleich zusammenbrechen. *„Ich werde mich beim Jobcenter beschweren!"* fauchte sie.

„Ja, machen Sie das ruhig", erwiderte ich überheblich und fügte noch hinzu: *„Wünsche noch einen arbeitslosen Arbeitstag und möge die Zeit nicht allzu schnell vergehen!"* Man spürt sofort, wie man von oben herab behandelt wird.

Meine Schlafstörungen wurden nicht besser, es war fast so, als ob ich jeden Abend im "Tanz der Albträume" mitmachen musste. Ich hatte das Gefühl, nicht richtig durchatmen zu können, fühlte mich antriebslos und wurde von Herzrasen gepeinigt.

Mein Kopfkino spielte immer denselben Film in Endlosschleife, mit nur einem kurzen Intermezzo, wenn Adrian sich meldete. Doch abgesehen von diesen wenigen Momenten der Ruhe, drehte sich alles nur um ein Thema: die Scheidung.

Bekannte fragten nach meinem Wohlbefinden, doch es schien, als wären sie mehr an den schockierenden Details interessiert als an meinem tatsächlichen Zustand. *„Seid ihr schon geschieden?"* und *„Wie lange dauert das noch?"* waren die Standardfragen. Hätte ich die Antwort gewusst, hätte ich sie gerne gegeben, aber ich war genauso im Unklaren wie alle anderen.

Nach einer gefühlten Ewigkeit, die fast einen Monat dauerte, hatte ich endlich einen Termin bei einer Psychiaterin. Ich war erleichtert, endlich mit jemandem zu sprechen, der hoffentlich nicht nur an der Dramatik interessiert war, sondern mir tatsächlich helfen konnte, die ganze Misere zu verarbeiten. Jetzt saß ich ihr gegenüber, und sie fragte mich nach meinem Anliegen.

Ich begann zu erzählen: *„Ich lebe in Scheidung. Mein Mann hat mich seit mehr als zehn Jahren finanziell ausspioniert, und ich habe herausgefunden, dass er mich die ganze Zeit über betrogen hat."* Die Psychiaterin hob eine Augenbraue und fragte neugierig: *„Wahnsinn, und die Frau ist der Grund der Trennung?"*

„Nein, mein Mann betrügt mich mit Männern", erwiderte ich trocken, während ich zum gefühlt hundertsten Mal meine Geschichte erzählte. Mit jedem Satz spürte ich dieses vertraute beklemmende Gefühl wieder, als ob der Raum plötzlich keinen Sauerstoff mehr hätte. Die Psychiaterin nickte und tippte ununterbrochen in ihren Computer, als ob sie alles brav notierte, obwohl es sich für mich eher anfühlte, als ob sie nebenbei eine Einkaufsliste erstellte.

Nach einer gefühlt endlosen Monolog-Session verschrieb sie mir zwei Medikamente und legte einen neuen Termin fest – in einem Monat. *„Wir sehen uns in einem Monat"*, sagte sie kühl, während ich mich fragte, wie viele weitere Kapitel dieser endlosen Phase ich wohl noch durchlaufen musste, bevor ich endlich wieder richtig durchatmen konnte.

„Körperverletzung, Datenklau, Hacken eines Computers"

Die Verhandlung Ende Oktober 2018 sollte zwei Stunden dauern, genug Zeit für Drama. Ich traf meinen Anwalt, und bald füllte sich der Gang vor dem Gerichtssaal mit Gustav, seinem Freund Timi, zwei Polizisten und meiner Tochter Viola mit ihren Kindern. Die Verhandlung begann wie erwartet formell. Der Richter stellte mir die üblichen Fragen: *„Name, Geburtsdatum, Wohnadresse..."* Und dann, wie ein Uhrwerk: *„Was sind Sie von Beruf?"*

„Schneidermeisterin", antwortete ich, *„aber derzeit auf Arbeitssuche und beim Jobcenter gemeldet. Ich habe allerdings keinen Anspruch auf Arbeitslosengeld."*

„Wovon leben Sie jetzt?" fragte der Richter weiter, ohne sich dabei eine Blöße zu geben.

„Ich habe eine Liegenschaft verkauft und lebe von einem Teil des Geldes", erklärte ich sachlich.

Dann kam ich zum Punkt: *„Gustav hat mich jahrelang betrogen und heimlich Daten kopiert. Die angeblichen „gestohlenen Dokumente"? Selbst eingescannt und an seinen Anwalt geschickt."* Ich legte die Codeliste vor, die ich bei ihm im Zimmer gefunden hatte. Gustavs Anwalt wollte sie einbehalten, aber der Richter blieb streng: *„Dafür müssen Sie eine neue Klage einreichen."*

Als es um die Körperverletzung ging, erklärte ich, dass ich Beweise sichern wollte, während Gustav mich aus dem Auto zerren wollte. *„Vielleicht habe ich ihn aus Versehen im Gesicht erwischt, aber ich habe sicher nicht absichtlich auf ihn eingeschlagen oder eingetreten."*

Viola entschlug sich der Aussage.

Nun war ein Polizist aufgerufen worden:

Der Richter wandte sich an den Inspektor und fragte, ob er sich an die besagte Amtshandlung erinnern könne. *„Dunkel"*, antwortete dieser zunächst, *„aber nachdem ich den Akt der Amtshandlung nochmals durchgelesen habe, kam es mir wieder in Erinnerung."*

„Sie sind nicht verwandt oder bekannt mit den Personen?" hakte der Richter nach.

„Nein", erwiderte der Inspektor ruhig, *„aber ich kenne Herrn Gustav von früheren Amtshandlungen."*

Das weckte die Neugier des Richters. *„Wie meinen Sie das?"* fragte er, während sein Blick auf dem Inspektor ruhte.

„Im negativen Sinn", sagte der Inspektor trocken, ohne zu zögern.

Ich konnte es kaum fassen. Mit großen Augen schaute ich zu meinem Anwalt, und auch der Richter schien mehr wissen zu wollen. *„Wie genau soll man das verstehen?"* fragte er weiter.

Der Beamte erklärte ohne Umschweife, dass er Gustav schon mehrmals wegen Trunkenheit am Steuer angehalten habe und dieser stets versucht hatte, seinen Dienstausweis als Sicherheitsbeamter zu nutzen, um sich einen Vorteil zu verschaffen. Es war offensichtlich, dass der Inspektor keine hohe Meinung von ihm hatte.

In diesem Moment fühlte ich eine Welle der Erleichterung. Endlich mal jemand, der die Wahrheit ohne Beschönigungen aussprach. *„Bei dieser Amtshandlung ging es um einen angeblichen Autodiebstahl, der keiner war. Es waren Streitereien wegen der Schlüssel. Beide Parteien wurden am nächsten Werktag zum Amtsarzt verwiesen, falls jemand verletzt sein sollte.*

Sichtbare Verletzungen gab es keine. Auffällig war nur, dass Herr Gustav sehr oft betonte, dass er ein Sicherheitsdienstbeamter sei", fuhr Herr Inspektor Schmid fort. Nach seiner Aussage verließ er den Verhandlungssaal.

Der nächste Polizist erschien in Zivil und trat ebenfalls unparteiisch auf.

Dann wurde es spannend: Mein Mann, Gustav, wurde aufgerufen und nahm mittig im Raum Platz. Er schilderte den Vorfall weit übertrieben und erwähnte erneut, dass er pensionierter Sicherheitsdienstbeamter sei - als ob das ihm vor Gericht einen Vorteil verschaffen könnte. Doch der Richter hatte das schnell durchschaut und meinte trocken: *„Vor Gericht sind alle gleich."*

Der Richter fragte weiter: *„Erzählen Sie einmal, wie es zur Körperverletzung kam. Was für eine Verletzung hatten Sie?"*

Gustav antwortete: *„Ich hatte eine offene Stelle an der Lippe durch einen Faustschlag meiner Frau. Sie versuchte auch, mich aus dem Auto in die Hoden zu treten, obwohl sie wusste, dass ich eine Vasektomie hatte."*

Der Richter hakte nach: *„Also, Ihre Frau saß im Auto. Was geschah dann?"*

Gustav begann: *„Ich forderte sie auf auszusteigen und zog leicht an ihrem Mantel. Ich wusste, dass sie mich anzeigen würde, wenn ich härter zupacken würde. Sie lag dann über den Fahrersitz und Beifahrersitz und trat nach mir. Ich wich aus, kippte ins Wageninnere, und dann schlug sie mich mit der Faust."*

Der Richter, skeptisch: *„Könnten Sie das bitte demonstrieren? Ich verstehe es nicht ganz."*

Gustav stand auf und zeigte die Szene. Der Richter unterbrach: *„Ihre Frau lag also über den Fahrersitz und Beifahrersitz? Und Sie standen am Gehsteig?"*

„Ja", sagte Gustav.

Der Richter rechnete nach: *„Sie sind 1,89 m groß, der Gehsteig ist 20 cm hoch – das ergibt etwa 2,10 m. Wie passen Sie ins Auto, ohne sich den Kopf am Autodach zu stoßen?"*

Gustav beharrte: *„Es war so."*

Der Richter sichtlich genervt: *„Sie sind dem Tritt ausgewichen, ins Auto geschlüpft um einen Faustschlag zu kassieren, der Sie zurücktaumeln ließ?"*

„Ja, genau so!", bestätigte Gustav zufrieden.

Dann kam Timi dran, der sofort dramatisch aufdrehte: *„Paula zog die Kinder da rein!"* Der Richter musste ihn bremsen und stellte fest, dass Timis Aussage von Gustavs Version abwich. Als er ihn schließlich fragte, ob er wirklich etwas gesehen hatte, knickte Timi ein und gab zu: *„Nein, ich habe nichts gesehen."*

Am Ende wurden alle Vorwürfe gegen mich fallen gelassen: kein Datenklau, keine Urkundenunterdrückung, keine Körperverletzung. Gustavs Anwalt packte leise seine Unterlagen. Ich zwinkerte ihm zu und sagte: *„Man sieht sich immer zweimal im Leben."* Mit einem zufriedenen Grinsen verließ ich den Saal, das Kapitel war geschlossen.

Einige Tage später hielt ich das schriftliche Urteil in Händen, ein weiterer Sieg, den ich abhaken konnte. „Danke, Captain Chaos!", dachte ich schmunzelnd, als ich das Urteil betrachtete.

Urteil:

Der Freispruch erfolgte aus folgenden Gründen:

1. **Kein Schuldbeweis:** Es war zweifelhaft, ob überhaupt eine Hürde überwunden wurde, die auf ein „Hacken eines Computers" schließen lässt.
2. **Kein Beweis für Urkundenunterdrückung:** Es gab keinen Beweis, dass die Angeklagte jemals im Besitz der fraglichen Urkunden war oder dass sie diese zurückgehalten hat.
3. **Widersprüchliche Aussagen:** Die Aussagen zur Auseinandersetzung im Dezember 2017 waren durchweg widersprüchlich und nicht glaubwürdig. Im Zweifel entschied der Richter zugunsten der Angeklagten.

Bald darauf steht die vierte Scheidungsverhandlung an. Es scheint, dass das Ende dieser langwierigen Auseinandersetzung noch nicht in Sicht ist, und es bleibt abzuwarten, wie die nächste Verhandlung verlaufen wird.

„Verhandlung Nummer 4"

Die vierte Scheidungsverhandlung beginnt, und ich bin gespannt, was heute wieder auf den Tisch kommt. Gustav wird weiter befragt:

„Ich kann nicht nachweisen, dass die Beklagte die Auszüge aus den Sexseiten manipuliert hat. Sie hat alle Unterlagen, und ich habe keinen Zugriff. Zum Vorwurf, ich sei bei einer pornografischen Darstellung mit einem Pferd überrascht worden, sage ich: Das ist unwahr.

Was den Peilsender betrifft, den die Beklagte in meinem Büro gefunden hat – dieser war nicht zur Überwachung gedacht. Ich wollte eine Detektei eröffnen. Würde das Gerät vorgelegt, wären keine Daten darauf, die mit ihr zu tun haben.

Seit 8 bis 10 Jahren gab es keine sexuellen Kontakte zwischen uns. Ich hatte irgendwann kein Interesse mehr. Was das Verschenken des Hauses an eines unserer Kinder angeht, erfuhr ich das über meinen Vertreter. Ich wurde dazu nicht konsultiert, da das Haus im alleinigen Besitz meiner Frau war.

Zum Thema Gayboy und andere Erotik-Plattformen: Ja, ich war dort aktiv und habe die Nicknames ‚Lust' und ‚Helloman' benutzt. Wie oft ich die Seiten besucht habe, kann ich nicht sagen – selbst wenn es heißt, es wären 7.000 Zugriffe über viele Jahre.

Die Namen ‚Controllmeister', ‚Supermassage', ‚Popo69' und ‚Falle' sagen mir nichts, und ich habe mit diesen Nutzern nicht verkehrt. Ob ich mit ‚Peter 65', Soooogeil', ‚Bam' oder ‚Wald' gechattet habe, weiß ich nicht mehr. Ich habe mit vielen gechattet, aber spezifisch kann ich mich nicht erinnern. Was sexuelle Äußerungen, Masturbation oder Bilder betrifft, daran kann ich mich auch nicht mehr erinnern."

Festgehalten wird das der Beweis dass der Kläger sich in homosexuellen Foren bewegt hat und zwar sehr aktiv gelungen ist, der Richter hat diesbezüglich keine weiteren Zweifel.

Es bleibt offen, ob Gustav tatsächlich körperliche Kontakte mit anderen Männern hatte, sodass das Beweisthema nur teilweise geklärt ist. Gustav gibt weiter an:

„Als Viola sechs Monate alt war, zogen wir zusammen. Damals war ich verschuldet und im Privatkonkurs, der in den 90er Jahren endete. Ein Ehevertrag war nie ein Thema. Meiner Frau machte ich um Silvester 1999/00 einen Heiratsantrag, doch sie wollte erst das Haus fertigstellen. 2007 willigte sie schließlich ein. Meine Verschuldung entstand durch die Mutter meiner Tochter Jutta, aber das Lokal lief auf meinen Namen.

Seit zehn Jahren teilen wir kein Schlafzimmer mehr – ich zog aus, weil meine Frau meine Annäherungen zurückwies und das Thema Sex leidlich fand.

Zu den Unterlagen meiner Frau, die Erbschaften und Ähnliches betreffen: Ja, ich habe sie gesammelt, weil sie mir sagte: ‚Wenn du gehst, dann so wie du gekommen bist'. Wann ich damit anfing, weiß ich nicht mehr. Ich habe sie nicht bespitzelt, sondern Beweise gesammelt, um im Falle einer Scheidung vorbereitet zu sein – Ausdrucke von E-Mails und Bankauszügen, die ich in einem großen Ordner aufbewahrte. An genaue Daten kann ich mich nicht erinnern.

Vor etwa sieben Jahren sagte ich, ich wolle mich Scheiden lassen, doch meine Frau sagte:" Jetzt noch nicht". Wie lange ich in Pension bin, weiß ich nicht – meine Frau hat alle Unterlagen."

Der Richter entschied, das Beweismittel Gayboy-registrierung erst zu prüfen, wenn die Zeugen gehört werden. Warum auch nicht? Warum sich mit einem gelöschten Profil aufhalten, wenn das große Finale doch noch aussteht?

Ich saß fassungslos da und versuchte, das absurde Lügenkonstrukt meines Mannes zu begreifen. Als er wieder neben seinem Anwalt Platz nahm, musste ich an seine „Scheidungsankündigung" aus dem Jahr 2010 denken. Damals hatte ich nur gelassen reagiert: „Ja, wenn du willst, lassen wir uns scheiden." Warum sollte ich einen Mann festhalten, der so offensichtlich unglücklich war? Und dann behauptete er auch noch, ich hätte „noch nicht" gesagt. Lächerlich! Wieso hätte ich ihn aufhalten sollen? Finanziell? Kein Vorteil. Sexuell? Schon lange nichts mehr. Es gab schlicht keinen Grund.

Am nächsten Tag schien das Thema dann wie vom Erdboden verschluckt, vermutlich hatte meine Gleichgültigkeit ihn dazu gebracht, sich lieber an meinen finanziellen Unterlagen festzubeißen wie ein Eichhörnchen, das Vorräte hortet. Jahrelang schickte er sich meine E-Mails, machte Kopien von Spareinlagen, Wertpapieren und allem, was er sonst noch finden konnte. Ein wahrer Meister der Kontrolle, nur ohne nennenswerten Gewinn für ihn.

Nun begann meine Aussage:

Ich erzählte dem Gericht, wie ich Gustav 1994 kennenlernte und er bei mir einzog, als meine Tochter sechs Monate alt war. Wir wollten ein Haus kaufen, aber weil Gustav eine Gehaltspfändung hatte, bürgte meine Mutter für den Kredit, und ich kaufte das Haus allein – unterstützt von meiner Familie. Zum Jahreswechsel 1999/2000 machte Gustav mir einen Heiratsantrag, aber ich bestand auf einen Ehevertrag, da er hoch verschuldet war. Er lehnte empört ab. Wir heirateten erst 2006, als sein Privatkonkurs abgeschlossen war, und zwar ohne Vertrag.

In der Ehe trug Gustav finanziell nichts bei und lebte im Luxus. Seine Vorlieben? Autos und Gasthäuser – Familie? Nebensache. Er war oft im Krankenstand, vor allem nachdem er zwei Kollegen verpfiffen hatte und sich so vor der Rückkehr in den Dienst drückte. 2012 ging er offiziell in Pension.

Zum Thema „Sex": Ich hatte wenig Interesse, weil er ständig betrunken war. Und ja, das passierte an fünf von sieben Tagen. 2016 erwischte ich ihn vor dem Laptop bei obszönen Szenen, danach war mein Interesse endgültig weg. Ein Monat später fand ich ihn in der Dusche mit einem Gummidildo, was auch unser Sohn mitbekam.

Einmal sah ich auf einem Steuerausgleichsformular, dass Gustav „AIDS" und andere schwere Krankheiten angekreuzt hatte. Als mein Sohn und ich aus einem Urlaub zurückkamen, war Gustavs ganzer Fuhrpark verschwunden. Bevor er auch noch die Festplatte mit den Kinderfotos mitnahm, wollte ich sie auf meinem Laptop sichern. Dabei stieß ich auf einen Ordner namens „Privat", in dem ich alle meine Finanzunterlagen fand, er hatte sie seit 2010 gehortet. Nachdem er endgültig auszog, entdeckte ich seinen Account auf Gayboy.

Ich war schockiert, wie berechnend mein Mann gehandelt hatte und dass er dies seit nachweislich 2010 tat, ob auch schon davor, weiß ich nicht. Daraufhin nahm ich alles an mich: seinen Laptop, die beiden Festplatten, sein iPad und seine Abhörgeräte. Ich kopierte alle Daten und zerstörte den Rest. Ich wollte einfach wissen, was er über Jahre hinweg gesammelt hatte. Die Unterlagen waren in verschiedenen Unterordnern versteckt, darunter auch zahlreiche Tierpornos und andere widerliche Inhalte. Diese Dateien habe ich noch auf meiner externen Festplatte.

Der Richter fragte nochmals nach, ob ich das alles noch habe. Ich bestätigte: *„Ja, das habe ich alles noch."* Es wird festgehalten, dass die Beklagte zunächst spontan äußerte: *„Das habe ich alles noch"*, um dann zu erklären, sie habe die Geräte teilweise zerstört, nur die Daten hätte sie noch. Der Richter stellt fest, dass ihm diese Aussage nicht glaubhaft erscheint und er der Beklagten nicht glaubt, dass sie diese Dinge nicht mehr besitzt.

„Waaas? Das stimmt doch gar nicht! So habe ich das nicht gesagt" fauchte ich den Richter mit erhobener Stimme an.

„Sie bekommen gleich eine Ordnungsstrafe in Höhe von 200 €, wenn Sie noch einmal die Stimme erheben", drohte er. Das war der Punkt, an dem ich endgültig die Fassung verlor. Wortlos stand ich auf, öffnete die Tür des Verhandlungsraums und knallte sie von außen zu.

Die Beklagte verlässt ohne Genehmigung des Richters den Raum und wirft dabei die Tür relativ laut zu. Daraufhin wird über sie wegen ungebührlichen Verhaltens gegenüber dem Richter eine Beugestrafe in Höhe von 200 € verhängt.

Ich war kochend vor Wut. Ich musste nicht lügen, und nun unterstellte mir der Richter das! Auf dem Gang ging ich auf und ab, dampfend wie ein Teekessel. Nach ein paar Minuten hatte ich mich wieder etwas beruhigt und betrat den Verhandlungsraum erneut.

Der Richter betrachtete mich durch seine Brille mit einer Miene, als hätte er ein Schulkind beim Schummeln erwischt. *„Sie bekommen jetzt die Ordnungsstrafe von 200 €"*, verkündete er mit ernster Stimme. *„Die werde ich mir gerade noch leisten können"*, entgegnete ich schnippisch. *„Entschuldigen Sie sich"*, forderte er mich auf. Da musste ich tatsächlich schmunzeln, da ich mich wie im Kindergarten fühlte. Meine Entschuldigung, die ich mit einem leichten Grinsen äußerte, quittierte der Richter mit: *„Es bleibt bei den 200 €!"*

Und so wurde die Verhandlung auf April 2019 verschoben – als ob die ganze Situation nicht schon grotesk genug wäre.

Am nächsten Tag suchte ich früher als geplant die Psychiaterin auf, um ihr von der gestrigen Verhandlung zu berichten. Ich erzählte ihr, wie der Richter mich einer Lüge bezichtigt hatte, was dazu führte, dass ich wortlos den Verhandlungssaal verließ – und dafür 200 Euro Ordnungsstrafe erhielt! Ziemlich teurer Abgang!

Sie entschuldigte sich und erklärte, dass sie nicht über mich, sondern über das Gesicht des Richters geschmunzelt hatte, schließlich hatte er so eine Reaktion sicher noch nie erlebt. Sie fügte hinzu, dass sie mir bei der nächsten Verhandlung sicherheitshalber eine Art Notfalltablette verschreiben würde. Außerdem würde sie mir ein Schreiben mitgeben, das bescheinigt, dass ich momentan meine Wutausbrüche nicht ganz im Griff habe – ein ärztliches „Wutdiplom", sozusagen. Na gut, wenn schon, denn schon! Übrigens wurden mir die 200 Euro nachgelassen.

Seit einiger Zeit hielt ich mich nicht mehr so oft im Gayboy-Portal auf wie früher. Gelegentlich warf ich jedoch einen Blick hinein, um zu überprüfen, ob Gustavs

Sexpartner ihre Accounts gelöscht hatten. Vielleicht hatte ja der ein oder andere von ihnen eine Warnung erhalten. Aber siehe da, alle schienen noch tatkräftig unterwegs zu sein.

Willyam

Willyam, einer der vielen „Freunde" meines Gatten, meldete sich. Nach unzähligen erfolglosen Versuchen, ihn zu erreichen, schrieb er mir plötzlich und unerwartet: *„Schade, habe deine Nachricht erst jetzt gelesen. Ich habe heute Nachtdienst, da könntest du vorbeikommen."* Natürlich musste ich sofort antworten – endlich die Gelegenheit, Willyam in natura zu erleben! Meine ersten Fragen drehten sich um Details: Ob er einen Sexpartner zum Zusehen habe, ob er Portier in einem Hotel sei, und wo ich ihn finden könnte.

Schnell stellte sich heraus, dass Willyam tatsächlich der Chef einer Rettungsstation in einem Stadtteil von Wels war. Leider, so bedauerte er, könne er im Dienst keinen „Dreier" veranstalten, aber ich könnte es gerne mit ihm allein versuchen. *„Und wie ich das wollte"*, dachte ich mir, *„Du bist der letzte in meiner Sammlung, der mir noch fehlt!"* Mein Mann hatte ihm am 24. September 2015 in

einem Gästebuch-Eintrag auf der Gayboy-Plattform geschrieben: *„War sehr schön, du bist ein sehr guter Bläser!"* Nun wollte ich diesen Kommentar persönlich überprüfen.

Nach einem kurzen Chat, erhielt ich die Adresse. Ich fragte ihn, ob er mir persönlich die Tür öffnen würde oder ob ich nach ihm fragen müsste. *„Nein, nein, ich öffne dir persönlich"*, beruhigte er mich. *„Okay, ich bin in etwa einer Stunde da"*, antwortete ich und machte mich – wie immer perfekt gestylt – auf den Weg. Mit dabei: der Gästebuch-Eintrag, ein Foto meines Mannes, Willyams Profildaten aus dem Gayboy-Portal – alles schön kopiert – und natürlich ein Diktiergerät, das unser Gespräch heimlich aufnehmen würde.

An der angegebenen Adresse angekommen, fand ich ein großes Einfamilienhaus mit der Aufschrift „Rettungsdienst". Es war 20 Uhr, als ich an der Glocke läutete. Ein großer, dicklicher Typ mit kurzen braunen Haaren öffnete mir die Tür und stellte sich leise als Willyam vor. Ich gab mich wie bei den anderen Liebhabern meines Gatten als „Andrea" aus. Er bat mich herein und war offensichtlich erfreut über mein Aussehen, was er mir umgehend mit einer Flut von Komplimenten mitteilte. *„Du wirst dich gleich wundern, Freundchen", dachte ich, „deine Vorstellung, mich zu bumsen, wird dir vergehen, wenn ich dir sage, warum ich wirklich hier bin."*

Nach ein paar Stufen erreichten wir sein Büro – ein Raum mit drei Monitoren, einem großen Schreibtisch, einem Bundesherr-Bett aus Stahl, einer Kaffeemaschine und einem Handwaschbecken. Ich setzte mich gegenüber dem Bett auf einen Sessel, während Willyam, der in Wirklichkeit Julius heißt, schräg gegenüber Platz nahm. Er erklärte, dass wir uns noch etwas gedulden müssten, weil die „Chefität" noch kurz im Haus sei. *„Ja, ja, ich habe Zeit bis morgen früh"*, antwortete ich gelassen. Kaum hatte ich das gesagt, traten zwei Männer ein, begrüßten mich mit Handschlag, besprachen kurz etwas Dienstliches und verschwanden wieder.

Jetzt saß ich also da, allein mit dem „guten Bläser" Willyam, der ungefähr in meinem Alter war. Wie sollte ich anfangen? Wie erkläre ich ihm, warum ich wirklich hier bin? Im Hintergrund spielte „Skandal im Sperrbezirk" von der Spider Murphy Gang im Radio. Ich fragte Willyam, wie lange er „das" schon mache. Er begann zu erzählen, dass er schon lange im Rettungsdienst tätig sei, aber ich unterbrach ihn schnell: *„NEIN, ich meinte dein homoerotisches Leben."*

Er stutzte kurz und erzählte dann, dass er seit der Schulzeit ein Doppelleben führe. *„Wahnsinn, so lange schon? Und das hast du alles vor deiner Familie geheim gehalten?"* fragte ich erstaunt. *„Ja"*, antwortete er, *„ich bin verheiratet und habe zwei Kinder, aber die sind schon aus dem Haus."*

Dann fragte er mich, wie ich auf die Gayboy-Plattform gestoßen sei. *„Durch meinen Mann"*, sagte ich kurz und bündig. *„Wow, das ist aber geil! Weiß dein Mann, dass du dich auch mit anderen Männern triffst?"* *„Nein, das weiß er nicht"*, entgegnete ich. *„Aber du kennst meinen Mann sehr gut. Es ist zwar schon eine Weile her, aber du hast ihm schon mal einen geblasen."* Willyam schaute mich erst fragend an, war kurz sprachlos, bevor er stammelte: *„Wie soll ich das jetzt verstehen?"*

„Ganz einfach", sagte ich, *„ich werde dich als Zeugen vor Gericht laden. Lange hast du dich geziert, aber am Ende habe ich auch dich erwischt. Du bist nicht der Einzige."*

Seine Nervosität war nicht zu übersehen. Er rutschte immer tiefer auf seinem Bürostuhl hin und her, bis er fast eine Liegeposition eingenommen hatte. *„Aber ich kenne deinen Mann ja gar nicht! Wie sieht er aus?"* fragte er verzweifelt. *„Das wusste ich, dass diese Frage kommt"*, dachte ich mir und zeigte ihm das Foto meines Mannes. *„Buhh... es kann sein, aber es kann auch nicht sein. Er kommt mir nicht bekannt vor"*, flüsterte er.

„Dann wirst du das so vor Gericht aussagen", bestimmte ich. *„Außerdem schreibt mein Mann niemanden in ein Gästebuch, dass er ein guter Bläser sei, wenn er den Oralverkehr nicht in Anspruch genommen hätte."* Ich konnte meinen Zorn kaum verbergen. *„Wirklich, wirklich! Ich belüge dich nicht! Ich verspreche, ich mache das nie wieder! Aber bitte, können wir das nicht anders regeln?"* bettelte er fast weinerlich. *„Wenn du mit ‚anders regeln' Geld meinst, dann NEIN, ich brauche keines."*

„Bitte, bitte! Wenn meine Frau das erfährt, was soll ich ihr sagen, wenn plötzlich ein Brief vom Gericht kommt?" Ach, sagte ich, in Bezug auf Lügen müsstest du doch nach all den Jahren schon ein Profi sein! *„Bitte, bitte, kannst du mich da nicht raushalten? Ich habe Familie und meine Arbeitskollegen wissen auch nicht, dass ich auch mit Männern verkehre. Da verliere ich meinen Job und meine Familie. Was muss ich tun, damit du mich da raushältst?*

Ich verspreche dir hoch und heilig, ich mache das nie wieder! Aber bitte, lade mich nicht vor Gericht!"

„Pass mal auf, ich muss auf mich und meine Kinder schauen. Ich kann keine Rücksicht auf deine Probleme nehmen", entgegnete ich, als er sich vor mir in einen Schatten seiner selbst verwandelte. Es war, als würde ich ihm mit jedem Wort Zentimeter für Zentimeter an Größe rauben, während ich selbst innerlich zu einer meterhohen Moralapostel-Statue anwuchs.

Da saß ich also, im Moralpredigt-Modus und voller Überzeugung, dass ich ihn mit meinen Worten zu einem Häufchen Asche reduzieren könnte – zumindest, wenn dies ein Fantasyfilm wäre. *„Was bist du nur für ein Dreckschwein!"*, fauchte ich. *„Wenn deine Frau wüsste, was du da für ein Doppelleben führst, würde sie dir die Koffer vor die Tür stellen. Deine Kinder? Die würden dich mit Nichtachtung strafen und sich wahrscheinlich für einen neuen Vater bewerben!"*

Sein Blick wurde glasig, als wäre er geradewegs in einen schlechten Film über den Untergang eines Ehelebens geraten. Ich legte noch eine Schippe drauf: *„Und wo, bitte schön, treibst du es mit deinen männlichen Liebhabern?"* Kleinlaut kam seine Antwort: *„Im Büro oder zu Hause, wenn meine Frau nicht da ist."*

Mein Gesichtsausdruck sprach Bände: Ekel, Wut und eine Prise „Das-kann-doch-nicht-wahr-sein" mischten sich in mir zusammen. Der Gedanke, dass er das Ehebett mit seiner Frau abends teilte, nachdem er tagsüber seine „Abenteuer" erlebt hatte, war fast zu viel.

Ich las ihm die Leviten so laut, dass er mehrmals nervös zur Bürotür schielte. *„Leise, bitte"*, flehte er, *„es sind noch Kollegen im Haus."* Doch das hielt mich nicht ab. In meinem Kopf spielte ich plötzlich die Rolle einer schlagfertigen Talkshow-Gastgeberin, die gerade die Exklusivstory des Jahres aufdeckte.

Was hatte dieser Fremde an sich, dass er mich so auf die Palme brachte? Ich war doch keine Richterin, kein Moralapostel – und doch konnte ich einfach nicht aufhören.

Warum war ich so zornig? Diese Frage schob ich beiseite, während ich mir vorstellte, wie seine Frau ihn küsste, nichtsahnend, dass er die Tage vielleicht im buchstäblichen Regenbogenland verbrachte.

Er sah inzwischen aus, als könnte er sich jeden Moment in Luft auflösen, und sein ständiger Blick auf die Uhr verriet, dass er hoffte, ich würde bald verschwinden. Doch das war das letzte, was ich vorhatte. *„Gibt's hier keinen Kaffee? Ich brauche jetzt dringend einen Kaffee!"*, verlangte ich, und er sprang auf, als hätte ich ihn mit einer imaginären Fernbedienung auf Turbo geschaltet. *„Natürlich, wie soll der Kaffee sein?"* fragte er kniefällig, fast schon zu servil.

„Mit Milch, ohne Zucker, und ein Glas Wasser – aber bitte eiskalt!", fügte ich hinzu, als wäre ich eine anspruchsvolle Diva, die im größten Palast der Welt bedient werden wollte. Er hastete davon, als hätte ich ihm einen Befehl erteilt, den er nur unter Lebensgefahr ignorieren könnte. Als er mit dem Kaffee zurückkam, überreichte er mir die Tasse mit einer so unterwürfigen Geste, dass ich fast erwartete, er würde auf die Knie fallen und mir seine ewige Ergebenheit schwören.

Es war, als hätte er gerade seine Seele verkauft, und sich noch nicht ganz sicher war, ob er damit einen guten Deal gemacht hatte. Ich nahm den Kaffee entgegen, während er nervös neben mir stand und seinen Blick immer wieder zur Uhr richtete, als würde er hoffen, dass die Zeit auf magische Weise schneller verging.

Ich beobachtete, wie dieser optische Riese sich plötzlich in einen unsichtbaren Zwerg verwandelte. Das erinnerte mich an Gustav, und ich unterdrückte ein Schmunzeln. Schließlich war dieser Julius alias Willyam nichts weiter als ein überdimensionaler Gartenzwerg, der nun unter dem Teppich kroch.

Er entschuldigte sich zum tausendsten Mal und schwor, seine „Neigung" nie wieder auszuleben. Das Thema war doch nicht seine Neigung, sondern der große Betrug gegenüber seiner Frau, einer Frau, die wahrscheinlich gerade im Ikea neue Vorhänge für ihr trautes Heim aussuchte, während er... naja, du weißt schon.

Zum Abschied konnte ich es mir nicht verkneifen, noch einen letzten Hieb zu landen: *„Ich überlege es mir, ob ich deine kleine Geheimidentität enthülle und dich vor Gericht laden lasse. Deinen richtigen Namen brauchst du mir nicht zu verraten, den finde ich sowieso heraus."* Kaum hatte ich die Worte ausgesprochen, sah ich förmlich, wie ihm das Blut aus dem Gesicht wich.

Seine Haltung sackte weiter in sich zusammen, die Maske, die er sich mühsam aufgesetzt hatte, war jetzt endgültig hinüber. In diesem Moment war er kein hochgewachsener Mann mehr, der gerade noch geglaubt hatte, mich zu verführen; er hatte versucht, sich zu verteidigen, doch er war zu einem kleinen, zitternden Haufen Unsicherheit geworden, der verzweifelt nach einem Ausweg suchte. Doch es gab keinen. Mein Satz war wie der letzte Tropfen, der das Fass zum Überlaufen brachte, und nun konnte er nur noch hoffen, dass ich mein Versprechen nicht wahrmachen würde.

Es war fast schon komisch, wie sich die Machtverhältnisse verschoben hatten – er, der geglaubt hatte, das Spiel zu leiten, und ich, die ihn jetzt mit einem einzigen Satz in die Knie gezwungen hatte. Während er da stand, innerlich schmelzend wie Butter in der Sonne, konnte ich nicht anders, als die Absurdität der Situation zu genießen. Die Lektion? Manchmal sind die Karten ganz anders verteilt, als man denkt.

Es war fast zu einfach gewesen, ihm den Boden unter den Füßen wegzuziehen, aber gleichzeitig spürte ich die Macht, die ich in diesem Moment hatte. Und ich wusste, dass ich sie gar nicht mehr auszuspielen brauchte, er hatte längst verloren.

Kaum war ich aus der Tür, setzte ich mich ins Auto und loggte mich bei „Gayboy" ein, um zu sehen, ob seine Seite tatsächlich gelöscht war. Natürlich war sie das. So schnell, als hätte er versucht, ein schlechtes Geheimnis unter den Teppich zu kehren, in der Hoffnung, dass niemand jemals wieder danach suchen würde. Doch als ich die Leere seines Profils sah, konnte ich mir nur vorstellen, wie er panisch auf „Löschen" geklickt hatte, während der Schweiß ihm von der Stirn tropfte. Ein kleines, unnötiges Manöver, denn der Schaden war längst angerichtet.

Als er mir auf meinem „Gay-Handy" (ja, das hatte ich wirklich so genannt) schrieb, dass er das Profil gelöscht hatte, konnte ich mir ein Grinsen nicht verkneifen. *„Brav"*, schrieb ich zurück, fast schon wie eine strenge Lehrerin, die ihrem Schüler ein „Gut gemacht" ins Heft stempelt.

Letztlich entschied ich mich, ihn nicht vor Gericht zu zerren – vielleicht aus Mitleid, oder vielleicht, weil die ganze Geschichte sich bereits wie eine Szene aus einer absurden Komödie anfühlte, in der jeder seine Rolle spielte. Wer hätte gedacht, dass der Weg zur Scheidung so viel Unterhaltung bieten könnte?

Bevor es noch im selben Jahr mit der Unterhaltsverhandlung weiterging, spürte ich, dass ich dringend eine Auszeit brauchte. Der ganze Stress und die ständige Anspannung hatten mich ausgezehrt, und ich wusste, dass ich Abstand gewinnen musste, um wieder klar denken zu können. Also packte ich meine Sachen und flog mit den Kindern nach Teneriffa.

Kaum war ich weit weg vom Geschehen, merkte ich, wie gut mir die Distanz tat. Die warmen Sonnenstrahlen, das

Rauschen des Meeres und die unbeschwerte Zeit mit meinen Kindern halfen mir, einen Teil des Ballasts abzuwerfen, der sich in den letzten Monaten aufgestaut hatte.

Zu Hause hatte ich mich gefangen gefühlt, ständig auf der Jagd nach neuen Beweisen, um gegen meinen bisexuellen Mann vorzugehen. Es war, als wäre ich in einem endlosen Kreislauf gefangen, immer darauf bedacht, den nächsten Schritt in diesem zermürbenden Spiel nicht zu verpassen. Doch hier, weit weg von all dem, konnte ich endlich die Ruhe genießen, die ich so dringend gebraucht hatte. Es war eine dringend nötige Flucht, eine Chance, meine Kräfte zu sammeln.

Kapitel 7 „Reise leicht: 8 kg Gepäck, 80 kg Drama"

„Pause im Kopfkino"

Zwischen den endlosen Scheidungsverhandlungen und Anwaltsbriefen musste ich einfach mal raus. Also plante ich akribisch: Hostels, Karneval in Rio, Uruguay, Peru, Chile, Argentinien und weil's passt, eine Kreuzfahrt zu den Antillen. Schließlich, wenn schon Flucht, dann mit Stil und Cocktails. Aber egal, wie gut ich alles vorbereitete, mein Kopfkino buchte anscheinend auch ein Ticket.

Ich wollte in Gegenden, die möglichst weit weg von der Realität schienen. Reisen war meine Methode, zumindest für eine Weile zu vergessen, dass mein Leben in etwa so chaotisch war wie die Papiere auf dem Schreibtisch meines Anwalts.

Lucy und Osvaldo, meine Freunde aus Costa Rica, machten mir ein unwiderstehliches Angebot: *„Komm zu uns und bleib, solange du willst!"* Wer sagt da nein? Es klang nach der perfekten Flucht – und mal ehrlich, meine Gedanken waren lästiger als ein Dauergast ohne Einladung.

Abends saß ich oft stundenlang am Laptop, nicht weil es nötig war, sondern um das Einschlafen zu vermeiden. Denn im Bett warteten die Gedanken – wie ein schlecht getimter Horrorfilm. Mein treuer Verbündeter? Die gute alte Zeit, die ja angeblich alle Wunden heilt.

Mein fünfmonatiger Domizilwechsel

Ganz nach dem Motto: „Reise ins Ungewisse – sowohl geographisch als auch emotional."

Mexiko – Willkommen im Roadtrip der Extreme

Nach einem entspannten Start mit der Familie im traumhaften Pool-Hotel ging's ab zu den Maya-Ruinen von Chichen Itza. Doch der eigentliche Kulturschock wartete unterwegs: Mitten auf der Straße lag ein lebloser Körper. Unser Fahrer? Der zuckte nicht mal mit der Wimper und fuhr einfach weiter. Für ihn war das wohl nur der typische „Montag in Mexiko". Ich saß hinten im Auto und fragte mich, ob das hier vielleicht zum touristischen Erlebnisprogramm gehörte. Willkommen in Mexiko, wo Abenteuer und Schockmomente Hand in Hand gehen!

Miami: Hostel-Chaos

Nach dem Mexiko-Urlaub landete ich in Miami. Lucy und Osvaldo boten mir an, bei ihnen zu wohnen, aber ich wollte das echte Backpacker-Feeling. Also ab ins Hostel am Ocean Drive: Bett Nr. 10 in einem wackeligen Drei-Etagen-Bett, umgeben von Koffern und Chaos. Die Klimaanlage? Ein Föhn auf Höchststufe direkt ins Gesicht.

Pitbull hatte seinen „I ❤ 305"-Club eröffnet, und ich hatte keine Ahnung, wer er war. Neben mir stand Flo Rida mit einer Sonnenbrille, als wäre er aus einem Comic gefallen.

Schnell gegoogelt – Überraschung: Ich kannte ihre Hits. Die Songs waren besser, als ich erwartet hatte!

Mit Lucy und Osvaldo tourte ich durch Miami. Der Clubbesuch fiel ins Wasser, weil sie ihren Enkel Ismael dabei hatten. Babysitten statt Partymachen – ist wohl das neue „In", aber immerhin für einen Moment war die Scheidung vergessen.

Costa Rica: Dschungel-Idylle und karibische Entspannung

Am 20. Januar flogen wir nach Costa Rica – ein Land wie ein Naturfilm, nur ohne Werbeunterbrechungen. Ein Muss: Lucys Farm, eine Holzhütte tief im Regenwald, ohne Strom, aber mit frischem Wasser aus dem Bach. Das volle Dschungel-Erlebnis – Camping mit mehr Papageien und weniger Handyempfang.

Hier ist es friedlich, Kolibris und Tukane schwirren herum, abends leuchtet der Dschungel dank Glühwürmchen, als wäre ich in einem kitschigen Naturfilm.

Nach dem „Natur pur"-Programm gönnten wir uns ein Wochenende in Bocas del Toro, Panama – vom Dschungel direkt an den karibischen Strand, um das Abenteuer mit ein bisschen Entspannung abzurunden.

Panama - Bocas del Toro: Von Kakerlaken und Wahrsagern

Auf dem Weg nach Bocas del Toro machten Lucy, Osvaldo und ich Halt in einem „Apartment" in Limón – wobei „Apartment" schon fast eine Beleidigung war. Mein „Zimmer"? So winzig, dass ich mich wie eine Raupe ins Bett schlängeln musste. Das Highlight: Eine Kakerlake, die sich als Mitbewohner vorstellte. Zum Glück erledigte Lucy das Viech mit ihrer Schuhsohle. Schlafen? Kaum noch möglich.

Am Morgen entschädigte mich die Natur mit Kolibris und Schmetterlingen. Nach dem Frühstück in Puerto Viejo ging's weiter nach Panama. Die berühmte wackelige Brücke? Wurde restauriert. Also ab ins Wassertaxi nach Bocas, wo ich vom Balkon Seesterne und Rochen bewundern konnte.

In einem Inselrestaurant gab's den besten Lobster meines Lebens, und ein Handleser namens „Captain Sparrow" prophezeite mir die Bisexualität meines Noch-Gatten und eine Scheidung mit langem Rechtsstreit – wie wusste der das bloß? „Spuki" beschreibt es nicht mal ansatzweise. Den Rest des Tages verbrachten wir entspannt am Strand, bevor es weiter nach Barbados ging – ein Abenteuer jagt das nächste.

Die kleinen Antillen

Die Kreuzfahrt begann mit einer ausgiebigen Erkundung des Buffets – Kalorien? Egal, hier wird geschlemmt, als gäbe es keinen Morgen! Während „Orinoco Flow" von Enya uns bei jedem Ablegen begleitet, wird auf den Inseln tagsüber fleißig erkundet, abends schaukeln wir gemütlich über die Wellen.

Grenada begrüßte uns mit einem Adrenalinkick: Einheimische stürzten sich todesmutig von Wasserfällen, während wir sicher zuschauten. Auf einer Farm probierten wir frischen Alkohol und Muskatnüsse – und endeten mit „herbem" Iguana-Eintopf. Die Erkenntnis, dass das Hauptgericht Leguan war, sorgte für schlagartig verlorenen Appetit.

Guadeloupe brachte einen Guide im „Bundeswehr-Stil" mit sich, der uns in karibischer Zweierreihe formieren wollte – doch die bunten Fische unter dem Glasboden entschädigten für die strenge Begrüßung.

Bonaire beeindruckte mit pinken Salinen und Verkehrsschildern wie „Achtung Esel" und „Achtung Taucher". Am Strand gab es statt Sand längliche Steine, die aussahen wie Penne-Nudeln – ein kulinarisch inspiriertes Landschaftsdesign?

Antigua feierten wir mit einem entspannten Katamaran-Ausflug zum 70. Geburtstag meiner Mutter – bis die Erkenntnis über die Bisexualität meines Noch-Gatten dem Tag einen „besonderen" Twist gab.

St. Vincent und die Piraten-Kulissen entführten uns in die Welt von Jack Sparrow, auch wenn Johnny Depp leider nicht auftauchte. Dafür endete der Tag mit einem malerischen Sonnenuntergang – perfekt.

Aruba versprach Abenteuer unter Wasser, aber unser U-Boot-Trip bot eher das „Unterwasser-Testbild-Erlebnis" mit vereinzelten Statistenfischen.

Curacao begeisterte mit pastellfarbenen Häusern und einer schaukelnden Pontonbrücke, die den perfekten Rhythmus zur Karibik vorgab. Mitten in meiner Tiefenentspannung vibrierte mein Handy: Nachricht vom Anwalt. Natürlich. Selbst in den Tropen entkommt man nicht dem juristischen Wahnsinn. Aber zumindest konnte ich dabei die Füße im türkisblauen Wasser baumeln lassen.

Nach der Kreuzfahrt blieb ich noch drei Tage länger in Barbados, um das Freiheitsgefühl voll auszukosten – während meine Mutter bereits den Heimflug antrat. Ein Abenteuer nach dem anderen – mit ein paar unerwarteten „Beigaben".

Nach 14 Tagen AIDA-Luxus stand ich plötzlich mit meinem Rucksack in Barbados – tropischer Schweißausbruch inklusive. Mein Apartment? Laut Booking.com „bequem zu Fuß erreichbar". Die Realität? Heiße Hölle! Der erste Einheimische warnte mich: „Zu Fuß? Auf keinen Fall!" Klar, wollte mir ein Taxi andrehen. Aber ich war stur. Marathon-Tempo, nur um wieder schweißnass am Hafen zu landen – das Apartment? Wie vom Erdboden verschluckt.

Nach einer halben Ewigkeit erbarmte sich eine Zollbeamtin und rief die Vermieterin an. Anita, meine Vermieterin, holte mich ab – und was für eine Erscheinung, sie war eine visuelle Sensation, die einem die Sprache verschlug. Mit ihrer dunkelhäutigen Haut, knallpinken Leggings und einem „Dragoner", auf dem man mühelos ein Glas Sekt hätte abstellen können, schritt sie auf mich zu. Ihre Figur war so extravagant, dass ich mir vorstellte, dass sie in ihrer Freizeit wahrscheinlich in einem Zirkus als menschliche Kanone arbeiten könnte.

Sie führte mich zu ihrem Auto, das auf jeden Fall den Titel „Beste Rostlaube des Jahres" gewonnen hätte, wenn es einen offiziellen Wettbewerb dafür gäbe. Der alte, weiße Toyota fühlte sich an wie ein Kunstwerk aus dem „Museum der rostigen Relikte" – und das nicht ohne Grund. Der Kofferraum, der unter einer dicken Schicht Rost hervorblitzte, wurde mit einem Gummiband zusammengehalten. Ich vermutete, dass das Band nicht nur dazu diente, den Kofferraum zusammenzuhalten, sondern auch, um zu verhindern, dass er sich aus eigenem Willen aufmacht und auf eine unfreiwillige Abenteuerreise geht.

Die hintere Tür war das Meisterwerk der Ingenieurskunst – nur von innen zu öffnen, wenn man das Gummiband, das zwischen den Türgriffen gespannt war, mühsam löste oder das Fenster offen war. Ein genialer Plan, um die Gelegenheitsdiebe davon zu überzeugen, dass es in diesem

Auto nichts zu stehlen gab, außer vielleicht ein paar verwitterter Schaumstoffteile und ein Hauch von nostalgischem Schrottplatz-Flair.

Die Sitze? Nun, sie waren mehr mit Schaumstoff als mit Polsterung ausgestattet, was mir das Gefühl gab, direkt auf einem klumpigen, schaumstoffgefüllten Sofa zu sitzen. Der Beifahrersitz war mit einem orangefarbenen Handtuch bedeckt, anscheinend Anitas Versuch, dem verlebten Fahrzeug einen Hauch von „frisch gewaschen" zu verleihen.

Während ich mich auf den Beifahrersitz setzte, schwang sich Anita mit einer eleganten Bewegung auf den Fahrersitz, und ich schwöre, das Auto machte einen Satz nach unten – fast so, als ob es plötzlich in den "Tiefgang-Modus" wechseln wollte. Das Knirschen und Ächzen der „Rostlaube" klang, als ob sie sich entschlossen hätte, uns nicht nur von Punkt A nach Punkt B zu bringen, sondern direkt ins letzte Jahrzehnt zu katapultieren. Die „Rostlaube" war so stark durchgerostet, dass man sie kaum noch von der Straße unterscheiden konnte.

Der Beifahrerfußboden bot einen direkten Blick auf die Straße darunter – ein etwa 30 cm großes Rostloch, durch das man die Straße in ihrer ganzen Schotter-Glorie betrachten konnte. Es war, als würde man auf einem transparenten Teppichboden mit eingebautem "off-road"-Feature sitzen. In unserer Heimat würde man so ein Auto höchstens noch auf dem Schrottplatz finden – und hier war es immer noch auf der Straße, als wäre es das neueste Modell der „Stone Age Classics"-Kollektion.

Ich betete inständig, dass die Räder nicht anfangen würden, an den Kotflügeln zu schleifen und uns damit eine Art „Karibik-Trommel-Beat" zu bescheren. Die „Rostlaube" ächzte und knirschte bei jedem Meter, als ob sie uns in einem filmreifen „Abenteuer von Jurassic Park" transportieren wollte, ein Fahrzeug aus der Ära der Familie Feuerstein, bei dem man beim Fahren noch mitlaufen musste.

Und so begann unsere Fahrt, eine epische Reise in einem rollenden Museum der Vergangenheit. Es fühlte sich an, als würden wir in einem fahrenden Relikt aus einer längst vergangenen Ära sitzen, in dem jede Unebenheit der Straße ein weiteres Kapitel der automobilen Steinzeitgeschichte erzählte. Aber das war wohl genau der Charme dieses „historischen Gefährts": Es machte den „Rostlaube"-Roadtrip zu einem echten Abenteuer, das man so schnell nicht vergessen würde.

Die Fahrt fühlte sich endlos an. Das Meer? Verschwunden. Stattdessen Kühe, Ziegen und Hühner auf Yoga-Übungen in der prallen Sonne. Mein „Apartment" entpuppte sich als Bruchbude, die mich fassungslos machte: Das Bett sah aus wie aus einem Märchen, aber eher aus der Gruselabteilung. Duschen? Ein Survival-Training mit einem ominösen Kabel. Eines war sicher: Hier würde ich keine drei Tage überleben.

Am nächsten Morgen entkam ich in einen „Chickenbus" – voll mit Menschen, Hühnern und einer Ziege. Ein Highlight: Das Glöckchen-Seil als Stop-Knopf. Als ich endlich in ein vernünftiges Apartment kam, nur fünf Schritte vom Strand entfernt, war die Erleichterung riesig. Der Rum-Punsch an der Bar half gegen Zahnschmerzen – zumindest, bis ich schielend auf dem Klo landete. Aber hey, das Zahnweh war weg!

Mit leichtem Kater, aber voller Abenteuerlust, ging's zum Flughafen – nächster Stopp: Costa Rica, dann Peru. Machu Picchu wartete, und ich war bereit!

Peru: Abenteuer und Ablenkung von der Scheidung

Gleich nach der Landung in Cusco schnappte ich mir ein Taxi – eine „Abgastherapie" vom Feinsten. Natürlich stoppte der Fahrer bei einem Tourbüro für seine Provision, aber die Preise waren so gut, dass ich sofort Touren nach Machu Picchu, zum Regenbogenberg und Titicacasee buchte. Ein kleiner Lichtblick inmitten meines Scheidungskriegs, dachte ich mir.

Am selben Tag machte ich eine Hop-on-Hop-off-Tour, die bei einem „Hokuspokus-Schamanen" endete. Er „reinigte" uns mit Rauch, und ich saß mitten in der Wolke, fühlte mich wie ein gegrilltes Stück Speck. Wir sollten 3 Blätter ins Feuer werfen und uns etwas wünschen. Natürlich widmete ich einen Wunsch meinem Nochmann, Rache muss sein!

Das Hostel? Sauber, kein Schnarchen – kleine Siege zählen. Um 4 Uhr ging es los zum Machu Picchu. Mein Guide Horche managte alles wie ein Profi. Nach abenteuerlichen Fahrten durch die Berge und entlang eines Flusses kam ich endlich an, doch nach fünf Stunden Berg-Bestaunen hatte ich genug. Machu Picchu stand auf meiner Bucket-List, und dieser Punkt war abzuhaken. Doch was ich nicht auf der Liste hatte, war die Atemlosigkeit bei 5.000 Metern Höhe, in den Regenbogenbergen. Schon in Cusco hatte ich nach jeder Dusche das Gefühl, einen Marathon hinter mir zu haben. Rauf zu den Rainbow Mountain mit ein paar Coca-Blätter und einer Höhentablette. Der Ausblick? Weiß. Alles in Nebel gehüllt. Der Rückweg war dann mit Regen und rutschigen Abgründen gespickt – perfekt, um die Scheidung mal kurz zu vergessen, wenn man ständig um sein Leben bangt. Es war tatsächlich Leben am Limit.

In Puno angekommen, begann das Touristenprogramm: Uru-Inseln, Schilfhäuser – schön anzusehen, aber ich fragte mich, wie die Einheimischen trotz Fisch und Enten so dick sein konnten. Nach dem Inseltrip stieß ich auf den San Pedro Market – ein olfaktorisches Abenteuer. Die Frösche, denen lebendig die Haut abgezogen wurde, und der Frosch-Smoothie? Nein, danke. Ich hatte schon genug „Exotisches" gesehen.

Mein Cusco-Abenteuer endete mit Flugchaos: Mein Flug nach Chile wurde gecancelt, und ohne WLAN am Flughafen gab's auch keine Boardingpässe. Ich traf Abby, die mich rettete, indem sie mit mir durch die Stadt irrte, um irgendwo WLAN aufzutreiben. Beim Mittagessen ging es, wie könnte es anders sein – um meine Scheidung. Ein echter Dauerbrenner, auch auf Reisen. Bevor wir uns verabschiedeten, schenkte mir Abby einen türkisfarbenen Glücksstein. Ich lächelte – vielleicht würde er mir ja bei der Scheidung Glück bringen.

Chile: Städtetrubel und Überlebensstrategien

Santiago begrüßte mich mit einem Uber-Fahrer, der wohl dachte, ich hätte eine Stadtrundfahrt gebucht. Nach dem dritten Umweg und meinem wiederholten Hinweis, dass ich zur *Plaza de Armas* will, war er endlich überzeugt, extra kassieren wollte er natürlich auch noch. Fehlanzeige!

Am nächsten Tag ging's zum Berg San Christobal mit der Madonna-Statue. Die Hitze war mörderisch, und während ich schweißgebadet den Berg hochstapfte, fragte ich mich ernsthaft, warum ich das tue. Oben angekommen, feierte ich meine Ankunft mit einer Seilbahnfahrt – und weigerte mich, wieder auszusteigen um noch eine Runde zu drehen. Kleine Siege machen das Leben schöner!

Valparaíso am nächsten Tag war eine echte Künstlerstadt – bunt, lebendig und voller Charme. Überall Street Art, als wären die Häuserwände riesige Leinwände. Die steilen Straßen und unzähligen Treppen forderten zwar meinen Kreislauf heraus, aber die Aussicht von oben entschädigte für alles.

Uruguay - Von „Giftlern" und Schnarch-Serenaden

Im Hostel in Montevideo war es ruhig, bis fünf schnarchende Typen das Zimmer eroberten. Mein „Pssst!" war natürlich wirkungslos. Überall in der Stadt sah ich Leute, die an ihren Mate-Thermos nuckelten. Und ich dachte nur: „Drogen!?" Mate-Trinken ist hier ein Ritual, fast wie ein geheiligtes Gruppenprojekt, bei dem jeder am selben Strohhalm zieht, ob 15 oder 90 jährig.

Ich besuchte das Museum über den Flugzeugabsturz der Rugby-Mannschaft in den Anden. Die Geschichte der Überlebenden machte mich nachdenklich. Wenn die in der Wildnis überlebt haben, dann konnte ich wohl auch diesen Scheidungsprozess überstehen. Irgendwie fühlte sich meine eigene „Überlebensgeschichte" plötzlich gar nicht mehr so dramatisch an. Na gut, fast nicht. Auf nach Argentinien – Buenos Aires.

Argentinien: Tango, Proteste und Steakträume

Buenos Aires – ein wilder Mix aus Europa und Chaos. Die Stadt ist wie ein Patchwork aus Pariser Boulevards und Straßenprotesten, und ich mittendrin. Im Bocas-Viertel, wo Maradona seinen Zauber wirken ließ, fühle ich mich sofort zuhause. Ein Tango-Abend musste natürlich sein, die Funken flogen, und ich genoss das Drama hautnah.

Am nächsten Morgen gerate ich direkt in eine Demo – laute Trommeln, Zuwanderer-Proteste, und ich mittendrin im Ausnahmezustand. Da war der Friedhof La Recoleta eine willkommene Ruhepause, Evita Peróns Grab inklusive. Und abends? Steak, das auf der Zunge zergeht, für gerade mal 15 Dollar. Buenos Aires – ich komme wieder!

Brasilien: Glitzer, Karneval und Chaos pur

Rio ist heiß, chaotisch und mitten im Karneval – ich bin im absoluten Glitzerrausch! Die *Blocos* (Straßenpartys) sind ein einziges Tohuwabohu, und ich tauche völlig getarnt in Glitzer und Federn in die Menge ein, um nicht sofort als Touri-Opfer identifiziert zu werden. Überall um mich herum wird wild geknutscht, Männer mit Männer, Frauen mit Frauen, und ich halte lieber etwas Abstand – man weiß ja nie, was hier noch so alles passieren könnte.

Homoerotische Paare, wohin man auch sieht. Ich dachte schon, ganz Rio ist... naja, anders gepolt. Aber in dieser Stadt herrscht wirklich Freiheit pur, jeder scheint einfach das zu tun, was er will, ohne Schranken.

Ganz ehrlich, hier hätte mein Noch-Mann wahrscheinlich seine wahre Bestimmung gefunden.

Natürlich habe ich die Klassiker auch abgehakt: Copacabana, Zuckerhut, Corcovado – die Aussicht war atemberaubend. Fast so wie meine Ehe, nur dass die Aussicht auf die Scheidung leider nicht so schön ist wie diese Berge hier. Aber nach ein paar *Caipirinhas* war selbst das schnell vergessen.

Kuba: Zeitreise im Oldtimer

Havanna ist eine Mischung aus 60er-Jahre-Charme und Alltagstrubel. Mein Apartment? Minimalistisch – „Kleine Fluten" inklusive. Internet ist hier purer Luxus, also gibt's WLAN-Hotspots nur im Park, wo sich die Leute wie Motten um Lichtquellen sammeln. Ich komme mir vor wie in einem realen Oldtimer-Museum.

Die Fahrt nach Varadero enttäuscht: ein „Traumstrand" voller Quallen und vertrockneter Landschaft. Mein Fazit: Kuba ist spannend, aber vier Tage reichen – dann hat man genug von hupenden Oldtimern und kalten Duschen.

Panama City: Aufdringliche Taxifahrer

Kaum in Panama City, lande ich im Taxi eines gefühlt 70-jährigen „48-Jährigen", der mir schnell klarmacht: „Linda… sex is beautiful." Ich ändere das Thema auf seine Kinder und schaffe es heil ins Hostel – Kakerlaken inklusive. Am nächsten Morgen geht's raus, auf zur Erkundungstour! Der Panama-Kanal ist riesig, und die Stadt hat Charme.

Hier buche ich einen Segeltrip nach Kolumbien. Abenteuer pur. Mit einem bunten Haufen von Reisenden.

Endlich geht's los – rein ins Boot, das für die nächsten fünf Tage unser schwimmendes Zuhause sein wird. „Nur das Nötigste", hieß es – klingt einfach, aber Schuhe abgeben? Na gut, wenn's sein muss. Die Kabinenverteilung? Klar, die Paare bekommen ihre Zweisitzer, und die „Single-Lounge" besteht aus mir, Rosie - der Engländerin, und Reto aus der Schweiz. Wir teilen uns ein Bett. Praktisch – Kuschelmodus inklusive.

Noch bevor wir den Hafen verlassen, gibt's eine Liste an Regeln: Duschen nur abends und draußen, 15 Sekunden Frischwasser pro Nase, gefühlt die kürzeste Duschparty meines Lebens. Die Toilette? Man muss selbst pumpen, nostalgisch rustikal. Der Captain, über 70 und braungebrannt wie eine Karamellstange, gibt uns dann noch die Tour über's Boot, unterstützt von seiner Crew: Ein schielender Koch und ein Handlanger, der mehr Seemann als Matrose ist. Später merke ich, dass unser Captain hin und wieder vergisst, wo wir eigentlich hinwollen… ach, Abenteuer pur!

Die ersten Stunden auf See laufen gut, bis die Wellen stärker werden und der „Abenteuer-Charme" plötzlich wie weggeblasen ist. Die Leute um mich herum hängen über der Reling und opfern ihr Frühstück, als gäbe es kein Morgen. Ich frage mich, wie ich das fünf Tage aushalten soll, und mein Hintern mutiert langsam zur „verkrampften Schnecke" – Yoga für Anfänger, live auf hoher See.

Schlafen an Deck scheint die bessere Wahl, denn in den Kajüten riecht es… nun ja, wie ein feucht-modriges Turnschuhlager. Zum Glück ist die Karibikromantik in meiner Vorstellung noch intakt: Palmen, türkisblaues Wasser und Sonnenuntergänge. Die Realität? Ein schaukelndes Boot, Grautöne und Regen, der über die Reling schwappt. Willkommen im echten Karibikleben!

Irgendwann tauchen tatsächlich Inseln auf, winzige Sandflecken mit Palmen wie aus einem Bilderbuch. Wir legen an, und die Crew verhandelt mit Einheimischen, die Langusten und einen riesigen Fisch verkaufen. Als Captain Julius dann die Langusten mit einem beherzten Stich ins Herz erledigt, frage ich mich ernsthaft, ob ich das später wirklich essen kann, aber hey, hier geht's ums Überleben. Am Ende landen die Krustentiere auf dem Tisch, und ich entscheide mich, lieber Reis zu genießen.

Nach der ersten Nacht mit schnarchenden Crewmitgliedern über meiner Kajüte weckt mich der Sonnenaufgang. Palmen, kristallklares Wasser, ein Traum. Wir landen auf der „Immigration-Insel", wo wir uns im Bikini durch den Zoll schlängeln. Der Beamte begrüßt mich mit einem „You are Paula from Austria" – ob er die Pässe wirklich auswendig kann?

Schnell zurück an Bord, und das nächste Abenteuer ruft: der Sprung ins türkisblaue Wasser. Aber das wahre Abenteuer? Duschen an Bord – eine olympische Disziplin, die keiner kennt. Es läuft so: Man springt mit Bikini ins Meer, macht die Haare nass, klettert wie ein nasser Otter aufs Boot, schäumt sich ein, hopst wieder ins Wasser, spült den Schaum ab und kraxelt erneut aufs Boot. Dann folgt der Balsam, rein ins Haar, wieder ab ins Meer, Balsam auswaschen. Zurück an Bord? Klar, aber nur für den großen Showdown: 15 glorreich erkämpfte Sekunden mit dem Frischwasserschlauch!

Das Ergebnis? Nicht ganz das Gefühl einer luxuriösen Wellness-Dusche, aber hey – der Sand ist weg, das Salz auch, und man hat ganz nebenbei ein Boot-Crossfit-Programm hinter sich gebracht. Wer braucht schon ein Spa, wenn man mit dieser Nummer zur nächsten „Navy SEAL"-Mission bereit ist?

Danach schippern wir an einsamen Inseln vorbei, so schön, dass sie direkt aus einem Katalog stammen könnten. Aber ein Daueraufenthalt? Wohl eher nichts für mich –

spätestens der Plastikmüll erinnert mich daran, dass auch das Paradies seine Schattenseiten hat.

Zurück auf See wird es ruhiger, und beim nächsten Stopp auf einer menschenleeren Insel genieße ich den „Robinson Crusoe"-Moment. Mein Highlight: die Entdeckung von angeschwemmten Flip-Flops in verschiedenen Farben – mein neues, asymmetrisches Schuhwerk für die Inselerkundung.

Nach ein paar Tagen auf dem Kutter merke ich: Es geht nicht ohne Kompromisse. Wasser, Platz und Privatsphäre sind Mangelware. Die Crew ist freundlich, aber einige Mitreisende manchmal unfreiwillig komisch, wie der Schwede, der ungeniert ins Meer pinkelt oder seine Mahlzeiten so „kreativ" genießt, dass ich meinen Appetit verliere. Die „Big Brother"-Atmosphäre an Bord hat definitiv Unterhaltungswert. Das Mädchen aus der US-Gruppe hat das Motto „Back to the Roots" wohl etwas zu wörtlich genommen, so viel Achselhaar, dass man fast meinen könnte, sie hätte ein Eichhörnchen im Schwitzkasten. Ganz ehrlich, da weiß man nicht, wo man hingucken soll… oder besser gesagt, wo man lieber nicht hingucken will!

Als wir endlich Cartagena erreichen, bin ich heilfroh, festen Boden unter den Füßen zu haben und die Chance auf ein echtes Bett. Doch irgendwie hat das Abenteuer doch seinen Reiz – vielleicht probiere ich es nächstes Mal mit meinem Sohn. Denn am Ende bleibt: Die Mischung aus Romantik und Wahnsinn macht die Karibik so unvergesslich.

Cartagena, Kolumbien

Reto und ich teilen uns ein Taxi, und nachdem ich ihn bei seinem Hostel absetze, checke ich in mein charmantes Altstadt-Hostel ein. Nach einer erfrischenden Dusche entdecke ich beim Erkunden der Stadt zufällig ein Hard Rock Café, der Kontrast könnte nicht größer sein! Abends treffe ich mich mit meinen Segeltörn-Mitreisenden in einer

Bar, genieße die Straßenkünstler und kehre gegen 23 Uhr zurück ins Hostel. Ein kurzer Chat mit meiner Tochter Viola und wenig Schlaf später klingelt um 4:40 Uhr der Wecker – der Dschungel in Leticia ruft!

Im Taxi hätte ich stutzig werden sollen, als mich der Fahrer bat, vorne einzusteigen. Er fragte nach meinem Familienstand, und als ich „verheiratet" antwortete, meinte er nur: „Macht nichts, du kannst einen in Austria und einen hier haben." Danach gab's nur noch Luftküsse und ein „hermosa", und ich dachte mir: „Jo, is scho recht…"

Am Flughafen läuft alles glatt, aber in Bogotá habe ich 12 Stunden Wartezeit. Also schlafe ich direkt am Flughafen, ein Reise-Klassiker.

Kolumbien Amazonas – Leticia: Das echte Abenteuer beginnt

Schon bei der Ankunft in Leticia fühlte ich mich wie in einer anderen Welt. Der „Flughafen" war winzig, und das „Gepäckband" schlängelte sich durch die Halle wie eine schlecht geplante Rutschbahn. Draußen schrien die Taxifahrer „Taxi, Taxi" wie in einer Endlosschleife, ein richtiges Mantra. Zum Glück hatte mein Tour-Agent mich abgeholt, was sich bald als genauso abenteuerlich herausstellte. Mein Tour-Agent taucht mit einem Moped auf, und mein Abenteuer startet direkt mit einer kuriosen Fahrt auf der „Kraxn". Die erste Lektion: Nimm's locker – du bist im Dschungel!

Die Flussfahrt und die Einsamkeit

Der Amazonas begrüßte mich mit einem kleinen Holzboot, das einen Lärm machte, als würde ein kaputter Rasenmäher am Heck hängen. Wir tuckerten los, mein Guide, der Kapitän, sein sechsjähriger Sohn und ich. Ich schaute mich um: Wo waren die anderen Tourgäste? Oh, Moment... es gab keine anderen! Ein kurzer Moment des Zweifelns schlich sich ein: War das eine gute Idee? Aber hey, jetzt war ich hier – was sollte schon passieren? Höchstens die Schlagzeile: *„Touristin verschollen im Amazonas – letztes Lebenszeichen: Delfin-Selfie."*

Das Dorf Gamboa – die Realität trifft

Das erste Dorf, das ich besuche, erinnert eher an eine Freiluft-Version von „The Sims": Großvater freundlich, Großmutter mürrisch, und alle Tiere sind so dürr, dass sie aussehen wie wandelnde Skelette. Besonders schlimm trifft es den kleinen Affen, der von den Kindern wie ein lebendes Spielzeug behandelt wird.

Moskitos: Die wahren Herrscher des Amazonas

Mitten im Dschungel lerne ich die wahren Herrscher des Amazonas kennen: Moskitos, Ameisen und andere blutrünstige Viecher. Die Moskitos sehen mich als All-you-can-eat-Buffet und starten eine Attacke, gegen die mein Gelsenspray nur als Aperitif dient. Mit wilden Handbewegungen kämpfe ich gegen die Plagegeister, und mein Guide scheint es nicht einmal zu bemerken. Der Dschungel hat mich offiziell begrüßt.

Amazonas-BBQ

Das Highlight: Piranha-Fischen! Mit einem Bambusstab und Hühnerhaut als Köder locke ich die zahnigen Gesellen an. Meine Fantasie läuft Amok, als ich gefragt werde, ob ich ins Wasser springen will – genau da, wo die Piranhas nur darauf warten, zuzubeißen. Ich lehne höflich ab und freue mich, später ein paar dieser „Leckerbissen" auf dem Grill zu sehen. Der Geschmack? Sagen wir mal, die Gräten waren definitiv das dominierende Erlebnis.

Die Nächte in der Hängematte

Die Nächte im Dschungel sind wie ein Konzert aus tausend Geräuschen – und du mittendrin, in einer Hängematte, eingewickelt wie ein Kokon, immer bereit für das nächste „Kriechtier", das an dir vorbeiwandern könnte. Schlaf? Eher Fehlanzeige.

Hygiene im Dschungel: Ein „Fluss-Fusion-Erlebnis"

Das Essen und die Hygiene hier? Ein echtes Highlight. Alles, wirklich alles, wurde mit und in dem Flusswasser erledigt: Geschirr spülen, Wäsche waschen, Zähneputzen, der Toilettgang, sogar für den Kaffee wurde das Flusswasser verwendet. Ich nannte es „Kaffee à la Klo-Spülung". Santé!

Tierischer-Dschungel

Der Amazonas hat wirklich eine unglaubliche Tierwelt. Rosa Delfine tauchten plötzlich neben uns auf, als hätten sie sich nicht für eine Farbe entscheiden können, und die Papageien kreischten, als wären sie die wahren Stars des Dschungels. Der Höhepunkt? Eine Anakonda, die seelenruhig an uns vorbeizog. Der Guide fing dann auch noch einen Kaiman, mit bloßen Händen.

Zurück zur „Zivilisation

Nach fünf Tagen voller Dschungel-Action freute ich mich auf das WLAN in Leticia. Doch natürlich kam es anders: Stromausfall! Ich verpasste die Nachricht, dass mein Flug verschoben wurde, und saß prompt für 18 Stunden am Flughafen fest. Man kann nie genug Abenteuer haben, oder?

Guatemala; Antigua - Die turbulente Reise

Nach einer Stunde Verspätung bin ich endlich im Flieger Richtung Cancún. Kaum gelandet, geht der Zirkus los: Übergepäck. 5 kg zu viel, und dafür wollen sie 75 USD. Nicht mit mir! Ich packe meinen Rucksack aus, schichte Kleidung übereinander, und wickle mich in mein Handtuch ein. Jetzt sehe ich aus wie eine verschwitzte Zwiebel bei 30 Grad, aber die Waage passt! Die Blicke der anderen Passagiere? Purer Neid auf meinen neuen, hochfunktionalen „Look".

Nächster Stopp: Einreiseprobleme. Angeblich bin ich „Tschechin ohne Rückflugticket". Nein, Leute – Austria, nicht Czechia! Nach einer verwirrenden Diskussion gibt's grünes Licht, und ich bin endlich auf dem Weg nach Guatemala City.

Antigua: Von lilafarbenen Kutten und skurrilen Dealern

Um 13:20 Uhr betrete ich schließlich guatemaltekischen Boden und nehme ein Collectivo nach Antigua. Die Stadt ist ein koloniales Bilderbuch: Bunte Häuser, kleine Cafés, barocke Kirchen, oder was von ihnen übrig ist. Der Verkehr ist allerdings die Hölle, denn überall sind Oster Prozessionen und Sperren. Endlich im Hostel angekommen, stürze ich mich direkt ins Getümmel. Überall Männer in lila Kutten, Frauen in Trachten, und jede Straße wird zur Bühne für religiöse Rituale.

Mein Highlight? Eine ältere Dame mit einem Körbchen auf dem Kopf, die plötzlich ihren Mantel öffnet, aber statt Exhibitionismus bietet sie Pilze, Gras und Kokain an. Antigua: die Stadt der Überraschungen!

Osterwoche: Lila Kutten, lila Rituale

Es ist Osterwoche, und in Antigua herrscht ein Spektakel sondergleichen. Die Straßen sind mit kunstvollen Blumen- und Sandteppichen geschmückt, während „Cäsar" und „Augustus" hoch zu Ross durch die Stadt stolzieren. Riesige Gestelle mit christlichen Figuren werden von Männern in Kutten durch die Menge geschleppt, und die Luft ist so dick vom Weihrauch, dass es mehr nach „olfaktorischem Angriff" als nach spiritueller Erleuchtung riecht.

Auch die Frauen tragen schwere Gestelle, wahrscheinlich Maria und Co., aber was genau da abläuft, entgeht mir, Religion war nie mein Steckenpferd.

Trotz allem: Die Energie in der Stadt ist ansteckend. Auch wenn ich die Details nicht verstehe, die Hingabe und das Herzblut der Menschen beeindrucken mich. Ich lasse mich von der lebendigen, farbenfrohen Atmosphäre mitreißen und spüre, wie sehr diese Kultur von Festlichkeit und Gemeinschaft lebt.

Eine Begegnung mit dem Vulkan

Zurück im Hostel freue ich mich auf die ersehnte Dusche, bis ich meinen Rucksack öffne und einen Geruch wahrnehme, der mich an feuchte, vergessene Keller erinnert. Zum Glück gibt es eine Wäscherei. Drei Stunden später duften meine Klamotten wieder wie frisch aus der Blumenwiese, Krise abgewendet.

Am nächsten Morgen starte ich den Tag mit einem Schlemmerfrühstück. Plötzlich grollt es. Gewitter? Fehlanzeige. Es ist der Pacaya, einer der aktivsten Vulkane der Welt, der gemütlich Rauch ausspuckt. Ah, das Grollen hat also seinen Ursprung!

Tikal: Der Aufstieg zum Sonnenaufgang und Brüllaffen-Drama

Der nächste Tag beginnt um 2:45 Uhr – der Shuttle nach Tikal wartet. Dort angekommen, wandern wir durch die Dunkelheit. Der Guide erzählt stolz von seiner Begegnung mit einem Puma. Ich beschließe, zügig zu gehen – bloß nicht die Letzte sein, die hinterherläuft. Nach 40 Minuten und einem endlosen Aufstieg zu Tempel IV stehe ich endlich oben. Atemlos, aber die Aussicht lohnt sich: Über den Baumkronen erheben sich Tempel, und die Sonne schiebt sich langsam empor.

Plötzlich hören wir ein Brüllen – erst aus der Ferne, dann direkt neben uns. Die Panik steht uns ins Gesicht geschrieben, fest überzeugt, dass gleich Raubkatzen zum Dinner bitten. Ich sehe mich schon in den Schlagzeilen: „Touristengruppe von Dschungelbewohnern verspeist!" Dann die Entwarnung: Es sind nur Brüllaffen. Tja, die Natur liebt es, uns mal eben das Herz in die Hose rutschen zu lassen. Diese Affen klingen wie wütende Löwen – beeindruckend, aber zum Glück eher auf Lärm als auf Lunch aus.

Nach vier Tagen habe ich es endlich geschafft, den Namen „Semuc Champey" zu merken. Morgen geht es weiter – und ich freue mich schon auf das nächste Abenteuer.

Die Welt ist voller Überraschungen, und ich bin gespannt, was mich in Semuc Champey erwartet – wenn ich den Namen nicht doch wieder vergesse!

Semuc Champey

Nach einer holprigen Taxifahrt auf der Ladefläche eines Pickups lande ich endlich in meinem Hostel, einer runden Holzhütte mit Strohdach und sieben Stockbetten. Luxus? Fehlanzeige, aber ich bin ja nicht zum Entspannen hier. Ich verstaue mein Gepäck und mache mich zur Bar auf, denn dort gibt es als einzigem Ort WLAN – das unverzichtbare Lebenselixier eines jeden Reisenden.

Semuc Champey, die berühmten Naturpools. Wir zwängen uns zu elft auf die Ladefläche eines Pickups und schaukeln über Schotterpisten durch den Dschungel. Links und rechts: einfache Holzhütten, Kinder in zerrissener Kleidung, die mit Plastikflaschen spielen. Die Armut ist überall spürbar, und es ist schwer, sich vorzustellen, wie diese Kinder hier eine Zukunft haben sollen.

Im Park angekommen, bahnen wir uns den Weg durch dichten Dschungel, begleitet vom Rauschen eines Wasserfalls. Der Blick auf die Pools lockt – aber erst nach

500 Metern Stufensteigen. Die Hitze drückt, aber dann kam ich oben an und blickte auf diese türkisblauen Pools. Plötzlich machte alles Sinn. Der Anblick war paradiesisch, fast wie die Idee, dass diese Scheidung eines Tages tatsächlich zu Ende sein könnte. Die Belohnung: ein Sprung ins kühle Nass. Das Gefühl ist herrlich, bis mich plötzlich kleine Fische an den Füßen knabbern – erinnert an die Thai-Fuß-Spas, aber hier habe ich nicht darum gebeten! Nach einer Weile gewöhne ich mich an das Kribbeln, und es wird fast entspannend… fast.

Weiter geht's in eine dunkle Wasserhöhle, und unsere einzigen Lichtquellen sind Kerzen. Ein Abenteuer pur: kriechend durch enge Felsöffnungen, von schwindelerregenden Schaukeln in die Dunkelheit springen – mein Adrenalinpegel steigt. Und während ich mich von Wasserfällen ins Nichts stürze, frage ich mich: „Warum mache ich das eigentlich?" Doch irgendwie hat das Mulmige auch seinen Reiz.

Der Tag endete dann entspannt auf dem Fluss, mit einem riesigen Schwimmreifen, während die Sonne unterging. Es war dieser Moment völliger Ruhe, wo man einfach mal nichts tun muss – und trotzdem irgendwo ankommt. Vielleicht genau das, was ich mir für den Scheidungskrieg wünsche: ein bisschen weniger Rudern, ein bisschen mehr Treibenlassen, und hoffen, dass ich am Ende an einem besseren Ufer anlege. Aber bis dahin? Lieber noch ein paar Runden im Dschungel drehen. Wenigstens gibt's da kein Gericht.

Zurück in Costa Rica - Ein Zwischenstopp in Brasilito

Nach einer fast sechsstündigen Busfahrt erreiche ich Brasilito, wo ich dringend ein paar Tage Strand brauche, Urlaub vom Urlaub sozusagen. Die Vorfreude wird jedoch abrupt gebremst, als ich das Hotel betrete, das Lucy für mich gebucht hat. Für 30 USD pro Nacht hatte ich zumindest etwas Komfort erwartet, doch das, was mich hier erwartet, ist eher eine Zeitreise zurück in die 70er. Und zwar nicht im coolen Retro-Style, sondern in der „Wer hat hier die Uhr angehalten?"-Version.

Das Zimmer ist eine Katastrophe: Ein winziger Röhrenfernseher, der mehr Staub als Bild zeigt, drei Betten im Wettbewerb um den Titel „Härteste Matratze des Jahrhunderts", und ein alter Kühlschrank, der offenbar seit Elvis' Zeiten nicht mehr gewartet wurde. Die Wände in aggressivem Orange wirken, als hätten sie schon einen Burnout hinter sich. Der wahre Schatz verbirgt sich jedoch unter den Betten: eine Staubschicht, die wie ein prähistorisches Relikt wirkt. Das Badezimmer? Lieber nicht drüber reden.

Das Hotel wird von einem ausgewanderten Schweizer geführt, der offenbar die Zeit und seine Gäste verloren hat – ich scheine der einzige hier zu sein. Kein Wunder.

Die Nacht verläuft, sagen wir, „historisch" – dank der Matratze aus dem letzten Jahrhundert schlafe ich kaum. Um 3:45 Uhr klingelt das Telefon, eine unbekannte Nummer. Wer auch immer das ist, ich hebe bestimmt nicht ab! Schließlich gebe ich um 5 Uhr auf und suche nach einem schattigen Platz am Strand. Nach fast zwei Stunden Marsch finde ich endlich einen Baum, ein Moment des Triumphes, den ich mit einem stillen „Danke, Natur!" feiere. Doch die Hitze ist unerbittlich. Bei 42 Grad und gefühlten 100% Luftfeuchtigkeit verwandelt sich jeder Schritt in einen schweißtreibenden Marathon. Nach drei Stunden gebe ich auf und flüchte zurück ins Hotel. Der einzige Lichtblick? Ein winziger Pool. Dort verbringe ich den Tag, bis ich um 14 Uhr ins klimatisierte Zimmer flüchte und, oh Wunder, in einen tiefen Schlaf falle. Als ich aufwache, ist es bereits 18 Uhr. Der Tag ist fast vorbei, und ich genieße die wenigen verbleibenden Sonnenstrahlen.

Mein Anwalt hat mir auch geschrieben: Ein Gerichtstermin steht Ende Mai an. Ist das „die große Verhandlung" oder nur eine Zwischenetappe? Um meine Nervosität zu lindern, checke ich die Aktivität der Zeugen auf der Gayboy-

Plattform. Einer hat mir tatsächlich geschrieben und will mich wiedersehen. Mit einem selbstzufriedenen „BALD…" antworte ich und grinse vor mich hin. Der wird sich noch wundern!

Am nächsten Morgen, erstaunlich früh für costa-ricanische Verhältnisse, frühstücken Lucy, Osvaldo und ich gemeinsam, bevor wir verschiedene Strände erkunden. Der perfekte Vormittag: Sonne, Meer und einfach treiben lassen. Am Nachmittag geht's zurück nach San José, wo ich mich endlich der wichtigsten Aufgabe widme, die Wäsche. Danach schmiede ich neue Reisepläne. Wo es als Nächstes hingeht? Noch etwas Zeit war da, und die verflog ohnehin viel zu schnell. Außerdem musste ich noch etwas Energie tanken, bevor es zurück ins „Kriegsgebiet" ging – aka die nächste Verhandlung.

Nicaragua: Vulkan-Action und Strand-Desaster

Mit dem Tica Bus ging's für 20 Euro von Costa Rica nach Granada, Nicaragua – ein Flug hätte 400 Dollar gekostet, also Bus. An der Grenze wurde ich von Geldwechslern umzingelt, aber alles lief glatt: Pass stempeln, 14 Dollar zahlen, fertig. In Granada kam ich um 22 Uhr an, das Hostel war kühl, aber draußen erwarteten mich am nächsten Morgen 40 Grad Hitze – „angenehm", laut dem Rezeptionisten.

Am Nachmittag stand die Vulkan-Tour an. Großartige Aussicht, aber die Schwefeldämpfe waren alles andere als romantisch, T-Shirt vor die Nase und durchhalten.

Tags darauf weiter nach Madera, mit einem Shuttle über holprige Pisten. Das Hostel? Renovierungsbedürftig, aber der Blick aufs Meer war unschlagbar. Der Sonnenuntergang und das 13-Dollar-Dinner aus Meeresfrüchten und Steak machten den Tag perfekt.

Am Strand hieß es dann: steiler Abstieg, brütende Sonne, kein Schatten. Ich kühlte mich in einer selbstgegrabenen

Wasserlache. Der Rückweg? Quälender Aufstieg bei 39 Grad. Danach blieb ich klugerweise am Pool und überließ den Rest den Abenteurern.

Grenzübergänge und der Charme der „Chickenbusse"

Der Rückweg nach Costa Rica ist ein weiteres Abenteuer im „Chickenbus" – rustikal, aber für 1 Dollar pro Fahrt kann man nicht meckern. Händler steigen ein und aus, als wäre der Bus ein rollender Markt. An der Grenze verläuft alles wie im Eilverfahren: Zwei Schalter, Stempel, weiter zu Fuß nach Costa Rica. Die Busfahrt nach San José ist lang, aber entspannt. Dort verbringe ich die letzten fünf Tage vor meinem Heimflug im Mai, ein riesiges Danke an Lucy und Osvaldo für ihre Gastfreundschaft!

Wieder zurück in Wels

Das Überraschungsfrühstück in einer Cafeteria war ein voller Erfolg. Meine Mutter holte mich heimlich vom Flughafen ab, und die Kids hatten keine Ahnung, dass ich zurück war. Während sie in die Speisekarte vertieft waren, setzte ich mich einfach dazu. Zuerst bemerkten sie mich nicht, dann – große Augen, ein freudiges „Mamaaa!" und eine stürmische Umarmung. In diesem Moment schien die Zeit stillzustehen. Ich wusste: Der Rosenkrieg kann weitergehen, ich bin aufgeladen wie ein frischer Akku!

In drei Tagen geht es los, kein Stress und keine Vorbereitung nötig. Ich habe die besten „Waffen" dabei – echte Erinnerungen. Mein Abenteuerfilm im Kopf ist so lebendig, dass ich ihn jederzeit abspulen könnte. Und das Beste? Ich muss nichts dazu erfinden, es war alles verrückt genug, um es so stehen zu lassen.

Kapitel 8 „5. Verhandlung mit Special Guests"

„Zeugen des Anstoßes: Die Gayboy-Galerie tritt in den Zeugenstand"

Auf dem Gang sitzend, entdeckte ich bereits zwei der Sexpartner meines Gatten. Ihre Nervosität war unverkennbar: Sie wippten mit den Beinen und warfen immer wieder angespannte Blicke zur Tür. Mein Anwalt und ich hielten uns in der Nähe des Gerichtsaals auf und beobachteten die Ankunft meines Noch-Ehemanns Gustav und seines Anwalts. Einer der Zeugen, bekannt aus dem Gayboy-Portal unter dem Namen „Controllmeister", saß auf einer Bank und schüttelte nervös den Kopf, während sein Blick immer wieder zu Gustav wanderte. Die Spannung in der Luft war förmlich greifbar.

Als unser Name aufgerufen wurde, traten wir in den Gerichtssaal ein. Der Richter begann mit einer Entschuldigung: Der Zeuge „Popo 69" könne heute nicht erscheinen, da er sich im Urlaub mit seiner Frau und den Schwiegereltern in Kroatien befinde. Außerdem habe er geäußert, dass er, wenn möglich, auf eine Aussage verzichten möchte, aus Angst, sein Sexualleben öffentlich diskutieren zu müssen. Dieser Hinweis ließ mich schmunzeln – offensichtlich wusste er genau, worum es gehen würde, und verriet sich damit selbst.

Der erste Zeuge, der „Kopfschüttler", wurde in den Raum gerufen. Der Richter wies ihn auf die Wahrheitspflicht hin und betonte, dass falsche Zeugenaussagen strafbar seien. Die Befragung begann mit den üblichen Personaldaten. Dann stellte der Richter die erste entscheidende Frage: *„Kennen Sie jemanden hier im Raum?"* Der Zeuge warf einen nervösen Blick auf Gustav, schüttelte dann den Kopf und antwortete schlicht: *„Nein."*

Der Richter hielt dem Zeugen ein Foto vor, auf dem Gustav klar vor seinem Haus stand. Der Zeuge versuchte, sich herauszureden: *„In der Siedlung gibt es hunderte solcher*

Häuser, genau genommen 543! Wenn auf dem Haus die Nummer 75 steht, dann ist es meines."

Der Richter hakte nach: „Waren oder sind Sie auf der Gayboy-Plattform registriert?" Der Zeuge zögerte: „Das ist schon ewig her." Der Richter fragte präziser: „Was meinen Sie mit ‚ewig'?" Der Zeuge stotterte: „Sehr, sehr lange." Der Richter, mittlerweile ungeduldig, insistierte: „Was genau bedeutet für Sie ‚lange'?" Schließlich gab der „Controllmeister" nach: „Circa drei, vier Monate."

Als der Richter ihn fragte, ob er sich als „Controllmeister" auf dem Forum registriert habe, bestätigte er: „Ja, das ist richtig. Allerdings war ich voriges Jahr noch nicht aktiv auf diesem Forum. Ein Gästebuch wird dort automatisch geführt."

Der Richter las den Eintrag vom Januar 2018 vor: „Intimrasur super, Massage war top und der Abschluss grenzgenial, weiterzuempfehlen!" Dann fragte er den Zeugen, ob dieser Eintrag aus seinem Gästebuch stamme. Der Zeuge bestätigte: „Ja, das stimmt, ich habe teilweise Intimrasuren gemacht."

Der Richter fragte weiter: „Haben Sie Herrn Gustav auf dieser Plattform getroffen?" Der Zeuge zuckte mit den Schultern und sagte: „Ich kann mich nicht erinnern. Das Gesicht kommt mir nicht bekannt vor."

Der Richter bohrte nach: „Kennen Sie diesen Herrn hier?" Gustav, der den Zeugen mit scharfem Blick fixierte, sagte: „Ich wüsste nicht, woher ich Sie kennen sollte." Der Zeuge, jetzt in der Klemme, murmelte: „Ich wüsste auch nicht, woher ich Sie kennen sollte."

Die Spannung im Raum ist jetzt auf ihrem Höhepunkt. Jeder im Raum spürt, dass hier nicht die ganze Wahrheit auf den Tisch kommt – aber das Spiel war noch nicht zu Ende.

Dann war es endgültig vorbei mit dem Versuch, ruhig zu bleiben. Meine Geduld riss. Die Wut in mir brach wie ein Vulkan hervor, und ich konnte meine Zunge nicht länger zügeln. *„Du falsche Sau! Ihr Arschlöcher! Ihr fickt euch gegenseitig und tut hier so, als würdet ihr euch nicht kennen?!"* Meine Stimme hallte durch den Saal, durchzogen von der Verachtung und dem Zorn, die sich in mir aufgestaut hatten. Diese geballte Falschheit auf einem Fleck – es war einfach zu viel.

Ich hörte den Richter nur noch durch einen Nebel. Seine Stimme klang gedämpft, als er mir eine 500-Euro-Ordnungsstrafe aufbrummte. Doch das hielt mich nicht auf. Ich redete weiter, unaufhörlich, meine Worte stürmten wie eine Welle aus Anklagen und Beschimpfungen. Der Richter brüllte, ich solle den Saal sofort verlassen, aber ich reagierte nicht. Mit einem theatralisch erhobenen Zeigefinger wandte ich mich an den Richter, voll dramatischer Inbrunst: „Ich bin noch nicht fertig!" Mein Blick fiel auf den Zeugen und ich ließ alles auf ihn los, was mir seine tratschfreudige Nachbarin einst verraten hatte. Der Richter wiederholte seine Aufforderung, aber ich ignorierte ihn. Ich hatte noch nicht alles gesagt.

Plötzlich brüllte der Richter ein scharfes „RAUS!" in den Raum. Ich hielt inne und sah ihn an, überrascht von seinem hitzigen Ausbruch. Doch ich fühlte mich ruhig, fast gelassen. Ich hatte alles gesagt, was gesagt werden musste. *„In der Ruhe liegt die Kraft"*, sagte ich. *„Ich werde jetzt mein Medikament nehmen und dann den Verhandlungsraum verlassen."* Der Richter, immer noch rot vor Wut, herrschte mich an: *„Das können Sie draußen auf dem Gang nehmen!"* Aber ich blieb stur. *„Nein"*, entgegnete ich. *„Ich nehme es hier und jetzt."*

Mit dem dramatischen Flair einer Oscar-reifen Performance zog ich meine Pillen aus der Tasche und ließ sie vor dem Richter auf den Tisch plumpsen. Die Blicke der Anwesenden wechselten zwischen Verwirrung und Erschütterung, während ich die Tabletten mit einem triumphalen Schluck Wasser herunterspülte. Der Richter, der sich bereits in eine neue Farbe verfärbt hatte, starrte mich nur noch fassungslos an. *„So, jetzt gehe ich."* Mit diesen Worten stand ich auf, ging zur Tür und ließ sie mit einem dröhnenden Knall hinter mir zuschlagen.

Auf dem Flur warteten die beiden anderen Typen von der Gayboy-Plattform. Tom, der sich „Falle" nannte, war kaum wiederzuerkennen – heute sehr adrett gekleidet, fast schon elegant. Als er mich ansprach, sagte er: *„Du solltest dich beruhigen. Man hat alles bis hier hinaus gehört."* Sofort kochte die Wut in mir wieder hoch. *„Hört mal, ihr beiden! Wenn einer von euch genauso lügt wie die schwule Sau da drinnen, dann werde ich euch höchstpersönlich den Arsch aufreißen, ist das klar?!"* brüllte ich. Tom, alias „Falle" blieb erstaunlich ruhig. *„Ich stehe nicht nur auf Männer"*, sagte er gelassen. Ich starrte ihn ungläubig an. *„Wenn man als Mann anderen Männern einen bläst, zählt das für mich definitiv als Zeichen!"*, rief ich. Doch irgendetwas an seiner ruhigen Art und seinem Kärntner Dialekt ließ mich ein wenig abkühlen. Er erklärte, dass er Gustav vielleicht einmal getroffen habe, aber das sei lange her. Er wolle nichts ausschließen, aber sicher sei er sich auch nicht. Ich stand da, immer noch aufgewühlt, aber auch irgendwie entladen. Die ganze Situation war ein Chaos, aber ich hatte meinen Frust herausgeschrien. Jetzt war es Zeit, einen Moment durchzuatmen und nachzudenken.

Der dritte Zeuge, „Supermassage", saß wie versteinert da und starrte auf den Boden, als hätte er Angst, auch nur ein Wort zu sagen. Wahrscheinlich war es besser so. Ich hörte den Richter, wie er den Zeugen entließ und den Kärntner aufrief.

Der „Controllmeister", öffnete die Tür und machte sich bereit zu gehen. Doch ich konnte es nicht lassen und ließ meinem Unmut freien Lauf. Auf dem Gang konfrontierte ich den „Controllmeister" mit einer Reihe von nicht gerade feinen Beschimpfungen. Ich warf ihm Vorwürfe an den Kopf, die sich wie scharfe Pfeile in die Luft bohrten: *„Du* *elender Lügner, du willst mir hier weismachen, dass du Gustav nicht kennst?!"* Meine Stimme hallte durch den Gang, und ich nahm kein Blatt vor den Mund. *„Wir sehen uns nochmal vor Gericht wegen falscher Zeugenaussage!"*

Der „Controllmeister" blieb abrupt stehen und drehte sich langsam um, als wäre er von meinen Worten getroffen worden. Er starrte mich mit weit aufgerissenen Augen an, als ob er die Wucht meiner Beschimpfungen erst jetzt realisierte. In dem Moment drehte sich seine Aufmerksamkeit zu dem anderen Zeugen, „Supermassage". Er fragte hastig: *„Hast du gehört, was sie gerade gesagt hat? Hast du das mitbekommen?"* „Supermassage" zuckte lediglich mit den Schultern. *„Nein, ich war in Gedanken versunken"*, antwortete er gelassen, als ob meine Tiraden ihn nicht im Geringsten interessiert hätten.

Der „Controllmeister" schien sich von der Unbeteiligkeit seines Kollegen noch mehr verunsichert zu fühlen. Mit einem schnellen Schritt verließ er den zweiten Stock, seine Bewegungen zeigten, dass er es eilig hatte, diesem schweißtreibenden Moment zu entkommen. Ich ließ es mir nicht nehmen, ihm noch ein paar kräftige Schimpfwörter hinterherzurufen. Während er die Treppe hinunterstürmte, hallten meine letzten Beschimpfungen wie ein Echo durch den Flur und schienen sich in den Wänden des Gebäudes festzusetzen.

Die Neugierde ließ mich nicht los. Was würde der Kärntner, der als nächster Zeuge aufgerufen wurde, wohl aussagen? Ich konnte nicht anders – ich schob meinen Kopf vorsichtig zwischen Türstock und Tür, um so viel wie möglich von der Verhandlung mitzuhören.

Martin, alias „Supermassage", saß mir genau gegenüber und warf mir einen kurzen Blick zu, bevor er sich wieder auf den Boden konzentrierte. Aber das war mir jetzt völlig gleichgültig. Was er dachte, war für mich nicht mehr von Bedeutung. Die ganze Situation war für mich wie ein Live-Ticker, und ich wollte kein Detail verpassen.

Der Richter begann die Befragung des Kärntners mit seiner gewohnten Routine. *„Kennen Sie jemanden hier im Raum?"* fragte er mit der Professionalität eines Mannes, der wusste, dass jedes Wort Bedeutung hatte. Die Luft war zum Zerreißen gespannt. Der Richter wartete auf eine Antwort. Würde der Kärntner lügen wie der andere Typ? Oder würde er die Wahrheit sagen? Die Spannung war unerträglich, mein Herz schlug schneller.

Der Kärntner antwortete, dass er es nicht ausschließen könne, aber es müsse schon länger her sein. *„Aber die Frau am Gang, die kenne ich",* fügte er hinzu. Der Richter wurde aufmerksam und fragte nach: *„Woher kennen Sie die Frau?"*

Ohne zu zögern antwortete der Kärntner: *„Ja, die hat mir beim Onanieren zugesehen."*

Der Richter schien kurz sprachlos. *„Wie bitte? Was hat sie gemacht? Sie hat ihnen beim Onanieren zugesehen?"*

„Ja, Beim Onanieren hat sie mir zugesehen", wiederholte der Kärntner, als wäre das die selbstverständlichste Sache der Welt.

Der Richter stutzte, offensichtlich verwirrt. *„Jetzt verstehe ich gar nichts mehr. Die Frau hat Ihnen beim Onanieren zugesehen?"*

„Ja", bestätigte der Kärntner, *„in meiner Wohnung. Über Gayboy haben wir uns kennengelernt."*

Der Richter, der noch immer nicht fassen konnte, was er hörte, fragte: *„Gab es sexuellen Kontakt?"*

„Nein", antwortete der Kärntner, *„sie hat nur zugesehen und ist dann wieder gegangen."*

„*Und mit dem Herrn dort?*" fragte der Richter und deutete auf Gustav.

„*Das möchte ich nicht ausschließen*", sagte der Kärntner nochmals.

Der Richter, nun sichtlich verwirrt, fragte erneut: „*Habe ich das richtig verstanden, dass Frau Paula Ihnen beim Masturbieren zugesehen hat?*"

„*Ja*", bestätigte der Kärntner erneut, scheinbar nicht begreifend, wie seltsam die Situation war.

Der Richter schien völlig überfordert, und ich konnte mir lebhaft vorstellen, wie der Kärntner keinerlei Bewusstsein für die bizarre Natur seiner Aussage hatte. Die Vorstellung, dass jemand einfach so beim Masturbieren zugeschaut hatte, war für fast alle Beteiligten ein echter Schock.

Schließlich ergriff mein Anwalt das Wort, um den Richter aufzuklären. Mit ruhiger Stimme erklärte er: „*Frau Paula hat das alles über sich ergehen lassen, um die bürgerlichen Namen und Adressen zu ermitteln. Wir können keine Pseudonyme vor Gericht laden.*"

Ein Moment der Stille folgte, als die Bedeutung dieser Worte im Raum sank. „*Ah, jetzt verstehe ich*", sagte der Richter schließlich, sichtlich erleichtert, dass endlich Klarheit herrschte. „*Keine weiteren Fragen. Der Zeuge ist entlassen.*"

Ich trete von der Tür zurück, während der Richter den dritten Zeugen aufruft. Der Kärntner, der gerade entlassen wurde, wünscht mir noch alles Gute. „*Ich kann jetzt verstehen, wie schlimm es gewesen sein muss, auf das Doppelleben deines Noch-Gatten zu stoßen. Bleib ruhig, es wird schon gut gehen*", sagt er mitfühlend, bevor er im Treppenhaus verschwindet.

Kurz darauf kommt mein Anwalt auf mich zu. *„Wenn Sie sich wieder unter Kontrolle haben, dürfen Sie der Verhandlung weiter beiwohnen"*, sagt er, *„aber Sie sollten sich beim Richter entschuldigen."*

Mit einem leisen „Entschuldigung" gehe ich am Schreibtisch des Richters vorbei. Doch er scheint nichts gehört zu haben und spricht mich mit erhöhter Stimme an: *„Wollen Sie sich nicht entschuldigen?"*

„Hab ich doch gerade", entgegne ich, etwas lauter. Doch er besteht darauf, dass er nichts gehört habe. Also gehe ich direkt zu seinem Schreibtisch, stütze mich mit beiden Händen darauf und beuge mich vor. Der Richter rollt mit seinem Stuhl ein Stück zurück, sichtlich irritiert. *„Wie hätten Sie es denn gerne?"* frage ich. *„Sprechen Sie es vor, und ich werde nachsprechen."*

Er sieht mich ernst an und sagt ruhig: *„Sagen Sie einfach ‚Entschuldigung'."*

„Ich sage einfach Entschuldigung", wiederhole ich, meine Augen fest auf seine gerichtet. Einen Moment lang starren wir uns an. *„Kommt noch was?"* frage ich schließlich.

„Nein, Sie können sich setzen", antwortet er knapp.

Mein Anwalt, der sichtlich bemüht war, die Situation zu entschärfen, stand auf und wandte sich mit einem aufrichtigen, fast beschwichtigenden Blick an den Richter. Er räusperte sich und begann mit einer Entschuldigung, die er vermutlich schon tausend Mal geübt hatte: *„Herr Rat, ich möchte mich noch einmal für das Verhalten meiner Mandantin entschuldigen. Sie befindet sich derzeit in psychologischer Behandlung wegen Anpassungsstörungen."*

Ich konnte nicht anders, als ein schiefes Lächeln auf mein Gesicht zu zaubern. Anpassungsstörungen! Ja, das war wohl eine nette Art, die Tatsache zu kaschieren, dass ich mich wie ein wütender Tornado benommen hatte. Wer hätte sich in meiner Situation nicht wie ein wütender Tornado gefühlt? Mein Anwalt fuhr fort: *„Es ist nicht ungewöhnlich, dass Menschen in solch emotional aufgeladenen Situationen überreagieren. Die Anklage und die ständigen Lügen, die sie ertragen musste, haben sie in eine äußerst angespannte Lage versetzt.“*

Der Richter, der sich offenbar immer noch bemühen musste, seine Fassung zu bewahren, nickte langsam und schien diese Erklärung zumindest teilweise zu akzeptieren. Der Anwalt setzte fort: *„Ich bitte um Nachsicht für meine Mandantin.“* Der Richter nickte abermals und nahm das alles auf. Vielleicht hatte er ein wenig Verständnis, vielleicht auch nicht.

Der dritte Zeuge, bekannt unter dem Namen „Supermassage" im Portal, wurde aufgerufen und nahm Platz. Die vertraute Routine begann. Der Richter stellte die übliche Frage: *„Kennen Sie jemanden hier im Raum?“*

Der Zeuge, antwortete ohne Umschweife: *„Ja, beide.“*

Das sorgte für einen merklichen Anstieg der Spannung im Raum. Der Richter hakte nach: *„Hatten Sie mit jemandem von ihnen sexuellen Kontakt?“*

„Ja, mit ihm“, sagte der Zeuge und deutete auf Gustav, dessen Gesichtsausdruck von Anspannung geprägt war.

Gustav, der bereits nervös in seinem Stuhl hin und her rutschte, konnte sich nicht zurückhalten und fragte mit gespieltem Erstaunen: *„Wo soll das gewesen sein?“*

Der Zeuge, der keinerlei Anzeichen von Unsicherheit zeigte, antwortete ruhig: *„Du wirst dich doch erinnern, dass du ein paar Mal bei mir zu Hause warst.“*

Der Richter, der die Szenerie aufmerksam verfolgte, ergriff das Wort, um die Situation zu klären. *„Ich stelle hier die*

Fragen", mahnte er Gustav streng. Dann wandte er sich wieder dem Zeugen zu. *„Woher kennen Sie die Frau?"*

Der Zeuge, scheinbar unbeeindruckt von der strengen Nachfrage, antwortete gelassen: *„Ich habe die Beklagte massiert. Der Kontakt kam über Gayboy zustande. Jetzt verstehe ich auch, warum sie mich kontaktiert hat. Bei ihr war es eine normale Massage. Mit dem Kläger jedoch kam es zu sexuellen Kontakten, ebenfalls über Gayboy."* Der Zeuge, der ruhig und gefasst blieb, setzte fort: *„Der erste Kontakt war ungefähr vor zwei Jahren, bei mir zu Hause."*

Der Zeuge setzte seine Erklärung fort, als wäre es das Normalste der Welt: *„Die Beklagte hat nicht über den Kläger gesprochen. Wir haben uns nur unterhalten – über Männer. Ich habe mich nur gewundert, warum sie zu einem schwulen Mann zum Massieren kommt. Sie meinte, sie wolle sehen, wie es ist, wenn zwei oder drei Männer miteinander Sex haben."*

Der Richter, der sich bemüht, die Situation zu klären, stellte weiter Fragen, während die Atmosphäre im Gerichtssaal zunehmend geladen war. Die Aussagen des Zeugen hatten eine neue Dimension in den Fall gebracht, die alle Beteiligten beschäftigte.

„Keine weiteren Fragen", sagt der Richter und wendet sich ab. Gustavs Anwalt übernimmt das Wort: *„Sind Sie Masseur?"* *„Manchmal massiere ich"*, entgegnet der Zeuge knapp. Damit ist die Befragung beendet.

Der Richter entlässt den Zeugen und fügt hinzu, dass er die Zeugen Dieter (Popo69) und Knoll nicht mehr brauche. Sofort bestehen Gustav und sein Anwalt darauf, den Zeugen „Popo69" dennoch vorzuladen.

Warum wohl, weil er von Gustav vorgewarnt wurde. Sollte Popo69 versuchen, die Wahrheit zu verdrehen, würde ich nicht zögern, seine Frau darüber zu informieren. Diese Information könnte möglicherweise das gesamte

Kartenhaus seiner Lügen zum Einsturz bringen. Es war mir bewusst, welchen Schock seine Partnerin erleben würde, wenn sie die Wahrheit über sein geheimes Leben erfahren würde. Die Vorstellung, in einer Beziehung mit einem bisexuellen Mann zu leben, der solche tiefen Geheimnisse vor ihr verbarg, war nicht nur betrüblich, sondern auch zutiefst ungerecht. Jeder Mensch verdient es, in einer Beziehung zu leben, in der er oder sie offen und ehrlich sein kann, ohne in den Schatten der Täuschung gefangen zu sein. Die Vorstellung, dass jemand gezwungen ist, in Unkenntnis über die wahre Natur des Partners zu bleiben, war für mich einfach nicht hinnehmbar, ausserdem stahl er mir mit seinem „nicht coming out" viele Jahre meines Lebens.

„Jutta"

Ende Juni, als der Sommer drückend heiß wurde und die Pause in den Scheidungsstreitigkeiten mir kurz Zeit zum Atmen ließ, räumte ich auf dem Dachboden herum. Zwischen alten Kartons und verstaubten Erinnerungen fand ich ein paar Babyalben von Gustavs Tochter, Jutta. Ich hielt die Alben in der Hand und überlegte kurz, was ich damit anfangen sollte. Schließlich schrieb ich ihr über Messenger und fragte, ob sie Interesse an den Fotos habe oder ob ich sie entsorgen solle. Zu meiner Überraschung antwortete sie rasch und freundlich, sie freute sich, dass ich die Alben gefunden hatte und wollte sie gern haben. Ein paar Tage später saßen wir in einem Lokal nahe der Innenstadt. Jutta hatte sich kaum verändert, reifer und erwachsener, ja, aber ihr freundliches Lächeln war dasselbe wie früher. Doch während wir uns unterhielten, brannte in mir eine Frage: Was war 2009 passiert? Warum hatte sie plötzlich den Kontakt abgebrochen? Was war damals zwischen ihr und Gustav vorgefallen?

Wir blätterten gemeinsam durch ihr Babytagebuch, das Gustav damals mit der Akribie eines Tagebuchführers geführt hatte. Die Seiten waren gefüllt mit Erinnerungen und Reflexionen, die von Juttas Geburt an dokumentiert waren. Es war erstaunlich, wie detailliert und persönlich Gustav seine Gedanken festhielt.

Er hatte von der Geburt seiner Tochter geschrieben, über seine ersten Eindrücke und die Freude, die er verspürte. Doch bald darauf wechselte der Ton. Er begann, seine Zweifel und Ängste zu schildern, insbesondere seine Vermutungen, dass Juttas Mutter möglicherweise mit einem anderen Mann geschlafen hatte. Gustav äußerte seine Besorgnis und wie sehr ihn diese Vorstellung quälte. Es war klar, dass seine Unsicherheit und sein Misstrauen ihn belasteten.

Gustav erwähnte auch, dass er eine Hochzeit am Standesamt geplant hatte, die jedoch nie zustande kam. Das war eine Art Hoffnung, die nie Realität wurde, und die Enttäuschung darüber schien aus den Zeilen zu sprechen.

Im weiteren Verlauf der Aufzeichnungen sprach Gustav von einem Lokal, das er damals gekauft hatte. Sein Ziel war es, Jutta und ihrer Mutter eine bessere Zukunft zu bieten. Doch das Geschäft scheiterte kläglich, und er häufte über eine Million Schilling Schulden an. Dies schien einen tiefen finanziellen und emotionalen Druck auf ihn ausgeübt zu haben.

Dann, in einem besonders emotionalen Abschnitt, beschrieb Gustav seine Enttäuschung darüber, dass Juttas Mutter vermutlich bis spät in die Nacht mit einem anderen Mann unterwegs gewesen sei. Er schrieb, dass er nun Konsequenzen ziehen müsse. Seine Worte waren von einer tiefen Verzweiflung geprägt, er hatte alles für Jutta geregelt und nun fühlte er sich gezwungen zu gehen. Die Botschaft war fast so, als hätte er über Selbstmord nachgedacht.

Ich erzählte Jutta von Gustavs Doppelleben, von unserer ersten Begegnung und der Rückreise aus der Steiermark nach Wels. Sie erinnerte sich gut an das Jahr 2007, als wir heirateten. Sie wusste noch, dass ich diejenige war, die sich immer mit ihr beschäftigte, stundenlang in der Küche tratschte, während Gustav entweder im Bett lag und Autorennen schaute oder mit Freunden auf irgendwelchen Motocross-Rennbahnen unterwegs war.

„Er war immer beschäftigt", sagte sie mit einem schwachen Lächeln, *„aber nie mit mir."*

Jutta erzählte weiter, dass sie ihren Vater eines Tages um 2500 Euro für eine Wohnung gebeten hatte. Diese Summe war für sie wichtig, da sie in eine neue, bessere Unterkunft ziehen wollte. Gustav hatte damals behauptet, dass er diese Entscheidung nicht alleine treffen könne und dass er erst mit mir Rücksprache halten müsse. Doch mit hundertprozentiger Sicherheit wusste ich, dass Gustav mich niemals über diese Angelegenheit informiert hatte. Es war klar, dass er in finanziellen Belangen ausschließlich für sich selbst sorgte und nie dazu bereit war, sein Geld für andere Zwecke zu verwenden.

Gustav versprach, sich am nächsten Tag bei Jutta zu melden, um ihr eine Antwort zu geben. Doch diese Zusage blieb nicht mehr als ein leeres Versprechen. Tage vergingen, und Jutta versuchte vergeblich, ihren Vater telefonisch zu erreichen. Er ging nicht ans Telefon, drückte sie weg oder hob erst gar nicht ab. Es war, als hätte er sie aus seinem Leben gelöscht.

„Es war, als ob ich plötzlich nicht mehr existierte", sagte Jutta. Ihre Stimme war voller Enttäuschung, als sie sich an die Zeit zurückerinnerte. *„Er hat mich einfach aus seinem Leben gestrichen, ohne Erklärung oder Rückmeldung."*

Auch ihre Nachrichten auf WhatsApp blieben unbeantwortet. Schließlich, als Wochen vergangen waren, schrieb Jutta ihm eine E-Mail, in der sie ihn als Vater kritisierte.

Gustav erzählte mir eine ganz andere Geschichte. Er behauptete, Jutta habe 5000 Euro von ihm verlangt, und als er ihr diesen Betrag nicht geben konnte, sei sie wutentbrannt gewesen und habe ihn aufs Übelste beschimpft. Dies, so sagte er, sei der Grund gewesen, warum er den Kontakt zu seiner Tochter abgebrochen hatte.

In einer Wirtshausrunde, in der er seine Version der Ereignisse zum Besten gab, erwähnte er sogar, dass er Jutta vor dem Kontaktabbruch eine Stelle bei der Polizei vermittelt habe. Als ich Jutta davon erzählte, brach sie in schallendes Lachen aus. *„Das ist lächerlich"*, sagte sie. *„Ich habe keine 5000 Euro von ihm verlangt. Außerdem bin ich erst 2015 bei der Polizei eingetreten. Gustav hat überhaupt nichts damit zu tun. Das Geld für meine Augenoperation hat der Freund meiner Mutter gezahlt, nicht mein Vater."*

Es war offensichtlich, dass Gustav eine verzerrte und selbstsüchtige Darstellung der Realität präsentierte, um sein eigenes Verhalten zu rechtfertigen und sich als Opfer darzustellen. Die Unterscheidung zwischen Wahrheit und Lüge war klar, und es war schockierend, wie sehr Gustav seine Tochter enttäuscht hatte.

Wir wunderten uns beide über Gustavs verzerrte Wahrnehmung und beschlossen, in Kontakt zu bleiben. Jutta ist schließlich die Schwester von Ruprecht, und vielleicht würde sich irgendwann ein näheres Verhältnis zwischen den beiden oder sogar allen dreien entwickeln.

Die Tage danach verbrachte ich wieder am Seegrundstück. Dieser Ort war mein perfekter Rückzugsort, um mich auf die nächste Runde im „Scheidungskrieg" vorzubereiten. Doch viel schöner war es, die Ruhe zu genießen und die Seele baumeln zu lassen. Ich saß am Ufer, die Füße im kühlen Wasser, und ließ die Gedanken schweifen. Hier, in meinem kleinen Paradies, konnte ich Kraft tanken für das, was noch kommen würde. Es war wieder Zeit, zur Ruhe zu kommen und sich auf die kommenden Herausforderungen zu fokussieren.

„6. Scheidungs- und Unterhaltsverhandlung"

Mein Anwalt und ich trafen uns eine halbe Stunde vor der Verhandlung, bereit für den großen Auftritt. Der Auftrag: meine finanzielle Situation lückenlos offenlegen. Und ich wäre ja nicht ich, wenn ich das nicht ernst genommen hätte, daher kam ich nicht einfach mit ein paar Zetteln, sondern gleich mit einem großen, braunen Reisekoffer. Darin: Ordner über Ordner, fein säuberlich gefüllt mit allen Ausgaben der letzten 23 Jahre. Zusätzlich hatte ich meine finanziellen Höhen und Tiefen in eine Excel-Datei gepackt, die sich auf acht A4-Seiten ausdruckte. Mühevoll aufgelistet, jede Einnahme, jede Ausgabe, vom Kaffeehäferl bis zum Weihnachtsgeschenk für meine Kinder.

Mein Anwalt zog eine Augenbraue hoch, als er meinen Koffer sah, und ich grinste ihn an. „Das ist nur ein kleiner Auszug", sagte ich. Wir beide wussten, dass diese Dokumentation von „einigen Euros" der letzten 23 Jahre alles andere als eine Kleinigkeit war. Kapitel für Kapitel, Beleg für Beleg.

Während wir vor dem Verhandlungsraum saßen und uns leise über den bevorstehenden Schlagabtausch unterhielten, betrat plötzlich der Zeuge „Popo69" die Szene. Da stand er, als hätte er sich extra für diese Vorstellung herausgeputzt: Er stolzierte in braunen, „genagelten" Schuhen, die bei jedem Schritt ein sarkastisches Klackern von sich gaben, gekleidet in einen hau-mich-blauen Anzug und ein strahlend weißes Hemd, das fast blendete. Er setzte sich zwei Stühle von uns entfernt hin. Um den Überraschungseffekt aufrechtzuerhalten, verbarg ich mein Gesicht hinter meinem Haar.

Kurz darauf tauchten Gustav und sein Anwalt auf, und sie hielten vorsichtshalber Abstand – vermutlich um jeglichen freundlichen Kontakt zu vermeiden. Es war mittlerweile 10 Uhr, und der Richter öffnete die Tür zum Verhandlungsraum. Wir nahmen unsere Plätze ein, während der Zeuge „Popo69" gebeten wurde, draußen zu warten.

Nach einer kurzen Einleitung durch den Richter wurde „Popo69" hereingerufen. Er setzte sich auf einen Stuhl, der bewusst abseits von unserem Tisch platziert war – als wäre er eine Gefahr, die man auf Abstand halten musste. Nachdem seine Personalien offiziell aufgenommen waren, begann das Verhör. Alle Augen waren nun auf ihn gerichtet, und die Spannung im Raum war förmlich greifbar.

Der Richter stellte dieselben Fragen wie bei der letzten Verhandlung im Mai. *„Kennen Sie jemanden hier im Raum?"* fragte er.

„Ich kenne den Kläger nicht", antwortete der Zeuge. *„Die Beklagte kommt mir irgendwie bekannt vor, aber ich kann mich nicht erinnern, woher ich sie kenne."* Dann fügte er ohne gefragt zu werde hinzu: *„Ich bin heterosexuell und auf keiner homoerotischen Website angemeldet."* Der Richter hatte genug gehört und gab das Wort an die Parteienvertreter weiter.

Mein Anwalt stellte daraufhin die Frage, ob er auf Gayboy.at registriert sei. *„Nein"*, entgegnete der Zeuge. Als er nochmals gefragt wurde, ob er sich jemals bei Gayboy.at angemeldet habe, sagte er: *„Ich wüsste das nicht, aber ich kann es auch nicht ausschließen"*. Auf die Frage, ob ihm der Username „Popo69" etwas sage, entgegnete er: *„Nein, ich mache jetzt von meinem Entschlagungsrecht Gebrauch, weil ich mir solche Fragen nicht stellen lassen will."*

Um 10:10 Uhr wurde der Zeuge entlassen. Kaum war er zur Tür hinaus, erhielt ich über die Gayboy-Plattform eine Nachricht von ihm: *„Böses Mädchen, arglistiges Mädchen."*
Diese Nachricht war ein klarer Hinweis darauf, dass der

Zeuge nicht die ganze Wahrheit gesagt hatte. Doch trotz dieser Provokation blieb ich ruhig.

Der andere Zeuge, der bereits bei der letzten Verhandlung nicht erschienen war, fehlte auch diesmal wieder. Sein Erwachsenenvertreter erklärte, dass der Zeuge aufgrund einer psychischen Erkrankung nicht in der Lage sei, seine Wohnung zu verlassen.

Es war fast schon ironisch – Die Verhandlung wurde auf Anfang Oktober 2019 verschoben.

Im Anschluss fand die Unterhaltsverhandlung statt, bei der ich diesmal die Klägerin war. Der Richter wandte sich an mich: *„Haben Sie die von mir erteilte Aufgabe erfüllt?"*

„Ja, freilich", antwortete ich. *„Alles ist in dem Koffer – meine Millionen."*

„Was, das haben Sie jetzt in bar mit?" fragte der Richter ungläubig.

„Nein, in Ausgaben, Rechnungen", erwiderte ich. Der Richter verdrehte die Augen. *„Haben Sie die Unterlagen bezüglich der Erbschaften mitgebracht?"* fragte er weiter.

„Ja, habe ich", sagte ich, *„aber ich werde diese nur Ihnen zeigen, jedoch nicht der Beklagtenseite."*

Der Richter erinnerte mich daran, dass diese Vorgehensweise im Hinblick auf die Wahrung der Parteienrechte nicht vorgesehen sei. Jede Einschränkung meiner Beweisführung würde der freien Beweiswürdigung unterliegen.

„Was haben Sie denn genau geerbt?" fragte der Richter weiter.

„Ich habe von meinen Großeltern etwa 310.000 Euro erhalten", antwortete ich, während ich bemerkte, wie Gustav alles mitschrieb. Spontan wandte ich mich an den Richter und sagte: *„Sie können das hier abbrechen. Ich werde keine weiteren Aussagen mehr tätigen. Es geht meinen Mann und seinen Anwalt nichts an, von wem ich was erhalten habe. Er schreibt ja alles mit – das geht gar nicht."*

Der Richter beschloss, die Vernehmung abrupt zu unterbrechen. *„Beide Parteien"*, verkündete er mit einem Hauch genervter Autorität in der Stimme, *„werden aufgefordert, binnen vier Wochen die entsprechenden Aktenzahlen vorzulegen."* Dabei fixierte er uns mit einem durchdringenden Blick, der deutlich machte, dass er keine Geduld mehr für unser Hin und Her hatte. *„Es entsteht der Eindruck, dass hier taktiert wird – auf beiden Seiten. Niemand scheint bereit zu sein, vorhandenes Wissen vollständig offenzulegen."* In diesem Punkt hatte er vollkommen Recht.

Der Raum war voller Spannung – man hätte meinen können, die Wände selbst lauschten mit. Klar war nur eins: Das war erst der Anfang. Der Kriegsschauplatz würde sich noch oft verändern, aber das Ziel blieb dasselbe. Aufgeben? Kam für mich nicht infrage. Wenn hier jemand den letzten Zug machen würde, dann war ich das. Denn eins stand fest: Wer als Erster blinzelt, hat schon verloren – und blinzeln, das war sicher nicht mein Stil.

Kapitel 9   „unerwartete Wendungen"

„Hannis Neffe"

Mitte August 2019, mit der Sonne im Rücken und einem Herz voller Trotz und Galgenhumor, machte ich mich auf den Weg nach Kärnten zu meinen Freunden. In meinem Gepäck befand sich eine sorgfältig zusammengestellte

Mappe von der alten Frau Hanni für ihren Neffen. Die Mappe sollte überzeugend beweisen, dass mein geschätzter Noch-Ehemann Gustav, der sich stets als edler Wohltäter präsentierte, tatsächlich nur darauf aus war, die gutmütige Frau Hanni finanziell zu melken. Ob der Neffe schon etwas von der Sache wusste? Keine Ahnung. Aber nach einem intensiven Ermittlungs-Marathon bei dem mir Violas Schwiegereltern in spe hervoragend halfen, hatte ich endlich seinen Namen, Familiennamen und Wohnort ausfindig gemacht. Danke dafür.

Bevor ich jedoch diese brisanten Informationen übergab, schließlich will man ja nicht als überhasteter Überbringer schlechter Nachrichten in die Geschichte eingehen, gönnte ich mir erst einmal ein paar Tage Urlaub in Kärnten. Mitten im Scheidungskrieg war das wohlverdient. Also ein paar Tage lang die Seele baumeln lassen, ein bisschen Kärntner Sonne tanken und dabei versuchen, nicht ständig über Gustavs neueste Eskapaden nachzudenken.

Aber dann kam mir die zündende Idee: Wenn ich schon einmal in Kärnten bin, warum nicht einen kleinen Abstecher in die Steiermark? Klar, warum nicht, schließlich hatte sich Gustav in Leoben ein neues Nest gemietet. Und ich? Ich hatte meine Gründe, mal vorbeizuschauen. Besonders gespannt war ich auf das Auto der 90-jährigen Hanni – ja, dieses Auto mit satten 350 PS. Welcher 90-jährige Mensch braucht so eine PS-Maschine? Genau, keiner. Aber Hanni hatte es bezahlt, weil Gustav ihr versprochen hatte, damit für sie Besorgungen zu machen, zum Arzt, zum Friseur, vielleicht mal zum Supermarkt. An der Adresse, die ich bekommen hatte, traf ich auf eine Frau, die mich neugierig musterte, der typische Blick einer Dorftratsche, die wohl seit Wochen darauf brannte, endlich mal wieder etwas Neues zu hören.

„Suchen Sie jemanden?" fragte sie mit einem Funkeln in den Augen, das mir verriet: Hier würde ich mehr als nur eine Wegbeschreibung bekommen.

„*Ja, den Sicherheitsbeamten, der aus Wels hierher zurückgezogen ist*", antwortete ich und beobachtete, wie ihre Augen vor Aufregung zu leuchten begannen. „*Endlich ein bisschen Klatsch, endlich ein bisschen Drama!*", schien sie zu denken, und ich konnte förmlich spüren, wie sie sich auf ihren großen Auftritt vorbereitete. „*Er wohnt nicht mehr in der Traugasse*", sagte sie, „*Nein, jetzt ist er in die Schlossgasse 11 gezogen.*"

Schlossgasse – der Name allein klang schon nach versteckten Geheimnissen und dunklen Familiengeschichten, wie aus einem Groschenroman, den man mit einer Taschenlampe unter der Bettdecke liest. Ich bedankte mich bei der Frau, die bereits wie ein Wasserfall losgeplappert hatte. „*Was führt Sie her?*" fragte sie schließlich neugierig, ihre Augen glänzten vor Erwartung. „*Ich bin seine Noch-Ehefrau*", erklärte ich ruhig, „*und ich muss ihm etwas zustellen. Er ist in Wels nicht mehr zu erreichen.*" Kaum hatte ich diese Worte gesagt, sprudelte es aus ihr heraus wie ein überlaufender Brunnen.

Sie erzählte mir in einem Atemzug, wie viel meine Schwiegermutter in den letzten Monaten mit Gustav durchgemacht habe. Er habe seinen ganzen Fuhrpark bei ihr abgestellt, und die arme Frau habe nicht mal mehr ihr eigenes Auto in die Einfahrt fahren können. Der Streit um den Ausbau des oberen Stockwerks habe das Fass zum Überlaufen gebracht. Am Ende sei er rausgeflogen und musste sich eine neue Bleibe suchen.

„*Er wird auch nichts mehr erben*", fügte sie bedeutungsvoll hinzu. „*Seinen Anteil hat er schon 1994 bekommen. Das Grundstück seiner Mutter soll an die Nachkommen seiner Schwester Susi gehen.*"

Dann lehnte sie sich ein Stück näher und fragte mit neugierigen Unterton: „*Warum lassen Sie sich denn nach all den Jahren scheiden?*" Es klang, als ob sie die Antwort dringend für die nächste Runde am Stammtisch bräuchte. Ich sah förmlich, wie sie sich innerlich schon auf die Medaille „Dorftratsche des Jahres" freute.

Mit einem Hauch von Genugtuung antwortete ich: „*Mein Mann hat sich anderweitig orientiert. Er ist bisexuell.*" Die Wahrheit in einem kleinen Dorf zu verbreiten, hatte seinen eigenen Reiz. Sie stand da wie vom Blitz getroffen, mit großen Augen und heruntergeklappten Kiefer und verstand ihre kleine Welt nicht mehr. Die Neuigkeit wird sich wie ein Lauffeuer verbreiten, dafür wird sie schon sorgen. Schließlich hatte Gustav auch keine Gelegenheit ausgelassen, mich bei unseren gemeinsamen Freunden schlecht dastehen zu lassen – nun, ich tat einfach dasselbe. Nur mit der Wahrheit.

Auf dem Weg zur Schlossgasse erhaschte ich schon von weitem einen Blick auf das Auto von Frau Hanni, das da stand wie ein überführter Straftäter: Schräg geparkt, innen voll mit Sicherheitsdienst-Utensilien – sehr unauffällig, Gustav, sehr unauffällig. Ich machte Fotos. Beweise für für den Neffen von Frau Hanni, der sicher staunen würde, wenn er sähe, wie geschickt sein selbsternannter „Cousin" hier operierte.

Mein Ermittlungseifer ist momentan gestillt und ich entschied, dass es Zeit für eine Belohnung war. Im Lokal Rainer, gönnte ich mir einen wohlverdienten Kaffee. Und dann ging es weiter nach Villach.

Der Weg nach Villach war für mich immer etwas ganz Besonderes, ein wahres Kopfkino, das jede Fahrt dorthin begleitete. Es fühlte sich an, als ob die Tür meines „goldenen Käfigs" weit offen stand, und während ich durch die malerische Landschaft fuhr, überkam mich eine Freiheit, die ich schon lange nicht mehr gespürt hatte. Die Sonne schien warm durch die Baumwipfel, die sich sanft im Wind wiegten, als ob sie mir zuwinken wollten, während in meinem Bauch ein Schwarm Schmetterlinge Loopings drehte und ich innerlich Purzelbäume schlug.

Es war vielleicht ein bisschen übertrieben, ich meine, wer bekommt schon Schmetterlinge im Bauch, nur weil er in Richtung Villach fährt? Aber dieses Gefühl von Leichtigkeit und Unbeschwertheit, das mich da durchströmte, war einfach unwiderstehlich. Fast so, als ob ich für einen Moment wieder sechzehn wäre, ohne Sorgen und Verpflichtungen, und die Welt mir zu Füßen läge. Ein kleines Stückchen Himmel auf Erden, nur für mich.

Als ich am vereinbarten Treffpunkt ankam, wartete Adrian bereits auf mich. Er holte mich ab, und gemeinsam gingen wir in sein Büro. Adrian schleppte mich weiter den Gang entlang und zeigte mir stolz ein Zimmer mit einer Bundesheerliege. *„Da lag ich gerade, als wir geschrieben haben"*, verkündete er und klopfte auf die Liege, als wäre es der neueste Designtrend. Ich musste lachen – na, wenn das nicht die VIP-Tour durch den Arbeitsplatz war!

Kaffee gab's in der Büroküche, natürlich aus der Filtermaschine, denn Barista-Ambitionen waren hier nicht gefragt. Sein Kollege verließ den Raum, und endlich waren wir allein. Adrians blaue Augen trafen meine, während wir uns gegen die Küchenzeile lehnten. Seine Hand ruhte kurz auf meiner Schulter, eine freundschaftliche Geste, die so viel Wärme ausstrahlte. Auch ich legte kurz meine Hand auf seinen Arm, spürte die Vertrautheit, die zwischen uns bestand. Er schaute mich schelmisch an und fragte: *„Warum hast du mich damals gehen lassen?"* Ich zuckte mit den Schultern und grinste leicht. *„Manchmal lässt man jemanden ziehen, weil man glaubt, dass es das Beste ist... und manchmal, weil derjenige eh schon eine Freundin hatte."* Adrian nickte, lächelte sanft und hob seine Kaffeetasse. *„Auf alte Freundschaften"*, sagte er, und wir stießen an. Es war ein Moment der Vertrautheit, der uns beide daran erinnerte, dass einige Verbindungen, egal wie viel Zeit vergeht, immer einen Platz in unseren Herzen behalten.

Als der Schichtwechsel anstand, setzte sich ein anderer Kollege zu uns. Wir plauderten über meinen Urlaub, ein großes totes Tier, das ich auf der Autobahn gesehen hatte, und andere belanglose Dinge. Nach einigen Stunden beschlossen wir, dass es Zeit war zu gehen.

In den kommenden Wochen würde ich wieder in Kärnten sein, diesmal für eine Kur. Aber das bedeutete nicht viel. Wenn wir uns sehen, ist es schön, und wenn nicht, geht die Welt auch nicht unter. Kärnten ist ein wunderschönes Fleckchen Österreich, und ich genieße es jedes Mal aufs Neue, dort zu sein. Adrian, mein digitaler Unterhaltungsbeauftragter, meldete sich mit einem Foto und der charmanten Nachricht: *„Schorf genug?"* Ja, richtig gelesen, „Schorf". Keine Ahnung, was er sich dabei dachte, aber ich musste so lachen, dass mir fast der Kaffee durch die Nase kam. Natürlich schickte ich ihm ein ebenso tiefgründiges Bild zurück, und so begann unser herrlich bescheuerter Chat-Marathon erneut. Es war eine dieser Verbindungen, die leicht und unbeschwert sind – kein Druck, keine Erwartungen, nur das Vergnügen, ab und zu einen lustigen oder neckischen Moment zu teilen. Kein Drama, kein ewiges „Was bedeutet das jetzt?", sondern einfach die Freude daran, sich gegenseitig auf die Schippe zu nehmen. Nach meinem Besuch in Villach fuhr ich weiter nach Sankt Pölten, um den Neffen von Frau Hanni aufzusuchen. Der Abendverkehr war dicht, und es wurde spät. Anstatt direkt zu ihm zu fahren, entschied ich mich, die Nacht in einem nahegelegenen Hotel zu verbringen.

Am nächsten Morgen rief ich ihn an, um zu fragen, ob ich ihm etwas persönlich übergeben könnte. Er war gerade auf dem Weg nach Graz und nur über die Freisprecheinrichtung erreichbar. *„Worum geht es?"* fragte er. Ich hielt mich kurz: *„Es geht um die Pflege Ihrer Tante in Wels und einige Missstände."* Da er unterwegs war, hinterließ ich die Mappe bei einer Nachbarin mit der Bitte, sie ihm nach seiner Rückkehr in einer Woche zu übergeben.

Nur wenige Autostunden trennten mich von meinem „echten" Leben in Wels. Doch je näher ich der Stadt kam, desto mehr änderten sich meine Gedanken. Wie gefangen in einem Netz aus Herzrasen, Atemnot und Millionen von Gedanken, fuhr ich furchtbar angespannt zurück in die Realität.

Um etwas Ruhe zu finden, fuhr ich zum Seegrundstück, meinem kleinen persönlichen Rückzugsort. Die letzten Wochen hatten es wirklich in sich, und ich brauchte dringend eine Auszeit, um meine Gedanken zu ordnen und mich wieder zu sammeln. Während ich in der Sonne lag und an meinem Buch schrieb, ließ ich meine Gedanken wie ein kleines Boot auf dem Wasser treiben. Sie zogen an mir vorbei – mal ruhig, mal in kleinen Wellen – aber immer wieder kehrten sie zu Gustav zurück. Und während die Sonne mir die Haut wärmte, wurde ich bei dem Gedanken an ihn ganz kühl. Vielleicht sollte ich ihm doch noch eine „freundliche" Überraschung verpassen? Schließlich hatte ich noch so einiges in petto, was ihm sicher das Lächeln vergehen lassen würde. Oh, die Versuchung war groß – fast so verlockend wie das letzte Stück Kuchen, das man eigentlich nicht mehr essen sollte, aber irgendwie doch genießt, wenn keiner hinsieht. Seine ständigen Nachrichten an die Kinder, die eher wie moralische Drohbriefe klangen, waren ein echter Stimmungskiller – statt einem „Hey, wie geht's euch?" kam jedes Mal ein „Ich sitze hier ganz allein, denkt mal drüber nach..." Es war, als hätte er sich zum Ziel gesetzt, jeden Sonnenstrahl durch einen Wolkenbruch zu ersetzen. Er benutzte die Kinder als persönliche Blitzableiter, um seinen Frust abzubauen, anstatt sich die Mühe zu machen, eine echte Bindung zu ihnen aufzubauen. Es war wie eine absurde Erziehungsmethode nach dem Motto: „Wie schaffe ich es, den Tag meiner Kinder in Rekordzeit zu versauen?"

Innerlich dachte ich mir nur: *„Warte ab, mein Lieber, ich hab noch ein paar Asse im Ärmel."* Die Vorstellung, ihm eines Tages eine sorgfältig zusammengestellte Akte inklusive Fotos seines eigenen „Doppellebens" zu schicken, ließ mich fast schadenfroh grinsen. Wenn er dachte, er hätte das Spiel schon gewonnen, würde ihn meine kleine Überraschung sicher aus dem Gleichgewicht bringen. Es fühlte sich an wie eine groteske Schachpartie, bei der ich jeden Moment bereit war, den König in die Ecke zu drängen um den „Schachmatt"-Moment einzuleiten.

Mitten in diesem Gedankenchaos meldete sich plötzlich Adrian. All meine schlechte Laune und der Hass auf Gustav schienen wie weggeblasen. Doch die nächsten Tage und Wochen brachten erneut eine Dramaserie mit sich. Gustav setzte seinen Terror gegen die Kinder über WhatsApp fort, fast schon wöchentlich. Es hagelte Vorwürfe: Warum sie seine Tochter Jutta zur Mottoparty eingeladen hätten, warum sie ihn fotografierten, wenn er einkaufen ging, und ob sie im Auftrag von mir gegen ihn arbeiten würden. Es war, als hätte er sich in einem Labyrinth aus Paranoia und Misstrauen verirrt und versuchte, die Kinder in seine verworrene Welt hineinzuziehen.

Ich fragte mich ständig, wann dieser wandelnde Dramakönig endlich ganz in der Steiermark verschwinden würde, damit wir alle mal wieder ein bisschen durchatmen könnten. Es war, als würde er glauben, unser Leben bräuchte unbedingt noch einen täglichen Schuss „Gustav-Dramatik", um interessant zu bleiben. Dabei sehnten wir uns eher nach einer ruhigeren Programmauswahl, ohne seine ständigen Auftritte als selbsternannter Hauptdarsteller in seinem eigenen Theaterstück.

Währenddessen hielt ich den Kontakt zu Jutta aufrecht. Eines Tages chattete ich mit ihr und fragte, ob Gustav auch ihr solche dämlichen WhatsApp-Nachrichten schickte. Natürlich verschonte er auch sie nicht. Jutta leitete mir seine Nachrichten weiter, und es war offensichtlich, dass Gustav keine Ruhe geben würde. Er versuchte, jeden zu manipulieren, uns in seine toxischen Spiele zu ziehen.

Wenn er dachte, er könne uns mit seinen Spielchen manipulieren, hatte er sich gewaltig getäuscht. Ich wusste, dass ich trotz allem stärker war, als er je vermutet hätte. Mit jeder Nachricht, die er schickte, wurde mir klarer, dass seine Macht nur so groß war, wie die Kinder es zuließen. Und ich war bereit, alles zu tun, um diese Macht zu brechen.

„Juttas Ohrfeige an Gustav"

Jutta leitete mir seine Nachricht weiter.
Gustav schreibt seiner mittlerweile 31 jährigen Tochter:

Für mich einfach nur schlimm, dass du so leichtgläubig bist und dich da, mit reinziehen lässt. Du wirst doch nicht glauben, dass sie dich angeschrieben, getroffen und eingeladen hat, weil sie dich so gerne hat.
Paula ist berechnend und benutzt dich, um mir weh zu tun, aber du wirst es noch erkennen, wenn sie dich wieder fallen lässt. Mich hat sie gezwungen, dich nicht mehr ins Haus einzuladen, weil du nicht zur Familie gehörst. Sie hat auch vor dem Richter gesagt, dass ich dich fallen lassen habe und du jederzeit bereit bist gegen mich auszusagen. Ich bin schon neugierig, was du gegen mich aussagen willst. Aber egal, ich wünsche dir viel Glück mit Paula, sie ist die falscheste und kriminellste Person, die ich je kennengelernt habe. Aber das wird sich dann herausstellen, wenn ich die Sachverhaltsdarstellung weitergebe. Mach ja nie illegale Anfragen etc. für sie.

Jutta reagierte mit einer schriftlichen Ohrfeige.

Juttas Antwortbrief an ihren Vater:

Ah, plötzlich können wir wieder schreiben?

1. **Fotoalben**: Sie hat mir geschrieben, ob ich die Fotoalben haben will, die du nicht wichtig genug fandest, um sie mitzunehmen. Alben, die nur Erinnerungen an meine Kindheit enthalten – etwas, das dir offenbar nichts bedeutet hat.
2. **Du hast mich fallen lassen**: Das hast du ganz allein geschafft. Du hast dich jahrelang nicht um mich gekümmert und mich jedes Mal im Stich gelassen, wenn ich dich gebraucht habe.
3. **Lügen**: Nicht nur ich, auch meine Mutter würde gegen dich aussagen, weil du nur Lügen verbreitest. Dein angebliches Lokal? Du hast dich

nie wirklich darum gekümmert, und jetzt versuchst du, die Geschichte umzuschreiben.

4. *„Kollegenschwein":* Ich bin kein *„Kollegenschwein" wie du. Ich halte zu den Menschen, die mir wichtig sind, und verrate sie nicht.*

5. *Meine Entscheidungen: Es geht dich einen feuchten Dreck an, zu welcher Feier ich gehe und mit wem. Niemand kann mich irgendwo hineinziehen oder meine Meinung über dich beeinflussen. Das hast du ganz allein geschafft, indem du ein hundsmiserabler Vater warst und bist.*

Wow, das war eine schallende Ohrfeige, und sie hat gesessen. Endlich hat ihm jemand aus der eigenen Familie so richtig die Meinung gegeigt. Und sie hat absolut Recht, ich war richtig Stolz auf sie. All die Jahre hat er sich nicht um Jutta gekümmert. Im Gegenteil, als sie ihn einmal um Geld bat, brach er den Kontakt zu ihr komplett ab. Jetzt, wo er mit Ruprecht und Viola kaum oder gar keinen Kontakt mehr hat, versucht er, seine verstossene Tochter wieder zu kontaktieren – armselig, krank, ein hoffnungsloser Fall.

Ich merke, wie gut es mir tut, dass er von sieben Tagen in der Woche vier Tage in seiner Heimat Steiermark ist. Es ist fast schon befreiend, so wenig wie möglich mit ihm zu tun zu haben und ihn über den Weg zu laufen.

Es war ein Montag, genau eine Woche nachdem ich die Mappe für Frau Hanni's Neffen bei einer Nachbarin hinterlegt hatte. Er sollte sie sich inzwischen angesehen haben und mich kontaktieren, aber ich hatte vergessen, meine Telefonnummer mitzuteilen. Am Dienstagnachmittag rief ich ihn selbst an. Herr Hoda, der Neffe von Hanni, meldete sich sofort und fragte nach der angeblichen Pensionierung meines Mannes. *„Ist es wirklich wahr, dass Gustav in Pension ist?"* wollte er wissen.

„*Ja, seit 2012*", versicherte ich ihm. Herr Hoda klang
wütend. „*Warum hat er mich dann so dreist angelogen?*"
fragte er. Gustav hatte ihm erzählt, er sei immer noch im
Sicherheitsdienst tätig. Ich konnte mir ein Lachen nicht
verkneifen – es war absurd, wie weit Gustav bereit war zu
gehen.

Herr Hoda war fest entschlossen, die Wahrheit zu erfahren,
und ich lieferte ihm eine erschreckende Entblößung von
Gustavs Lügen. In aller Ausführlichkeit erklärte ich, dass
Gustav ein Meister der Täuschung war, der keinerlei
Skrupel kannte, um seine eigenen finsteren Absichten zu
verschleiern. Die Vorstellung, dass jemand in einem so
weitreichenden Maß lügen konnte, schien Herr Hoda
förmlich zu erschüttern.

Als das Gespräch schließlich auf Frau Hanni kam, wurde
die Situation noch düsterer. Ich schilderte ihm die
erbärmlichen Umstände, unter denen sie lebte. Nur einmal
täglich, für gerade mal 50 Minuten, hatte sie Unterstützung
– und selbst das war unzureichend organisiert. Gustav hatte
systematisch dafür gesorgt, dass die alte Dame isoliert und
praktisch von der Außenwelt abgeschnitten war. Er hatte sie
in einem Zustand der Gefangenschaft gehalten, der ihr
jegliche Verbindung zu den Nachbarn und zu einer
möglichen Hilfe weitgehend unmöglich machte.

Herr Hoda war sichtlich entsetzt von der Vorstellung, wie
brutal und unmenschlich Gustavs Behandlung von Frau
Hanni gewesen war. Entschlossen, sich selbst ein Bild von
der Situation zu machen, entschied er sich, Frau Hanni
unangemeldet zu besuchen. Ich hatte ihn gewarnt, sich
darauf einzustellen, vor verschlossenen Türen zu stehen, da
Gustav häufig in der Steiermark verweilte.

Wie zu erwarten war, fand Herr Hoda das Haus seiner
Tante verschlossen vor, eine fast schon groteske
Bestätigung für die Unzuverlässigkeit und die
verachtenswerten Methoden, die ich ihm beschrieben hatte.
Der Anblick der verschlossenen Tür war wie ein letzter,
erbarmungsloser Beweis für die Missstände, die Gustav

verursacht hatte. Die Tatsache, dass er sich an diesem Tag in der Steiermark aufhielt, unterstrich nur noch einmal seine Unzuverlässigkeit und seinen Mangel an Verantwortung.

Diese Erfahrungen ließen Herr Hoda mit einem Gefühl der tiefen Besorgnis und Bestürzung zurück. Die Erkenntnis, wie kaltblütig Gustav seine eigenen Interessen über das Wohlergehen einer verletzlichen älteren Frau stellte, ließ keinen Raum für Zweifel mehr, die Notwendigkeit, gegen Gustav vorzugehen, war dringlicher denn je.

Wir trafen uns vor Hannis Garten. Hanni hob zwar den Hörer vom Telefon ab, sagte aber, sie habe keinen Schlüssel und könne die Tür nicht öffnen. Frustriert rief Herr Hoda Gustav in der Steiermark an und erklärte, dass er vor dem Haus seiner Tante stehe und sich frage, wo die versprochene 24-Stunden-Betreuung sei. Gustav versuchte ihn abzuwimmeln. *„Der Betreuer ist auf dem Weg nach Wiener Neustadt. Er braucht etwa eine Stunde"*, behauptete er. Doch Herr Hoda ließ sich nicht abwimmeln. *„Wenn niemand kommt, um die Tür zu öffnen, rufe ich die Polizei"*, drohte er. Gustav war nun in Zugzwang.

Meine Aufgabe war es, den Schmuck, den Gustav der alten Dame entwendet hatte, dem richtigen Neffen zu übergeben. Ich blieb mit Herrn Hoda in Kontakt. Er wusste nun Bescheid über alle Details: die Generalvollmacht, das Testament, Gustavs Pension, die PS starken Autos, die auf Hanni angemeldet waren, und all die Lügen, die Gustav aufgebaut hatte. Während der Neffe und seine Frau auf einen dubiosen Typen mit dem Schlüssel warteten, wurde Hanni von Gustav telefonisch einer Gehirnwäsche unterzogen, damit sie wusste, was sie zu ihren tatsächlichen Neffen sagen durfte und was nicht.

Herr Hoda erkannte schnell, dass seine Tante vollständig von Gustav manipuliert wurde, doch durch die Generalvollmacht waren ihm die Hände gebunden. Der „Pfleger", wie Herr Hoda ihn nannte, war ebenfalls ein Mann namens Gustav, der angeblich Hanni betreute. Dieser „Pfleger" arbeitete jedoch zwei Tage in der Woche als Wirt in einem von Gustavs Stammlokalen. Die Geschichte, dass er auf dem Weg nach Wiener Neustadt war, war genauso gelogen wie alles andere.

An jenem Tag hatte der „Pfleger" seinen Kellnerdienst und konnte nicht einfach das Wirtshaus verlassen. Daher dauerte es über eine Stunde, bis der Neffe schließlich ins Haus seiner Tante gelangen konnte.

Gustav wusste zu diesem Zeitpunkt noch nicht, dass ich es war, welche Hanni's Neffen nicht nur ausgeforscht, sondern auch informiert und ihm die Beweisunterlagen übergeben hatte. In den darauffolgenden Wochen kam der Neffe öfter unangemeldet nach Wels, stand jedoch jedes Mal vor verschlossenen Toren.

Hanni, die Gustavs Worte wie ein dressierter Papagei nachplapperte, ließ sich nur allzu leicht von seinen Einwänden gegen den Besuch der Tagesstätte beeinflussen. Verständlich, schließlich wollte Gustav auf keinen Fall, dass Hanni fünf Tage die Woche im Seniorclub versorgt ist. Das hätte ja bedeutet, dass seine eigene „finanzielle Unterstützung" plötzlich geschrumpft wäre – und dann auch noch zusätzliche Verantwortung! Jeden Morgen um 7 Uhr auf der Matte stehen, um Hanni für den Tag fertig zu machen? Pünktlich dafür sorgen, dass sie abgeholt wird? Ach, das klang für Gustav nach einem wahrhaft unzumutbaren Albtraum. Verantwortung, die über das einsame Drücken der Fernbedienung hinausgeht, war so gar nicht sein Ding.

Sein Widerstand war also nicht nur eine Frage der Wünsche des Neffen, sondern auch eine Frage des persönlichen Komforts und der finanziellen Einbußen.

Gustavs Taktik, die Anwesenheit bei Hanni auf einen einzigen Tag in der Woche zu beschränken, war ein klarer Hinweis darauf, dass er seine eigenen Interessen über das Wohl von Hanni stellte.

Drei Tage später, als Herr Hoda und Gustav sich in einem Cafe zum Frühstück trafen, um weitere Details zu klären, war die Situation fast schon ironisch. Was Gustav nicht wusste, war, dass meine Tochter Viola und meine Mutter zur gleichen Zeit zufällig in der Konditorei saßen. Als Gustav durch die großen Auslagenscheiben Viola sah, blieb er im Gastgarten sitzen und tat so, als ob er sie nicht gesehen hätte.

Herr Hoda ging in die Konditorei, um seine Bestellung aufzugeben, während Viola hinausging und sowohl ihren Vater als auch Herrn Hodas Frau freundlich begrüßte. Nach einem kurzen Gespräch verließen meine Mutter und meine Tochter die Konditorei.

Später am Nachmittag rief Herr Hoda mich an und berichtete von seinem Gespräch mit Gustav. Er hatte Gustav direkt konfrontiert und ihn gefragt, warum er alle getäuscht habe. Herr Hoda ließ auch durchblicken, dass er Gustav möglicherweise strafrechtlich belangen werde, sollte sich nicht rasch etwas ändern. Gustav, der bei diesen Vorwürfen sichtlich überrumpelt und mit hochrotem Kopf da saß, fand schließlich nur eine Antwort: Er werde die Betreuung niederlegen. Herr Hoda war von dieser schnellen Kapitulation überrascht, da er erwartet hatte, dass Gustav sich mehr gegen die Vorwürfe wehren würde. Es schien, als wäre Gustav nicht nur in die Ecke gedrängt, sondern auch bereit, sich von selbst zurückzuziehen, sobald der Druck zu groß wurde.

Herr Hoda forderte die Installation eines Schlüsselsafes und einer Notfallsuhr, andernfalls würde er ernsthaft in Erwägung ziehen, eine Klage gegen Gustav einzureichen. Dies war ein klarer Indikator dafür, wie ernst die Situation mittlerweile war. Auch erwähnte Herr Hoda, dass während des Treffens in dem Cafe eine junge Dame zu Gustav und seiner Frau gestoßen war. Gustav und die junge Dame hatten einen kurzen Wortwechsel, und Herr Hoda fragte neugierig, nachdem sie gegangen war, ob sie eine Kollegin sei. Gustav, wie gewohnt, reagierte prompt und sagte, „Nein", sie sei „nur eine Bekannte".

Als ich Herrn Hoda erklärte, dass die junge Dame Viola, meine Tochter, war, fiel ihm die Kinnlade herunter. Die schockierende Offenbarung ließ ihn sprachlos. Die Dreistigkeit von Gustav, Viola einfach als „nur eine Bekannte" abzutun, offenbarte nicht nur seine tief verwurzelte Gewohnheit, zu lügen, sondern spiegelte auch sein gesamtes Verhalten wieder. Wir blieben in Kontakt.

Mittlerweile war ich wieder auf Kur in Villach. Das Wetter war erstaunlich gut für Mitte September, als hätte der Himmel beschlossen, mir eine kleine Verschnaufpause zu gönnen. Also, warum nicht? Spaziergänge in der frischen Luft, Radfahren durch die idyllische Landschaft und das Weiterarbeiten an meinem Buch – das volle Wellness-Programm! Die verschiedenen Behandlungen, die ich während der Kur erhielt, halfen mir tagsüber, meinen Kopf freizubekommen. Offenbar bin ich die perfekte Gesellschaft für mich selbst. Keine Menschenmassen, keine Drama-Queen-Aufführungen, und das Fehlen von Atembeschwerden und Herzrasen zeigten mir, wie wohltuend etwas Abstand von all dem Ballast doch sein kann. Auch Adrians aufmunternde Chats, trugen einiges dazu bei.

Zugegeben, die Schlafstörungen blieben hartnäckig wie ein schäbiger Ex-Liebhaber. Aber was will man erwarten, wenn man sich durch das Schreiben eines Buches jeden Tag tief in die Abgründe der eigenen Geschichte stürzt? Das gehört wohl zur Therapie dazu.

„Termin beim Psychiater"

Ende September trat ich dann doch schweren Herzens die Heimreise an. Die Kur hatte mir geholfen, ein wenig Boden unter den Füßen zu gewinnen, aber ich wusste, dass der wahre Kampf erst noch vor mir lag. Vor allem der Termin bei einem neuen Psychiater, den ich bald darauf hatte.

Was gibt es Schöneres, als eine weitere Runde „Was stimmt nicht mit Ihnen?" zu spielen? Nichts verspricht mehr Spaß als ein Neuanfang auf der Couch, während man sich fragt, ob der Psychiater nicht vielleicht derjenige ist, der eine Sitzung nötig hat. Also zurück nach Hause, bereit für die nächste Runde in diesem absurden Theaterstück namens „Mein Leben".

Um 9 Uhr früh saß ich bereits im Wartezimmer des mir empfohlenen Psychiaters. Die Wartezeit gab mir genug Gelegenheit, ihn unauffällig zu mustern, als er endlich aus seiner Ordination kam. Sein Auftritt war… na ja, sagen wir mal mal "originell". Ein verknittertes Hemd, darüber ein Leinen-Sakko, das schon bessere Tage gesehen hatte, eine weite Hose, die aussah, als wäre sie von einem Altkleidercontainer adoptiert worden, und dazu Opa-Schlapfen, das volle Programm! Alles an ihm wirkte so herrlich unordentlich, als hätte er seine Garderobe im Dunkeln zusammengestellt.

Die Ordination war eine kurvenreiche Mischung aus hellem Licht und leicht chaotischer Gemütlichkeit, als hätte jemand versucht, ein bisschen „Vintage-Flair" mit einem Hauch von „ich hab's schon ein bisschen schleifen lassen" zu kombinieren. Die antiken Möbelstücke, die dort herumstanden, hatten wahrscheinlich schon einige interessante Geschichten auf Lager. Als einzige Patientin an diesem Morgen war ich mir nicht ganz sicher, wie gut ein männlicher Arzt meine Situation verstehen konnte. Zweifel nagten: Würde er mich ernst nehmen? Oder, noch schlimmer, könnte er am Ende eine Art „Gustav 2.0" sein?

Als er mich schließlich in sein Zimmer bat, setzte ich mich auf den Stuhl neben seinem Schreibtisch. Er sah mich ruhig an und fragte mit einer Stimme, die so sanft war, dass sie direkt aus einer Beruhigungstablette stammen könnte: *„Was führt Sie zu mir?"* Und da war sie wieder – diese überwältigende Frage. Wie sollte ich anfangen? Wo sollte ich beginnen?

Also legte ich los. Ich erzählte ihm, dass ich mich seit fast zwei Jahren in einer strittigen Scheidung befand, dass mein Mann mich seit über sieben Jahren finanziell ausspionierte und meine privaten Finanzen sammelte, um sich bei einer geplanten Scheidung einen Vorteil zu verschaffen. Ebenso lange könnte ich beweisen, dass er mich betrog. Der gute Doktor machte fleißig Notizen, seine Feder kratzte rhythmisch auf dem Papier, als wäre er dabei, ein Manifest zu schreiben.

„Mit Männern hat er mich betrogen", fügte ich hinzu. Und da war er, der Moment, auf den ich gewartet hatte. Seine Augen weiteten sich, seine Neugier war sichtlich geweckt. Er hob den Kopf, sah mich direkt an, die Stirn in Falten gelegt vor Interesse. *„Erzählen Sie mir mehr"*, sagte er leise und versuchte, die professionelle Fassade zu wahren. Na gut, dachte ich, wenn er Spaß daran hat, dann spiele ich mal mit.

Also schilderte ich ihm, wie ich dahinterkam, wie ich zur „Jägerin" seiner Sexpartner wurde, und wie ich sogar mehrmals in diesem Homosexuellen-Forum mit meinem eigenen Mann chattete. Das schien ihn endgültig aus der Fassung zu bringen, seine Augenbraue zuckte leicht, und sein Stift blieb in der Luft hängen. Ich konnte mir die Frage einfach nicht verkneifen, schließlich war der Moment perfekt, um mal ordentlich zu sticheln: *„Mal angenommen, Ihre Frau würde den ehelichen Pflichten entsagen. Würden Sie dann auch auf die Idee kommen, sich in einem Homosexuellen-Portal anzumelden?"* Er schüttelte nur den Kopf, und seine Antwort war klar: *„Nein, niemals."*

Ach ja, dachte ich, während ich sein Gesicht studierte. Willkommen in meiner Welt, mein Lieber. Wer braucht schon normale Probleme, wenn das Leben solche Kuriositäten zu bieten hat? Ich ließ alles raus. Der Psychiater saß da, eine Mischung aus Spargeltarzan und zerstreutem Professor, und hörte mir zu. Seine gelegentlichen „Mhm"- und „Aha"-Geräusche klangen wie die höflichen Kommentare eines Publikums bei einem besonders mitreißenden Vortrag. Und ich dachte mir nur: „Tja, willkommen in meinem Irrenhaus. Wer braucht schon einfache Probleme, wenn man so ein Deluxe-Menü an Katastrophen serviert bekommt?" Nachdem ich ihm mein Herz ausgeschüttet hatte, lehnte er sich zurück und meinte: *„Sie sollten die Medikamente absetzen. Die ziehen Sie nur weiter runter."* Ach was, Sherlock, dachte ich. *„Wenn ihre Wirkung nachlässt, wird alles wieder wie vorher"*, fügte er hinzu. Na, danke für die medizinische Erleuchtung! *„Sie brauchen eine Psychotherapie"*, erklärte er weiter. *„Sie sind zwar eine starke Frau, aber trotzdem."* Dann kam sein Geistesblitz: *„Wissen Sie, es könnte helfen, wenn Sie Ihre Gedanken aufschreiben. Viele finden das sehr befreiend."* Na, großartig, dachte ich, die Lösung aller Probleme liegt also in einem Notizbuch.

Ich konnte mir das Grinsen nicht verkneifen und meinte: *„Wissen Sie, Herr Doktor, ich schreibe schon ein Buch darüber."* Seine Augen weiteten sich einen Moment, als hätte ich ihm das Rezept für den Heiligen Gral verraten. *„Oh, dann reservieren Sie mir doch bitte ein Exemplar!"* Ja, klar, warum nicht? Ich dachte schon darüber nach, ihm in die Danksagung zu schreiben: *„Für den Mann, der mir den entscheidenden Tipp gab – nachdem ich schon 300 Seiten geschrieben hatte."*

Eine Woche später stand mein erster Termin bei der Psychotherapeutin an. Die erste Stunde verbrachte ich damit, die letzten zwei Jahrzehnte meines Lebens auszuplappern – ein echtes Meisterwerk an Monolog. Die Zeit verging im Flug, und ich endete heiser vom vielen Reden. Die Frage, die mir am Ende auf der Seele brannte, war: Was hatte ich eigentlich erreicht? Außer, dass mein Geldbeutel jetzt 130 Euro leichter war. Ein neuer Termin wurde natürlich auch gleich ausgemacht. Aber mein erster Eindruck war eher ernüchternd: Hätte ich nicht genauso gut einer gutmütigen Freundin meine Sorgen erzählen können, die mir wenigstens gelegentlich mal zustimmend zunickt? Die Neugier auf die nächste Sitzung war zwar da, schließlich hatte ich ja jetzt schon investiert, und man will ja sehen, was man für sein Geld bekommt. Aber tief drinnen schlich sich dieser nagende Gedanke ein: Sitze ich hier etwa auf der Couch eines extrem kostspieligen „Freunde-Ersatzes"? Und ich meine, klar, es ist toll, jemanden zu haben, der einem nicht sofort ins Wort fällt, aber 130 Euro für eine Stunde Nicken und „Wie fühlen Sie sich dabei?" – das hätte mir mein Spiegel auch billiger bieten können.

„Die 7. Runde: Ehekrieg XXL mit Special Effects"

Um 9 Uhr traf ich meinen Anwalt wie gewohnt vor dem Gerichtsgebäude. Heute war der Tag, an dem ich endlich die Wahrheit über das Doppelleben meines Mannes offenlegen konnte. Während wir auf den Beginn der Verhandlung warteten, fiel mir ein weiterer Anwalt auf, der Erwachsenenvertreter eines der Sexpartner meines Mannes. An diesem Tag konnte alles vorbei sein. Die Spannung war fast greifbar, als wir den Verhandlungsraum betraten.

Der Richter begrüßte uns mit einem scharfen Unterton und wies mich an, mich dorthin zu setzen, „wo ich immer sitze". *„Wo sitze ich immer?"* fragte ich zurück, etwas irritiert. Mal saß ich rechts, mal links – also wollte ich wissen, wo ich heute Platz nehmen sollte. *„Links!"* antwortete er knapp.

Die Verhandlung begann, und ich dachte mir, das könnte ein interessanter Tag werden. Der Erwachsenenvertreter war schnell fertig, sein Mandant traue sich anscheinend noch immer nicht aus dem Haus. Dann wandte sich der Richter mir zu und verkündete, dass der Beweis, dass mein Mann sehr aktiv in homosexuellen Kreisen verkehrt, erbracht worden sei. Der Anwalt meines Mannes wollte widersprechen, aber der Richter ließ es nicht zu und drängte darauf, sofort mit der Unterhaltsverhandlung fortzufahren.

Die Verhandlung beginnt ja schon gut, dachte ich mir, mit dieser typischen Mischung aus sarkastischem Optimismus und nervösem Magenkribbeln.

Klar, ich war vorbereitet, das war ich immer. Noch fühlte ich mich, als hätte ich alles im Griff, als wäre das hier nur eine weitere Runde in einem bizarren Spiel, das ich auswendig kannte. Aber tief drinnen nagte der Verdacht, dass dieser Tag noch eine Stufe intensiver werden könnte als die bisherigen. Und das sollte sich auch bald bewahrheiten – willkommen im neuen Level des Scheidungskrieg-Marathons.

Doch ich war noch nicht bereit, diesen Punkt hinter mir zu lassen. *„Nein"*, sagte ich entschlossen, *„ich warte auf meine weitere Einvernahme. Es steht mir zu, dass Gustav erfährt, wie ich auf sein Doppelleben gekommen bin."* Mein Rechtsanwalt erhob die Hand. *„Ich habe noch Fragen an meine Mandantin."* Also musste ich mich auf den abseits stehenden Stuhl setzen, der als Zeugensessel bezeichnet wird. Die erste Frage meines Anwalts lautete, wie ich dahintergekommen sei, dass mein Mann ein Doppelleben führte. Ich begann, wo ich im November 2018 aufgehört hatte: *„Ich habe mir seinen Laptop und seine Festplatte angeeignet und die Dateien auf eine meiner externen Festplatten kopiert."*

Der Richter unterbrach mich: *„Das haben Sie schon einmal erzählt."*

„Ja", entgegnete ich, *„unterbrechen Sie mich nicht. Lassen Sie mich das jetzt erzählen."* Der Richter rollte die Augen und forderte mich auf, mich kurz zu fassen.

„Kurz geht einmal gar nichts", antwortete ich scharf. *„Den ganzen Kram von dieser bisexuellen Drecksau haben Sie sich ja auch angehört."*

Der Richter schnaubte und antwortete unwirsch: *„Fangen Sie endlich an zu erzählen."*

„Wenn Sie mich endlich mal nicht unterbrechen und ausreden lassen würden, wäre ich schon fertig", erwiderte ich, *„außerdem haben wir ohnehin zwei Stunden Zeit."*

„*Wie kommen Sie auf zwei Stunden?*" fragte der Richter sichtlich irritiert und fügte hinzu: „*Vier halbe.*"

„*Vier halbe sind bei mir zwei Stunden*", konterte ich, „*oder hat sich da irgendwo ein Rechenfehler eingeschlichen?*"

Die Spannung im Raum war greifbar, meine Anpassungsstörung machte sich leicht bemerkbar. Jeder Blick, jede Bewegung schien aufgeladen mit unausgesprochenen Emotionen. Ich wusste, dass dies eine dieser Verhandlungen werden würde, an die sich alle Beteiligten noch lange erinnern würden.

Extreme Lebensereignisse haben die Tendenz, einen tief zu verändern. Ich spürte, dass sich tief in mir etwas zusammenbraute, etwas Dunkles, das ich weder kontrollieren noch unterdrücken konnte, etwas, das nach oben drängte und hinauswollte. Doch bevor ich meiner Wut freien Lauf lassen konnte, musste ich mich mit dem Richter darüber auseinandersetzen, warum ich darauf bestand, dass die Verhandlung zwei Stunden dauern würde. „*Vier halbe sind zwei Stunden, oder?*" fragte ich mit einer Mischung aus Trotz und Provokation.

Mein Anwalt versuchte mit einer beschwichtigenden Handbewegung, die Situation zu entschärfen, und ich zwang mich, ruhig zu bleiben. Aber tief in mir brannte ein Verlangen – ein Drang, Gustav wissen zu lassen, wie ich sein Doppelleben aufgedeckt hatte. Er sollte sich vollends gedemütigt fühlen, weil er monatelang nicht bemerkt hatte, dass er auf einem Gayboyportal mit seiner eigenen Frau chattete, als „Mann" getarnt.

Ich stand auf und griff nach meiner Mappe, doch der Richter sagte scharf: „*Sie brauchen diese Mappe jetzt nicht.*"

„Doch", entgegnete ich fest und setzte mich entschlossen auf den „Zeugenstuhl" mit der Mappe in der Hand. „Ich lese euch jetzt einige Auszüge vor."

Der Richter wollte mich unterbrechen. „Sie lesen jetzt gar nichts vor."

Aber ich war fest entschlossen. „Doch, spitzen Sie mal die Ohren", erwiderte ich scharf und ließ mich nicht beirren. Ich begann laut vorzulesen: „Mit ihr habe ich noch nie Arsch gefickt, mit einer Bekannten. Ich lebe bereits in Scheidung, sie ist mir nicht dahintergekommen, hat andere Gründe, aber aufpassen musst du immer!"

Der Raum war kurz in angespannter Stille gefangen. Jeder im Raum hielt den Atem an, während ich fortfuhr, jedes Wort mit einer Mischung aus Wut und Erleichterung zu betonen. Endlich konnte ich all das aussprechen, was mich so lange innerlich zerrissen hatte, und Gustav musste jedes einzelne Wort über sich ergehen lassen.

Der Anwalt meines Mannes protestierte lautstark und forderte den Richter auf, dies zu unterbinden. „Warum hat sie diese Beweise nicht schon früher vorgelegt?" fragte er empört. Doch ich ließ mich nicht aufhalten. Während die Diskussion zwischen seinem Anwalt und dem Richter immer hitziger wurde, übertönte ich sie, indem ich den nächsten Chat laut vorlas: „Wir könnten uns im Metro-Kaufhaus am WC treffen, um unsere Schwänze kennenzulernen."

Meine Wut war unaufhaltsam. Ich konnte meinen inneren „Tourette" nicht länger kontrollieren. „Schwanzlutscher!" schrie ich und fuhr fort: „Gerne Eier und Loch lecken, blasen und Sperma schlucken."

Gustav saß da, sein Gesicht hochrot, sein Kopf wie ein Ballon, der jeden Moment zu platzen schien. Er starrte auf den Tisch vor sich und versuchte, die Fassade zu wahren, in dieser Disziplin war er ein wahrer Meister.

Der Richter versuchte, mich zu beruhigen, aber seine Worte drangen nicht zu mir durch. Ich war in Rage, nichts anderes zählte mehr. Gustav sollte endlich alles hören, was ich zu sagen hatte.

Ich sprang auf, lehnte mich über den Tisch zu ihm und starrte ihn direkt in seine kalten, ausdruckslosen Augen. *„Du bist ein widerliches Schwein“*, zischte ich. Ich musste mich beherrschen, um ihm nicht ins Gesicht zu spucken.

„Du kannst mich nicht beleidigen“, sagte er ruhig, seine Stimme kaum mehr als ein Flüstern.

„Eh nicht“, entgegnete ich. *„Weil alles wahr ist und du selbst die Beleidigung bist.“*

Ich holte mir eine andere Mappe und setzte mich wieder auf den „Zeugenstuhl“. Was der Richter sagte, interessierte mich nicht im Geringsten. Dies war mein Moment, mein Auftritt, um endlich alles herauszulassen, was mich all die Jahre zerfressen hatte.

Gustav war gezwungen, zuzuhören. Jeder Anwesende war gefangen in dem Drama, das sich vor ihnen abspielte. Dann erzählte ich von dem einen Mal, als ich durch das Schlüsselloch zusah, wie Gustav einem Typen einen blies und sich anal nehmen liess. Auf meinem Handy hatte ich sogar ein Video, wie er sich im Arsch ficken ließ. Ich blätterte in meiner Mappe und holte ein Bild hervor, das ich durch das Schlüsselloch fotografiert hatte.

In diesem Moment war klar, dass es kein Zurück mehr gab. Ich hatte die Kontrolle verloren, aber gleichzeitig spürte ich eine befreiende Erleichterung.

Ich hielt das Bild direkt unter die Nasen des Richters und von Gustav, natürlich nicht ohne eine weitere Runde wüster Beschimpfungen in Gustavs Richtung. Dann erklärte ich: *„Und jetzt zeige ich euch noch das Video!“* Der Richter geriet sofort in Aufruhr und rief: *„Nein, nein, Frau Paula,* *legen Sie das Handy weg!"* Aber ich war nicht nur auf tausend, ich war auf hunderttausend.

Mit erhobenem Zeigefinger deutete ich auf jeden einzelnen Mann im Raum – außer Gustav, denn er war in meinen Augen kein Mann mehr. *„Ich würde gerne Ihre Reaktionen und Gefühle sehen, wenn es Sie betreffen würde"*, sagte ich scharf, meine Worte wie Dolche, die durch den Raum schnitten.

Zu Gustav wandte ich mich schließlich noch einmal und sagte kalt: *„Du hast Wahrnehmungsstörungen und eine posttraumatische Persönlichkeitsstörung."* Es war kein Vorwurf, sondern eine nüchterne Feststellung – die letzte Klinge, die ich ihm in diesem Moment verpasste.

Mein Anwalt legte währenddessen eine Bestätigung meines Arztes vor, dass ich unter Anpassungsstörungen leide. Anpassungsstörungen? Mir haut es gerade den Vogel hinaus. Ich war weit über den Punkt hinaus, an dem so eine Bezeichnung noch zu traf.

Sein Anwalt wollte mir eine Frage stellen, aber ich hörte gar nicht richtig zu und entgegnete nur: *„Was soll ich Ihnen beantworten? Mich interessiert Ihr privat Leben auch nicht."* Der Richter diktierte in sein Diktiergerät: *„Die Beklagte weigert sich, die Fragen des Gegenanwalts zu beantworten."*

Dann kam die nächste Frage von seinem Anwalt: *„Wer war der Sexpartner und wo wohnt er, wo ist das Foto entstanden?"* Ich antwortete scharf: *„Fragen Sie die Schwuchtel, der wird ja wohl wissen, wo er sich hat ficken lassen."*

Der Anwalt wollte noch wissen, ob ich Wahrnehmungsstörungen hätte. *„Nein, ich nicht, aber Ihr Mandant"*, erwiderte ich ohne zu zögern. Dann fragte ich ihn provokativ: *„Haben Sie vielleicht auch schon Wahrnehmungsstörungen?"*

Wie sich meine „Anpassungsstörung" auswirkt, war seine vorletzte Frage. *„Schlaflosigkeit, Atemnot, Kopfkino, Herzrasen, Mundtrockenheit und so weiter"*, zählte ich auf, während meine Geduld endgültig zu zerreißen drohte.

Der Richter schaute mich an und fragte: *„Was haben Sie zuletzt gesagt?"*

Ich spürte, wie sich meine Wut erneut aufbaute. *„Hören Sie überhaupt zu?"* fauchte ich, meine Stimme bebte vor Zorn. *„Warum muss ich mich wiederholen?"* Meine Geduld war am Ende.

Der Richter schien einen Moment lang zu zögern, bevor er schließlich sagte, ich solle mich wieder neben meinen Anwalt setzen. Kaum hatte ich Platz genommen, hörte ich die spöttische Stimme von Gustavs Anwalt: *„Brauchen Sie einen Arzt?"*

„Ja, holt's einen Arzt", entgegnete ich ohne jegliche Emotion. Die Provokationen waren mir inzwischen einfach egal. Ich fühlte mich ausgebrannt, leer, als wäre all die Energie, die mich noch vor wenigen Minuten angetrieben hatte, plötzlich verpufft.

Mein Anwalt griff sofort ein, seine Stimme war fest und unmissverständlich: *„Hören Sie endlich auf mit dem Herumsticheln und geben Sie Ruhe."*

Nun durfte Gustav auf dem „Zeugensessel" Platz nehmen. Während er sich langsam setzte, beobachtete ich ihn aufmerksam. Die Jahre hatten ihre Spuren hinterlassen, er wirkte aufgequollen, sein Gesicht rot gefleckt und von Ungepflegtheit geprägt. Jede Falte schien mir Geschichten von seinen Lügen zu erzählen. Es war fast schon eine traurige Reflexion seiner inneren Zerrissenheit, die sich nun in seinem Äußeren manifestierte.

Der Richter begann, Gustav zu den auf Facebook geposteten Briefen zu befragen. Plötzlich mischte sich sein

Anwalt ein und behauptete, auch ich hätte damals den „Wahrheitsbeweis" gepostet und sogar ein Exemplar postalisch in die Steiermark an sein Stammlokal geschickt. Der Richter wandte sich an mich und fragte: *„Stimmt das?"*

Ich konnte mir ein Schmunzeln nicht verkneifen. *„Nein, das ist nicht richtig",* antwortete ich hönisch. *„Es war nicht eines, es waren tatsächlich 20 Exemplare, die ich damals verschickt habe, aber nicht nur in die Steiermark."* Ich wollte sicherstellen, dass die Wahrheit ihren Weg findet – und warum sollte ich mich auf ein einziges beschränken, wenn ich ein kleines Postversandfest veranstalten kann?"

Der Richter wandte sich erneut an Gustav und begann, ihn zu den Facebook-Posts zu befragen, die er veröffentlicht hatte. Diese Posts, in denen er die Scheidung thematisiert und versucht hatte, mich in einem schlechten Licht dastehen zu lassen, waren nun Teil der Befragung. Gustav behauptete, ich sei die erste gewesen, die öffentlich über die Scheidung gepostet hätte. Wie gewohnt war seine Antwort eine vollendete Lüge, die mich innerlich kochen ließen.

In diesem Moment konnte ich meine Geduld nicht länger zügeln. *„Du falsche Sau!"* schrie ich ihn an. Die Worte kamen mit solcher Intensität, dass sie den gesamten Raum durchdrangen. Der Richter beugte sich vor, seine Stimme war ruhig aber bestimmt: *„Warten Sie draußen, bis Sie sich beruhigt haben."*

„Warten? Ich warte nirgends!" fauchte ich zurück, die Frustration in meiner Stimme deutlich spürbar. *„Wenn ich jetzt hier rausgehe, komme ich nicht mehr zurück."* Der Richter versuchte es erneut, seine Stimme fest und autoritär: *„Sie warten am Gang."*

„Wenn ich da jetzt hinausgehe, gehe ich", erwiderte ich entschlossen. *„Dann können Sie die Verhandlung gleich abbrechen."*

„Sie warten draußen", befahl der Richter.

„*Sicher nicht*", fauchte ich noch hinterher, bevor ich mich abrupt umdrehte und zur Tür stapfte. Mit einem kräftigen Ruck riss ich sie auf, und sie schlug mit einem dröhnenden Knall gegen den Türrahmen. Der Aufprall hallte durch den Flur und verstärkte mein Gefühl der Entschlossenheit. Ich ging auf die Toilette, beugte mich über das Waschbecken und trank ein paar Schlucke kaltes Wasser, um meinen aufgewühlten Geist ein wenig zu beruhigen. Fliehen war keine Option, das wusste ich. Was sollte ich tun? Zur Ärztin um die Ecke gehen und mir eine Auszeit gönnen? Oder einfach das Gebäude verlassen und dem Drama entkommen?

Entschlossen, das Gebäude zu verlassen, machte ich mich auf den Weg. Aber als ich den ersten Stock erreichte, hielt ich inne. Vielleicht sollte ich meinem Anwalt Bescheid sagen, bevor ich das Gerichtsgebäude verlasse. Schließlich könnte er es als unhöflich empfinden, wenn ich mitten in der Verhandlung einfach verschwinde. Wenn ich schon einen dramatischen Abgang mache, dann bitte mit dem nötigen Maß an Professionalität und zumindest einem kurzen Hinweis, dass ich nicht einfach untertauchen werde.

Ohne anzuklopfen, riss ich die Tür zum Verhandlungssaal auf und sagte meinem Anwalt kurz und knapp: „*Ich gehe zur Ärztin.*" Dann schloss ich die Tür wieder mit einem festen Ruck.

Kaum war ich wieder im ersten Stock, hörte ich plötzlich meinen Namen durch den Flur hallen. Es war mein Anwalt, der mich zurückrief. Ich hielt inne, drehte mich um und ging die Treppe ein Stück hinauf. Auf halber Höhe sah ich Klaus im zweiten Stock stehen, wie er zu mir hinunterblickte. „*Der Richter hat gerade gesagt, dass wir jetzt mit der Unterhaltsverhandlung weitermachen*", rief er mir zu. „*Sie sollen kommen.*"

Ich blieb stehen, während ich darüber nachdachte, ob ich wirklich zurückgehen wollte.

„Nein, mein Wort zählt", antwortete ich entschlossen. *„Ich habe dem Richter vorher klar gemacht, dass ich nirgendwo warten werde. Wenn er mich aus dem Saal schickt, bin ich weg."* Dann fügte ich hinzu, mit einem schiefen Lächeln: *„Bitte richten Sie dem Richter aus, er kann mich am Arsch lecken!"* Ich sah meinen Anwalt kurz an und nickte ihm zu, um zu zeigen, dass ich seine Unterstützung schätzte. Dann drehte ich mich entschlossen um und verließ das Gerichtsgebäude, meine Schritte fest und zielstrebig.

Nach meinem Besuch bei der Ärztin, die mir mit der Nonchalance einer Person, die täglich Menschen mit ähnlich dramatischen Befindlichkeiten empfängt, erklärte, dass ich wohl gerade in einer besonders emotionalen Phase stecke, traf ich mich wieder mit meinem Anwalt. Irgendwie hatten wir beide verstanden, dass diese „emotionale Phase" mehr Unterhaltungspotenzial barg, als ich ursprünglich angenommen hatte. *„Das Urteil wird zwischen einem Monat und sechs Monaten gefällt werden"*, sagte er ruhig. *„Wir warten das Urteil ab und setzen die Unterhaltsverhandlung dann fort."* Ich nickte, versuchte, seine Worte zu verarbeiten.

Eine Ungewissheit, die sich wie eine bleierne Last auf meine Schultern legte. Aber tief in mir wusste ich, dass dieser Kampf noch lange nicht vorbei war. Doch eines war klar: Ich würde nicht aufgeben. Nicht jetzt, niemals.

Eine kurze Auszeit vom ganzen Wahnsinn, doch nur zwei Tage später begegnete ich meinem Noch-Mann auf dem Supermarktparkplatz. Sein Einkaufswagen war bis zum Rand gefüllt, und typisch für ihn, weigerte er sich, die läppischen 20 Cent für eine Plastiktasche zu bezahlen. Stattdessen lud er sein gesamtes Hab und Gut Stück für Stück ins Auto, ein Paradebeispiel für Geiz. Da ich ohnehin an ihm vorbeigehen musste, dachte ich, ich nutze die Gelegenheit. Ich trat an ihn heran und stellte in Ruhe und in sachlichen Ton meine Fragen: *„Warum hast du nie mit mir über dein Doppelleben gesprochen? Seit wann hast du* *diese Neigung? War sie schon immer da? Warum hast du mich jahrelang finanziell ausspioniert?"*

Zuerst zögerte er, als müsse er überlegen, wie man auf solche direkten Fragen antwortet, während er weiter den Einkauf verstaut. Dann sah er mich an und murmelte nur: *„Du und deine gekauften Zeugen..."* Wir wussten beide, dass dies nur eine weitere Lüge war. Vielleicht dachte er, ich würde das Gespräch aufzeichnen. *„Warum belügst du dich selbst so?"* fragte ich weiter. *„Wie kannst du mit so einem inneren Stress leben? Du solltest wirklich zu einem Arzt gehen."* Ich sah ihm direkt in die Augen und stellte meine letzte Frage: *„Warum hast du Viola als ‚Bekannte' und nicht als deine Stieftochter vorgestellt?"* Natürlich log er erneut und behauptete: *„Das stimmt nicht, das ist nicht wahr."* In mir stieg Verachtung auf, heiß und gnadenlos. Wie konnte jemand so krank und uneinsichtig sein?

„Du erbärmlicher Schwanzlutscher", sagte ich, bevor ich ging. Doch er ließ mich nicht so einfach ziehen. *„Jetzt wirst du erst erleben, was Sache ist"*, drohte er.

„Das, was passiert ist, war ein Pappenstiel im Vergleich zu dem, was noch kommt." Ohne mich umzudrehen, fragte ich mich, warum ich mich überhaupt noch mit jemandem wie ihm abgeben sollte, jemandem, der so realitätsfremd ist und in Wahrnehmungsstörungen lebt. Es erstaunt mich, dass ich all die Jahre dachte, er sei normal.

Und wieder quält er die Kinder mit seinen unnötigen WhatsApp-Nachrichten. Es scheint, als könne er sich nicht zurückhalten und muss ständig in unser Leben eingreifen. Da er sich in unserer Gegend aufhält, ist es kaum möglich, ihm aus dem Weg zu gehen. Wenn Viola ihn zufällig sieht und grüßt, interpretiert er das sofort als Stalking. Grüßt man ihn jedoch nicht... vielleicht, weil man ihn nicht gesehen hat – folgt prompt eine Nachricht: *„Hast du das Grüßen verlernt?"* Es ist egal, wie man sich verhält; in seinen Augen ist es immer falsch.

Zum Glück haben meine Kinder inzwischen eine starke Persönlichkeit entwickelt. Seine giftigen Worte treffen sie nicht mehr. Sie wissen längst, dass Gustav krank ist. Sein Verhalten spiegelt lediglich seine psychische Störung wider, die ihn dazu treibt, ständig Kontrolle ausüben und manipulieren zu wollen. Doch meine Kinder sind ihm längst einen Schritt voraus.

Tage später verfasste ich einen Brief an den Richter. In meinem Schreiben wies ich darauf hin, dass mir nie die Möglichkeit gegeben wurde, meine Beweise vorzulegen, somit landeten die Beweisfotos und Chats ebenso wie der Brief in der Einlaufstelle des Gerichts.

Sehr geehrter Herr Richter,

aufgrund des jahrelangen Doppellebens und Betrugs meines Mannes befinde ich mich derzeit in psychotherapeutischer Behandlung. Der Gedanke, ihm zu begegnen, ist für mich unerträglich, da meine Anpassungsstörung in solchen Momenten verstärkt wird. Sein Verhalten hat mein Vertrauen in Männer stark beschädigt, und ich möchte mich für meinen letzten Auftritt entschuldigen. Zudem wurde mir nie die Möglichkeit gegeben meine Beweise vorzulegen.

Zusätzlich leide ich an Arthrose und Bandscheibenvorfällen, die mich arbeitsunfähig machen. Bereits das Verfassen dieses Schreibens bereitet mir große Mühe und verursacht Herzrasen. Ich hoffe auf Ihr Verständnis für meine Lage.

Mit freundlichen Grüßen,
Paula

Ich brachte Adrian natürlich immer auf den neuesten Stand der Dinge. Er war so etwas wie mein persönlicher „Drama-Begleiter", stets bereit, meine Schilderungen der neuesten juristischen Kuriositäten mit einem trockenen Kommentar zu würzen. Adrian war wie eine gut gelaunte Playlist im

Radio meines Lebens, während Gustav eher wie der Dauer-Werbespot für Fußpilz-Creme war. Über eineinhalb Jahre hinweg chatteten wir über alles Mögliche, vom banalen Alltag bis hin zu ziemlich freizügigen Fantasien. Es war seine Art, ehrlich und direkt zu sein, die mich immer wieder auf den Boden der Tatsachen zurückholte. Besonders wenn ich doch mal in die Versuchung geriet, über Gustav und die Scheidung zu sprechen, machte Adrian mir unmissverständlich klar, dass mein Noch-Ehemann definitiv kein Gaststar in seinem Kopfkino war und ich ihn besser komplett aus meinem Leben streichen sollte.

Diese Art von Klarheit und Humor war genau das, was ich brauchte, um mich nicht zu sehr in alten Geschichten zu verlieren. Er schaffte es, mich auf andere Gedanken zu bringen und das Leben trotz allem ein wenig leichter zu nehmen. Dafür bin ich ihm wirklich dankbar. Und, um ehrlich zu sein, waren die Momente und Gedanken an Adrian, sei es ein lustiger Chat oder ein Treffen, so viel angenehmer als die an meinen Noch-Ehemann.

„Das Sexleben – immer ein unterhaltsames Thema"

Während ich über mein Buch sinnierte, kam mir unser völlig verkorkstes Sexleben in den Sinn. Wirklich, die einzige – ja, die einzige – Gelegenheit im Jahr, bei der die Möglichkeit auf Sex nicht völlig ausgeschlossen war, ergab sich im Urlaub. Warum? Na ja, das war der einzige Zeitraum, in dem ich mich nicht im heimischen Schlafzimmerverweigerungsstreik befand. Zuhause hatte er sich seit 2007 aus dem Schlafzimmer verzogen, als wäre das Bett radioaktiv. Und ich? Ich war zu stolz, um einen Antrag auf eheliche Pflichterfüllung zu stellen – „bitte, nur ein bisschen mehr Leidenschaft?" kam mir einfach nicht über die Lippen. Also beschloss ich, den freiwilligen Zölibat einzuhalten. Zumal das, was da eventuell gelaufen wäre, ohnehin eher unter „Routinewartung" als unter „Leidenschaftsausbruch" gefallen wäre. Mir fehlte nichts, denn ich fand meinen Mann weder anziehend noch erotisch, geschweige denn attraktiv. Gustav selbst? Der schien mit dem Thema auch abgeschlossen zu haben, kurz nachdem wir uns das Ja-Wort gegeben hatten. Vielleicht dachte er ja, er hätte mit dem „in guten wie in schlechten Zeiten" auch gleich eine Pauschallösung für „in aktiven und passiven Zeiten" mitgebucht. Es war wohl gegenseitig. Unser letzter gemeinsamer Urlaub auf Teneriffa im November 2016 war das Paradebeispiel für diese Trostlosigkeit. Wir teilten uns wieder mal ein Zimmer und – man höre und staune, sogar ein Bett. Doch der wahre Star dieses Dreiecks war der Fernseher, der uns im Bett Gesellschaft leistete. Ein technologischer Keuschheitsgürtel, der unsere zwischenmenschliche Funkstille perfekt ergänzte.

Für mich war die Glotze eine willkommene Ausrede, denn sonst hätte ich mir womöglich noch anhören müssen, warum ich keine „Lust auf Nähe" verspürte. So kämpften wir lieber um die Fernbedienung, wie zwei Gladiatoren. Er wollte immer die gleichen alten Filme sehen, die alle paar Monate wiederholt wurden, während ich mich zu Dokumentationen hingezogen fühlte – Wissen ist Macht, nicht wahr?

Nun, es war die einzige Zeit, in der Gustav tatsächlich in derselben Bettzone lag wie ich. Unser Bett wurde so zur neutralen Zone: Ich hielt Abstand, um nicht „überfallen" zu werden, und Gustav, um zu prüfen, ob ich vielleicht doch plötzlich die Initiative ergreifen würde. Unser kleines, unausgesprochenes Spiel lief nach dem Motto: Wer die Fernbedienung hatte, war der König des Abends. Der „Verlierer" drehte sich schmollend zur Seite und tat so, als könnte er gleich in tiefen Schlaf fallen." Und so lagen wir da, jeder in seiner eigenen Welt, während der Fernseher als Sieger unseres Sexlebens triumphierte, flimmernd und leuchtend, ganz ohne Konkurrenz. Ein bisschen skurril, ein bisschen traurig – aber auf eine seltsame Art auch ziemlich passend für das, was aus unserer Ehe geworden war.

An dieser Stelle wäre es wohl besser, wenn meine Familie direkt zum nächsten Kapitel springt, oder zu Seite 270. Weder meine Kinder noch meine Mutter, geschweige denn meine drei Brüder, möchten sich vermutlich mit den pikanten Details meines, oder besser gesagt, unseres – Sexlebens auseinandersetzen.

Morgens hatte Gustav manchmal eine ganz spezielle Masche. Er lag da wie ein schlafender Prinz, fest eingewickelt in seine Decke, außer natürlich an einer strategischen Stelle, die sich wie ein kleiner Exhibitionist in die kühle Morgenluft streckte. (Kleiner Tipp an die Familie: Jetzt wäre der ideale Moment, einfach weiterzublättern.) In Gustavs Fantasiewelt dachte er wohl, das sei eine unschlagbare Taktik, um mich schwach werden zu lassen. Niedlich, wirklich. Ich hingegen reagierte wie jemand, der eine Ratte unter der Bettdecke entdeckt hat. Augen aufgerissen, Adrenalinschub, und dann die Flucht, als ob es um Leben und Tod ging.

Dabei tat ich mein Bestes, um so zu tun, als hätte ich nichts gesehen, eine Meisterleistung der Ignoranz.Und abends? Ach, die Abende waren noch absurder. Erstens war Gustav meistens betrunken und zweitens war ich nach einem langen Arbeitstag müde genug, dass das Kissen definitiv den Vorzug vor seiner Gesellschaft bekam. Klar, theoretisch kann eine Frau ihren Mann jederzeit „in Stimmung" bringen, aber wozu, frage ich euch? Liebe? Die war auf Dauerurlaub. Leidenschaft? Tja, die hatte schon vor Jahren ihre Koffer gepackt und das Haus verlassen. Mein Bauchgefühl schrie „Tu es nicht!", und ich ahnte damals schon, dass hier etwas faul war. Heute weiß ich: Mein Bauchgefühl hätte glatt als Hellseher durchgehen können. Der gute Mann war anderweitig recht umtriebig und legte seinen „kleinen Freund" in diversen „Löcher" ab, die nichts mit unserem Schlafzimmer zu tun hatten.

Ja, das hätte mir damals als Vorwarnung eigentlich gereicht, aber manchmal braucht man eben eine extra große Leuchtreklame, um zu kapieren, was wirklich läuft. Oralverkehr? Ein absolutes No-Go! Den habe ich von meiner To-Do-Liste gestrichen. Der Gedanke allein war schon genug, um mir den Magen umzudrehen. Natürlich lag das auch daran, dass ich Gustav nicht liebte.

Mochte ich ihn? Klar, irgendwie schon, aber nicht so sehr, dass ich ihn „vernaschen" wollte. Man muss ja Prioritäten setzen, oder?

Komischerweise hat er sich nie beschwert, dass unser Sexleben ohne diese „köstliche" Komponente auskommen musste. Heute ist mir natürlich klar, warum: Er hat sich seine „Snacks" anderswo geholt und hatte eine Vorliebe dafür, Männer oral zu verwöhnen. Und dann die große Frage: Schlucken oder spucken? Tja, für mich stellte sich die Frage nie – auch wenn irgendwelche Studien behaupten, das würde das Altern verlangsamen. Na gut, ich vertraue dann doch lieber auf Botox oder Hyaluron. Vielleicht bin ich wirklich zu …., was gewisse Sexpraktiken angeht, aber hey – ich bevorzuge meinen Anti-Aging-Cocktail eben anders!

Analverkehr? Für mich ungefähr so verlockend wie einen Zahn ziehen ohne Betäubung. Der Gedanke allein reicht schon, um mich innerlich zusammenzuziehen – schmerzhaft und abstoßend, danke, aber nein danke! Und die Vorstellung, meinem Mann einen Dildo in den Hintern zu schieben? Da würde ich mir eher einen Nagel ins Knie schlagen. Selbst mit Latexhandschuhen käme ich nicht auf die Idee, mich auf eine Reise in die „verbotene Zone" zu begeben. Aber da bin ich sowas von raus.

Sicher, es gibt Frauen, die das vielleicht ihrem Partner zuliebe machen, aber ganz ehrlich: Wo genau ist da der große Spaß für uns? Soll ich mich am Ende bei jedem harten Stuhlgang vor Ekstase windend im Badezimmer wiederfinden? Wenn das wirklich so prickelnd wäre, müsste die halbe Frauenwelt ja jeden Toilettengang feiern – und das, solange es nicht gerade eine Durchfall-Situation ist, versteht sich. Und da war noch seine Idee, dass das sein gewaltiges Potenzproblem lösen könnte, als ob ein bisschen Hinternakrobatik ihm plötzlich seine „jugendliche Stärke" zurückbringen würde. Aber ich sage es mal ganz ehrlich: Wenn Alkohol der ständige Begleiter im Schlafzimmer ist, dann hilft auch kein noch so kreatives Programm. *„Aber das hat doch einen ganz besonderen Reiz!"*, höre ich förmlich die Fanboys dieser Praktik rufen. Na, wenn der Reiz so toll ist, dann behaltet ihn doch. Ich bleibe bei meinen eigenen Reizen – und die liegen definitiv nicht in der Erforschung dieser dunklen Regionen. Am Ende des Tages hat jeder seinen eigenen Geschmack – und meiner bleibt lieber im Bereich, wo es angenehm und garantiert „kotzfrei" bleibt!

Während ich hier sitze und mir all diese skurrilen Gedanken durch den Kopf gehen, erinnere ich mich an eine Doku im Fernsehen, die ich mal gesehen habe – und ich kann mir ein breites Grinsen nicht verkneifen. Da ging es um diese Fesselspielchen, bei denen sich der Partner freiwillig ans Bett binden lässt. „Die arme Sau" in der Rolle des Leidenden, der sich demütigen lässt, während er dabei eine riesige Show abzieht.

Und ich frage mich: Warum zur Hölle macht man das? Wie soll ich denn Respekt vor jemandem haben, der sich ans Bett fesseln lässt wie eine Schweinshaxe, die nur noch darauf wartet, in den Ofen geschoben zu werden? Im Bett der unterwürfige Knecht, aber draußen der coole Hecht? Na, da sage ich mal: Danke, aber wieder, nein danke! Ach, und dann diese „innovativen" Spielzeuge, die man sich gegenseitig einführt, als ob das Schlafzimmer plötzlich zur Werkstatt umfunktioniert wird. Also, ehrlich gesagt, bei mir endet der Spaß, wo das „Abenteuer der Einführung" beginnt. Ich habe wirklich keine Ambitionen, mich als Amateur-Gynäkologin zu betätigen oder meinen Partner mit vibrierenden Gerätschaften zu bearbeiten, als wäre er ein alter Motor, der mal eine gründliche Inspektion braucht.

Was ich suche? Einen gemütlichen Abend, eine gute Serie, vielleicht ein Glas Wein, aber ganz sicher keine Gerätschaften, die aussehen, als hätte man sie aus einem futuristischen Zahnarztkoffer gestohlen. Ein „kleines Helferlein" mag ja für manche verlockend sein, aber ich bevorzuge es, wenn meine Abende ohne Gebrauchsanweisung ablaufen.

Sollte mir also jemand mit einem glänzenden neuen „Spielzeug" in der Hand ankommen, gibt es nur eine Reaktion von mir: ein höfliches Lächeln, eine ausweichende Bemerkung wie *„Ach, das ist ja... interessant"*, und dann die Suche nach dem schnellsten Ausgang.

Ach, und diese Kostümierungen im Bett! Mein persönliches Highlight, oder besser: der absolute Tiefpunkt der Erotik. Klar, Strapse bei der Frau, meinetwegen, das ist ja fast schon klassisch. Aber wenn ein Mann plötzlich mit einer Maske auftaucht? Stell dir das doch mal vor: Du liegst ganz entspannt im Bett, die Stimmung ist vielleicht sogar ein bisschen romantisch, und dann steht er plötzlich vor dir, maskiert wie Batman.

Er senkt die Stimme auf das tiefstmögliche Niveau und fragt: *„ Wo ist die Fledermaus-Höhle? "* Echt jetzt? Soll ich daraufhin in einem Anfall von Lust über ihn herfallen, oder einfach nur losprusten und ihm raten, sich bei der nächsten Karnevalsfeier zu bewerben?

Und dann haben wir die Männer in Frauenkleidern – und nein, ich rede nicht von Fasching, sondern von den glamourösen „Vorspiel-Momenten" im Schlafzimmer. Vielleicht bin ich ja wirklich ein Paradiesvogel des Spießbürgertums, aber kann mir bitte jemand erklären, was daran erregend sein soll? Ich meine für die Frau! Soll ich jetzt ernsthaft in Ekstase geraten oder einfach nur über die schrägen Modeentscheidungen schmunzeln? Die ganze Szenerie fühlt sich an wie eine Komödie, in der der Hauptdarsteller alles dafür tut, um „sexy" zu wirken, während ich mich frage, ob ich lachen oder applaudieren soll. Das einzige, was bei diesem Auftritt garantiert „heiß" wird, ist der Mikrowellenherd, der mir hilft, Popcorn zuzubereiten.

Und das ist noch nicht alles, oh nein, es gibt noch mehr dieser skurrilen Vorlieben, die mich einfach nur fassungslos und gleichzeitig köstlich amüsiert zurücklassen.

Männer in Windelhosen, die sich im Garten an der Leine führen lassen? Ehrlich, das ist eine echte Nische. Soll das vielleicht eine neue Methode der Unkrautbekämpfung sein? Ich meine, jeder soll tun und lassen, was ihm Spaß macht – ich beurteile hier nicht. Aber bei manchen Sachen fragt man sich doch: Geht es hier noch um Zweisamkeit, oder sind wir schon mitten in einem David-Lynch-Film?

Für meinen Geschmack sollte das Liebesspiel doch eher ohne Schnuller, Windeln und diverse „Erweiterungen" ablaufen. Muss nicht alles im Bett sein – okay, vielleicht auch mal auf der Couch, im Auto oder woanders, wenn's romantisch ist. Aber bitte ohne Publikum, das sich möglicherweise gerade eine Tüte Chips aufreißt.

Und dann war da Gustav. Ja, da fehlte mir dieses sagenumwobene Kribbeln im Bauch komplett. Am Anfang dachte ich noch, das käme bestimmt mit der Zeit, wie bei einem guten Wein, der reifen muss. „Kommt Zeit, kommt Gefühl", dachte ich. Aber je mehr Zeit verging und je mehr ich von ihm und seinen Eigenheiten erlebte, desto klarer wurde mir: Dieser Wein hat eher einen Korkschaden. Meine Gefühle machten sich langsam aus dem Staub.

Irgendwann hörte ich dann einfach auf, meine eigenen Interessen und Wünsche für eine harmonische Beziehung anzusprechen. Wozu auch? Es war, als würde ich immer wieder gegen eine Wand reden, und irgendwann weiß man eben, wann man aufhören sollte. Also machte ich das Beste aus der Situation und ließ die gescheiterte Ehe ihren traurigen Lauf nehmen, eine „Partnerschaft", die eher an einen langwierigen Verwaltungsakt erinnerte als an irgendetwas, das auch nur im Entferntesten romantisch sein könnte. Es war, als hätte ich mich in einem Labyrinth verlaufen, wo jeder Ausgang ins Nichts führte. Statt Leidenschaft und Nähe gab es nur noch das leise Echo resignierter Seufzer.

Je mehr wir uns auseinanderlebten, desto mehr ging mir einfach alles an ihm auf die Nerven. Mal war es sein ständiges Husten, als hätte er einen Staubwedel verschluckt, dann wieder seine bloße Anwesenheit, die mir den Tag verhagelte. Manchmal reichte schon der Klang seiner Schritte, und ich hätte am liebsten die Flucht ergriffen. Zeitweise konnte ich ihn nicht mal mehr ansehen, so stark war die Abneigung, die sich in mir festgesetzt hatte. Alles an ihm fühlte sich einfach nur noch falsch an. Egal, was er tat, ob er atmete, ging oder auch nur existierte – es war unmöglich, dem irgendetwas Gutes abzugewinnen.

Ach, diese „romantischen" Gesten, wenn er mir ganz zärtlich meine Hand nahm und sie auf sein schlaffes Anhängsel legte, in der absurden Hoffnung, dass ich jetzt die Motivation hätte, ihm zum Höhenflug zu verhelfen. Als wäre ich eine Art menschlicher Starterkabel für sein... nun ja, Problem. Die Erektionsprobleme waren ja so konstant wie sein Fernsehprogramm: immer das Gleiche, immer frustrierend.

Ich meine, ernsthaft – dachte er wirklich, ich würde mich jetzt heldenhaft opfern, um hier die Stimmung zu retten? Bei mir war das eher eine „Danke, aber nein danke"-Einstellung. Also ließ ich ihn meine Begeisterung – oder vielmehr das völlige Fehlen derselben, deutlich spüren. Und siehe da, der Wink mit dem Zaunpfahl kam an: Endlich war Ruhe im Karton.

Von da an legte er selbst Hand an, während ich mich mit einem freundlichen „Viel Spaß noch" in Gedanken diskret Richtung Tür verabschiedete. Schließlich hat man ja auch seinen Stolz, und ich hatte wirklich keinen Bedarf, als Zuschauerin in diesem Trauerspiel zu fungieren.

Heute bin ich wirklich mehr als dankbar, dass unser Sexleben eher so rar war wie ein Lottogewinn. Zwischen meinem Mann und mir konnte ich beim besten Willen keine Verbindung mehr erkennen – außer vielleicht die Verbindung zur Türklinke, die ich jedes Mal fest umklammerte, um so schnell wie möglich aus dem „Schauplatz des Geschehens" zu verschwinden.

Aber das war noch lange nicht das Ende der Überraschungen. Eines Tages stieß ich auf Abrechnungen seiner Krankenkasse und siehe da, mein lieber Gatte war regelmäßig wegen Haut- und Geschlechtskrankheiten in Behandlung. Und als wäre das noch nicht genug, hatte er sich den Verlauf von Herpes im Genitalbereich schön säuberlich auf seinem Laptop gespeichert – fast wie eine Trophäensammlung! Herpes, okay, das ist ja noch der „kleine Bruder" unter den Geschlechtskrankheiten, aber in den schillernden Kreisen, in denen er verkehrte? Da konnte man sich ein ganzes Panini-Sammelalbum an Krankheiten einfangen!

Seit einiger Zeit hatte er auch eine Freundin in der Steiermark, um dort sein „Hetero-Dasein" zu inszenieren. „Man muss ja schließlich das Image wahren", schrieb er mir einmal in einem Chat auf der Gayboy-Plattform, als ich fragte, warum er sich nicht outet. Klar, sicher, die „arme" Frau wird schon irgendwann merken, wie ehrlich und aufrichtig Gustav ist, vielleicht in einer Dekade oder so. Ich habe jedenfalls gelernt, dass man als Ehefrau prinzipiell als die verrückte Ex gilt, die nur Lügen verbreitet. „Die hat doch 'nen Knall, die will mich nur schlecht machen", wird dann behauptet. Das dachte ich übrigens auch, als ich vor 23 Jahren mit seiner Exfreundin sprach. Sie hat über ihn abgelästert, während ich noch dachte, ich hätte den Hauptpreis gezogen.

Tja, wieder einmal hat er eine neue Kandidatin gefunden, die sich von seinem Mitleidsbonus blenden lässt und sein zweites Gesicht nicht erkennt. Ich würde am liebsten eine Wette darauf abschließen, wie lange es dauert, bis der Groschen bei ihr fällt. Bis dahin hoffe ich nur, dass sie eine gute Krankenversicherung hat. Vielleicht schicke ich ihr einfach mal eine kleine „Willkommen in der Realität"-Postkarte – mit einem Gutschein für den nächsten Hautarzt.

Ich bin keine Frau, die ihrem langjährigen Partner absichtlich das Leben schwer machen will – ehrlich! Außer, natürlich, man fordert mich heraus. Und Gustav? Ach, er hat das mit der Eleganz eines olympischen Provokateurs gemeistert. Da bleibt einem irgendwann nur noch die Wahl: Entweder du setzt dich in die Ecke und heulst ins Kissen, oder du ziehst das Schwert und machst ihm klar, dass die Party vorbei ist – und wer mich kennt, weiß, dass ich das Schwert gewählt habe. Wenn Gustav schon ein solches Talent für dramatische Inszenierungen hat, dachte ich, warum nicht einfach mitspielen? Und, oh Junge, was für ein Finale wir haben!

Nein, im Ernst, ich bin wirklich nicht die Sorte Frau, die aus purem Vergnügen das Leben ihres Ehemanns zur Hölle macht oder wilde Anschuldigungen in die Welt setzen würde. Würde ich grundlos den Vater meines Sohnes beschuldigen? Niemals! Ich liebe Ruprecht viel zu sehr, als dass ich seinen Vater ohne knallharte Beweise in die Pfanne hauen würde.

Da fragt man sich wirklich: Was zur Hölle geht in so einem Kopf eigentlich vor? Warum betrügt jemand so konsequent sich selbst? Was ist das für eine Nummer? Warum kann man nicht einfach ehrlich zu sich stehen? Warum sich diese seltsamen Spielchen ausdenken, wenn es doch so viel einfacher wäre, einfach zu sagen, wie es ist? Und warum, zum Teufel, hintergeht man eine Frau, die glaubt, sie hätte im großen Liebeslotto den Hauptgewinn gezogen? Nicht ich, wohlgemerkt – seine Neue! Ja, die Gute, die jetzt denkt, sie hat das große Los gezogen, während ich mir hier ins Fäustchen lache. Viel Spaß damit! Soll sie mal sehen, was passiert, wenn der "Hauptgewinn" sich als Niete herausstellt.

Ironisch, oder? Hoffentlich findet sie bei Zeiten heraus, dass er nicht der Mann ist, als der er sich ausgibt zu sein.

Ich habe meine Bingo-Karte längst entsorgt – wer will schon einen "Gewinn", der sich als Verlust entpuppt? Viel Glück, Schwester!

Ach, seine Selbstüberschätzung, einfach zum Niederknien, wirklich. Dieses unerschütterliche Desinteresse an den Gefühlen anderer, gepaart mit einem Ego, das größer ist als sein gesamter Fuhrpark. Natürlich, natürlich leidet nur er! Er und seine narzisstische Persönlichkeitsstörung, die ihm ununterbrochen ins Ohr säuselt, dass er der strahlende Mittelpunkt des Universums sei. Und ich, mit meiner sonst Engelsgeduld, werde da regelmäßig zur brodelnden Vulkankette.

Das Beste aber: Wenn seine theatralische Mitleidsnummer ins Leere läuft! Dann hagelt es erboste WhatsApp-Nachrichten an die Kinder, vollgepackt mit passiv-aggressiven Vorwürfen und dem verzweifelten Versuch, ihnen doch noch ein schlechtes Gewissen einzureden. Mit mäßigem Erfolg. Die Kinder planen längst, ihn aus ihrer Kontaktliste zu löschen, der große Gustav, bald selbst von seinen eigenen Sprösslingen geghostet. Als wäre er eine nervige Spam-Mail, die man endlich in den Papierkorb schiebt, ohne auch nur eine Träne zu vergießen. Und die Ironie? Das selbsternannte Familienoberhaupt, das sich immer so grandios wichtig genommen hat, wird am Ende einfach stummgeschaltet. Und wer weiß, vielleicht schließe ich mich ja dem Trend an. Schließlich sind Familienhobbys dazu da, gemeinsam genossen zu werden, nicht wahr?

Was mich betrifft, ich plane lieber meine nächste Reise – diesmal nach Asien. Es tut mir gut, neue Länder und Kulturen kennenzulernen. Mein Kopf wird frei, und Gustav läuft mir nicht über den Weg. Ich kann tatsächlich abschalten und Neues entdecken. So buchte ich im Dezember 2019 einen Flug nach Bangkok, Thailand. Von dort aus weiter nach Singapur, Malaysia, Bali, die Philippinen, Laos, Kambodscha, Vietnam und China.

In China sollte ich dann auf ein Kreuzfahrtschiff steigen, das 54 Tage bis nach Hamburg fahren sollte.

Aber 2020 kam alles anders – das Corona-Virus. Gerade als man dachte, es könnte nicht chaotischer werden, wurde das

Jahr zum ultimativen Plot-Twist. Als wäre das nicht genug, teilte mir mein Anwalt mit, dass der Richter eine Wiederaufnahme des Verfahrens plante, um noch einige Zeugen anzuhören. Natürlich, warum auch nicht? Die Scheidungsverhandlung wurde für Anfang Januar 2020 angesetzt, genau in meinen lang geplanten Urlaub. Doch davon ließ ich mir meine Pläne nicht durchkreuzen. Entweder vertagt das Gericht, bis ich zurück bin, oder es findet eben ohne mich statt. Überraschung: Letzteres war dann tatsächlich der Fall. Während andere vor Gericht kämpften, genoss ich meinen Urlaub – eine etwas eigenwillige Art, eine Scheidung abzuwickeln, aber man muss ja auch Prioritäten setzen.

Mein Anwalt fragte mich zu Beginn der Scheidung 2017, ob ich Zeugen nennen könnte, die über unser Eheleben Bescheid wissen. Es könnten sogar ausschließlich seine Freunde sein, da der Richter sofort erkennen würde, dass sie manipuliert wurden und mich in ein schlechtes Licht rücken sollten. Damals verstand ich diese Taktik nicht vollständig, aber im Nachhinein betrachtet, ging sie voll auf. Ich bin wirklich stolz auf meinen Anwalt.

Kapitel 10 „Wieder Pause? Na klar, Drama braucht Urlaub"

„Eine weitere Auszeit"

Ende Dezember brach ich mit nur 7 kg Gepäck im Rucksack zu meiner Reise auf. Mein erster Stopp führte mich nach Thailand, genauer gesagt nach Bangkok.

Silvester am Strand von Phuket war magisch: Tausende Menschen ließen Papierballons mit Kerzen steigen, die sanft in den Himmel aufstiegen und über das Meer trieben. Ein Moment voller Magie, in dem die Zeit stillzustehen schien.

Doch inzwischen machte ein Virus aus Wuhan die Runde, und man hörte immer häufiger davon. Keiner ahnte, wie sehr dieser unscheinbare Beginn unser aller Leben in den kommenden Monaten verändern würde.

Als ich nach Singapur weiterreiste, war das Tragen von Masken am Flughafen schon Pflicht, aber sonst schien die Welt noch in Ordnung. Man hätte fast meinen können, das Virus sei ein weit entferntes Problem. Gleichzeitig überschlugen sich die Nachrichten: In Wuhan stampfte man in Rekordzeit Krankenhäuser aus dem Boden, und plötzlich hieß es, Fledermäuse seien die Übeltäter hinter dem tödlichen Virus. Was für ein seltsames Gefühl, inmitten dieses drohenden Sturms zu reisen, nicht wissend, dass die Welt bald Kopf stehen würde.

Da Wuhan jedoch weit entfernt von meiner aktuellen Destination Singapur lag, verfolgte ich die Nachrichten über das Virus nur sporadisch. Singapur selbst empfing mich als saubere, grüne Stadt mit einer Präzision, die einem Schweizer Uhrwerk Konkurrenz machen könnte. Jeden Abend fand im "Gardens by the Bay" ein spektakuläres Lichterspiel zu klassischer Musik statt, mit dem riesigen Marina Bay Sands Hotel im Hintergrund. Meine Mutter rief mich an und verkündete mit der Dringlichkeit einer Notfallmeldung, dass ich auf gar keinen Fall nach China reisen sollte – sonst würde mich das Schiff nicht an Bord lassen. Auch sie hatte die Kreuzfahrt gebucht und warnte mich eindringlich. Na super! Als hätte ich nicht schon genug Trubel in meinem Leben, musste das jetzt auch noch dazukommen. Ich hatte Hongkong und Shanghai fest auf meiner Liste und die Tickets schon in der Tasche, ganz in dem Glauben, dass ich in Shanghai einfach an Bord gehen könnte. Aber Pustekuchen! Jetzt musste ich alles über den Haufen werfen und mir mal wieder einen Plan B aus dem Ärmel schütteln.

Mein nächstes Ziel war Indonesien, genauer gesagt Bali. Dort beherrschten Mopeds und Motorräder die Straßen –

ein ständiges Summen und Brummen, das irgendwie zur Atmosphäre der Insel passt. Auf Bali entdeckte ich auch meine neue Lieblingsfrucht, die Mangostin.

Kurios wurde es, als mir Einheimische von einem faszinierenden und zugleich befremdlichen Ritual erzählten, das in manchen indonesischen Dörfern praktiziert wird: Ein Jahr nach dem Tod wird der Verstorbene wieder am Mittagstisch platziert, um den Tod gemeinsam zu feiern. Diese Zeremonie wird dann nach fünf und schließlich nach zehn Jahren wiederholt. Als ich das hörte, konnte ich mir nicht verkneifen, mir vorzustellen, wie das wohl bei uns ablaufen würde. Meine Oma, ein Jahr nach ihrem Tod, mir gegenüber an einen Sessel befestigt, damit sie nicht umkippt, während ich versuche, mein Essen zu genießen. Der Gedanke war so surreal und unvorstellbar, dass er mir einen kleinen Schauer über den Rücken jagte. Ein seltsames Ritual, das ich einfach nicht begreifen konnte – es zeigte mir wieder einmal, wie unterschiedlich Kulturen mit dem Tod umgehen.

Nach einigen Tagen auf Bali entschied ich mich, auf die Phillipinen zu fliegen. Die Flüge sind hier unglaublich günstig – mit umgerechnet 15 Euro ist man schon dabei. Eine Tatsache, die das Reisen hier fast zu einer sportlichen Disziplin macht

Als unser Flugzeug die letzten Meter über Manila flog, bot sich mir ein imposanter Anblick durch das Fenster: Der Vulkan Taal, ein bedrohlicher, glühender Koloss, schickte kilometerhohe, schwarze Rauchschwaden in den Himmel. Glühende Asche fiel wie unheilvolle Sternschnuppen herab, und der gesamte Anblick wirkte fast surreal, als hätte er direkt aus einem Katastrophenfilm entsprungen sein können. Der Flugverkehr wurde sofort eingestellt, und meine Weiterreise nach Palawan war vorerst gestrichen. Einige Tage in Manila festzusitzen war ein Abenteuer, das ich überraschend genoss.

Kaum hatte ich das Flugzeug verlassen, piepte mein Handy und kündigte eine neue E-Mail an. Es war das Protokoll der letzten Verhandlung, gesendet von meinem Anwalt.

Der scharfe Kontrast zwischen dem Chaos draußen und der nüchternen Dokumentation auf meinem Bildschirm hätte nicht größer sein können.

Beim Durchblättern des Protokolls fiel mir sofort etwas Merkwürdiges auf: Die Aussagen meines Nochgatten schienen sich mit jeder Zeile weiter zu verändern, als ob seine Erinnerungen durch verschiedene Versionen der Realität taumelten.

Während ich mich durch die herabfallende Asche vom Himmel kämpfte, entdeckte ich immer mehr Unstimmigkeiten.

„Scheidung Teil 8: Ja, wir sind immer noch hier"

Der Anwalt meines Ex startete mit dem Vorwurf, ich würde die Verhandlung absichtlich verzögern – als Beweis legte er Fotos vor, auf denen ich angeblich in Bali die Sonne genieße. Mein Anwalt blieb gelassen und konterte, dass meine Abwesenheit dem Gericht bereits gemeldet wurde. Ein Mangel an Datumsangaben schwächte den Vorwurf zusätzlich.

Der erste Zeuge, Mikes „Bussi-Bussi-Freund" meines Mannes, beschrieb uns als glückliche Familie, bis er dann eine „Distanz" bemerkte. Interessant, wenn man bedenkt, dass er zuvor behauptete, keine Probleme zu sehen. Mein Anwalt zerlegte diesen Widerspruch genüsslich. Ein erster Erfolg.

Danach kam Ida, die ehemalige Kellnerin. Sie kannte uns beide und erzählte, wie Gustav sich bei Stammgästen damit brüstete, seiner Tochter ein Haus zu schenken. Gustav konnte sich nicht beherrschen, unterbrach, und kassierte prompt eine Strafe. Ihre Aussage passte perfekt ins Bild.

Silvia, eine enge Freundin, war die nächste Zeugin. Sie betonte ihre Neutralität und dass sie von den Scheidungsdetails nur durch mich erfahren habe. Ihr Auftritt wirkte unterstützend, aber fair.

Nun war Gustav selbst an der Reihe. Natürlich war alles, was Ida sagte, laut ihm eine „glatte Lüge". Er stellte sich als Opfer dar, dessen Kinder ihm keinerlei Dankbarkeit entgegenbrachten, obwohl er so viel geopfert hatte. Bei den Fragen des Richters zu den Vermögensverhältnissen kam er ins Straucheln und präsentierte sich erneut als handwerkliches Allround-Talent – bloß, dass die Fakten nicht passten. Weder die Jahre noch die Kaufpreise der Häuser stimmten.

Seine Behauptungen liefen ins Leere, was sich auch in seinen Kontoauszügen zeigte, die nichts von den angeblich getätigten Renovierungen belegten. Immerhin gelang es, auch die neunte Strafanzeige gegen mich ins Leere laufen zu lassen – die Staatsanwaltschaft winkte ab.

Die nächste Runde findet am Mitte April 2020 statt. Der Rosenkrieg geht weiter, doch mein Anwalt und ich sind ein eingespieltes Team – und ich bin gespannt, wie lange Gustav noch den starken Mann spielen kann, bevor sein Kartenhaus endgültig zusammenbricht.

„Obwohl das Protokoll wie immer mehr Märchen als Fakten enthielt, ließ ich mir den Urlaub nicht vermiesen. In Manila sprang ich in ein Moped mit Beiwagen – die Taxis waren bei diesem Ascheregen so selten wie Einhörner. Die Fahrt? Abenteuer pur: Augenhöhe mit dem Auspuff und Asphalt in 4D. Ziel war der Hafen, ein Chaos aus Holzbaracken, Müllbergen und Menschen, die sich einen Nobelpreis im Knoblauchschälen verdient hätten. Der Gestank war beeindruckend; die Kinder fischten in dreckigen Pfützen. Dankbarkeit für das eigene Leben war plötzlich so präsent wie nie zuvor.

Die Reise ging weiter nach Laos. In Luang Prabang verteilte ich um 4 Uhr morgens Reis an Mönche und erkundete einen Tempel auf einem Bootstrip am Mekong River. Der Markt dort? Ein echter Schocker: Hühner in Säcken, Ratten, geräucherte Fledermäuse und ein toter zerstückelter Hund, der als Delikatesse diente. Ab diesem Moment lebte ich von Käsefondue.

Von Kambodscha, wo sich die Ehrfurcht vor dem majestätischen Tempel „Angkor Wat" und der beklemmende Schrecken der „Killing Fields" wie zwei Seiten einer Medaille anfühlten, ging es weiter nach *Borneo* – das Dschungelabenteuer rief. Affen klauten Taschen, Nasenaffen turnten herum, und Wildschweine spazierten am Strand. Ein echtes Paradies, bis es weiter nach Malaysia ging.

In Kuala Lumpur, traf ich Vinod, meinen Gratis-Tourguide. Wir landeten mitten im Thaipusam-Fest, eine Feier der Extreme. Männer trugen riesige Drahtgestelle, die wie wandelnde Kunstwerke aussahen, während sie ihre Haut mit Angelhaken, Glocken und Limetten verzierten. Und weil das noch nicht genug war, bohrten sich manche Gläubige auch noch Metallpfeile durch die Wangen. Ein Spektakel, das definitiv nichts für schwache Nerven ist.

Zwischen der Ehrfurcht vor diesen Ritualen und dem Staunen über den bunten Trubel passierte dann das Unvermeidliche: In dem Chaos des Fests musste ich plötzlich um mein eigenes Paar Flip-Flops bangen – oder besser gesagt, ein anderes „ausleihen", um der Menge zu entkommen. Manchmal erfordert ein Überlebenskampf eben kreative Lösungen.

In Singapur hieß es: ‚Bitte warten'. Ich traf meine Mam am Flughafen. Nach sieben Stunden Warterei konnten wir endlich aufs Schiff. Dort formten wir bald eine ‚Pool-Crew' mit Deutschen, Holländern, einen Brasilianer und einem Tiroler – eine kleine internationale Gang auf hoher See. Tagsüber spielten wir die eifrigen Touristen, klapperten

Sehenswürdigkeiten ab, vorrausgesetzt wir konnten an Land. Etliche Häfen waren Aufgrund Corona geschlossen. Japan, Hongkong, Shanghai, Indien, Sri Lanka, Jordanien, Abu Dhabi und der Rest in Europa. Während die Welt draußen in den ersten Corona-Wellen unterging, tanzten wir im Rhythmus der Wellen und ließen uns einfach weiter treiben – wie eine schwimmende Festung, die nichts aus der Ruhe bringen konnte. Es gab einige Ersatz-Destinationen, jedoch weit entfernt von dem gebuchten Arrangment. In Oman erwartete uns nach 29 Seetagen eine karge Steinlandschaft, und Dubai war das nächste Ziel.

Während der Zeit an Bord wurde das Pooldeck abends unser Treffpunkt. Unsere Clique versammelte sich täglich – wir tanzten, lachten und genossen die Zeit. Besonders Paulo, der charismatische Brasilianer, zog mich mit seiner Salsa-Leidenschaft und seiner warmherzigen Art immer mehr in seinen Bann. Unsere Gespräche gingen bis in die frühen Morgenstunden, und was als flüchtige Freundschaft begann, wurde zu etwas Tieferem. Als wir schließlich seine letzte Nacht an Bord zusammen verbrachten, war der Abschied am nächsten Morgen schwer. Noch während er auf dem Weg zum Flugzeug war, schickte ich ihm eine Nachricht, eine Art Brief, um all das auszudrücken, was ich sonst nie sagen konnte:

Lieber Paulo,

ich wünsche dir eine sichere Heimreise. Ich vermisse dich jetzt schon. Du hast oft gefragt, was ich an dir mag – und das ist schwer in Worte zu fassen. Du hast in mir etwas geweckt, das lange verborgen war. Deine Berührungen und dein Lächeln haben Mauern eingerissen, die ich aufgebaut hatte. Ich hätte nie gedacht, dass ich mich einem Fremden so öffnen könnte, doch du hast es geschafft. Du hast Schmetterlinge in mir geweckt, die ich längst vergessen hatte. Danke für diese wunderbare Zeit. Ich denke an dich und vermisse jede Minute, die wir zusammen verbracht haben. Bussi, Paula

Von der Großstadt zurück aufs Schiff – eine Reise, bei der kein Tag ohne Drama oder ein skurriles Erlebnis verging. Und während die Welt mit Corona kämpfte, schipperten wir weiter.

99% sicher, wir sind in Quarantäne. Lebensmittel knapp, Treibstoff auch – und die Stimmung an Bord? Naja, sagen wir, es brodelt. Besonders frage ich mich, warum so viele, vor allem Deutsche, überhaupt noch in Dubai an Bord gegangen sind, obwohl Corona in Europa wütet. Von Singapur bis Dubai war alles easy, doch jetzt? Unklar, ob wir Virenträger an Bord haben. Aber die Wahrscheinlichkeit steigt, dass wir zur schwimmenden Statistik gehören. Kein Hafen will uns mehr, und wir schippern, das letzte Kreuzfahrtschiff der Welt, durch Piratengebiete Richtung Griechenland. Wo wir am Ende stranden? Keine Ahnung.

Klar war nur: Griechenland, Italien, Spanien, Marokko, Portugal, England und Deutschland – alle dicht.

Die Buttermarken kamen in den Gerüchten auf, als ein Tanker uns Sprit lieferte. Doch Lebensmittel? Fehlanzeige. Auch das Selbstbedienungsrestaurant wurde auf ein Drittel reduziert. Dann kamen wir an Italiens Küste vorbei – nur zum Staunen aus der Ferne. Ein Heli und ein Boot schnappten sich zwei Leute vom Deck. Unfall, hieß es. Aber plötzlich trug das Personal Masken. Komisch, oder? Ich mied die Massen und hielt mich fern.

Marseille öffnete dann endlich den Hafen. Busse warteten, um uns nach Deutschland, die Schweiz und Österreich zu karren. Mein Ziel: Frankfurt – und ein Wiedersehen mit Paulo. Aus dem Kurzbesuch wurde ein Zwangsaufenthalt, weil die Grenzen dicht blieben. Die neunte Verhandlung? Verschoben. Überraschung! Kurz darauf die Nachricht der Schiffsgesellschaft: Wir hatten tatsächlich Corona an Bord. Ah, wer hätte das gedacht?

Da ich eh festsaß und Wels in weiter Ferne war, kontaktierte mich mein Anwalt im Auftrag des Richters. Wann ich gedenke wieder in Österreich zu erscheinen. Ich antwortete: ‚*Mitte Juni, vielleicht. Und dann noch 14 Tage Quarantäne – viel Spaß.*‘ Die Verhandlung wurde auf den 6. Juli 20 verschoben.

Zurück in Wels war ich auf die Scheidungsverhandlung vorbereitet – viel musste ich nicht tun, außer wie immer bei der Wahrheit zu bleiben. Mein Pluspunkt. Ich musste nie nachdenken, was ich erzählt hatte, in Luxus, den mein Noch-Gatte wohl nicht hatte. Jetzt hieß es warten, ob die Verhandlung endlich das Ende bringt, damit wir uns um den Rest kümmern können. Die Show musste schließlich weitergehen.“

„Das große Finale: Wenn der Scheidungsprozess länger dauert als die Ehe“

Es war Juni 2020 und die 9. Scheidungsverhandlung wurde anberaumt. Wie immer stand ich mit meinem Lieblingsanwalt „Captain Chaos“ vor dem Verhandlungssaal. Wir hatten unser typisches, kurzes „Wie oft noch, bis es endlich vorbei ist?“-Gespräch, dann ging's los. Der Gerichtssaal wartete schon – mein persönliches zweites Wohnzimmer, nach all den Verhandlungen.

Diesmal war es also die „ergänzende Vernehmung“ – so ein schöner Ausdruck dafür, dass man mich zum wiederholten Male dasselbe fragen würde. Aber gut, ich war bereit. Ich legte los und erzählte wieder einmal die Geschichte von Gustavs Finanzabenteuer: Er war so tief in den Schulden, dass er sich einen Privatkonkurs gönnte. Aber kaum hatte er sich aus dem Dreck gezogen, kaufte er sich heimlich einen Mercedes für 38.000 Euro, natürlich auf Pump – weil, wer braucht schon finanzielle Vernunft? 500 Euro Monatsrate. Seine Einkommensquellen? Tja, das blieb ein besser gehütetes Geheimnis als die Rezeptur von Coca-Cola.

Dann kam die Frage zur Liegenschaft in Wies. *„Ach, die, die hab ich 2017 ein paar Monate vermietet, so um die 3.000 bis 4.000 Euro eingenommen. Ist aber verkauft."* Und dann das Highlight: *„Und die Steuererklärungen?"* – *„Hab ich halt nicht gemacht."* Der Richter verzog keine Miene, winkte ab. *„Nichts, was als Eheverfehlung durchgeht."* Na also, dachte ich mir, da hat sich die ganze „Vorbereitung" ja gelohnt.

Und dann das Finale*: „Weitere Fragen?"* – *„Nein."* Beweisverfahren beendet, Entscheidung kommt schriftlich.

Draußen meinte ich zu Mister Chaos: *„Das war's? Eine Verhandlung für fünf Fragen, die ich schon tausendmal beantwortet habe, unglaublich unnötig."* Aber gut, jetzt bleibt die große Frage: Trennt uns der Richter, wie er schon 2018-mal locker angekündigt hat, zu gleichen Teilen? Oder braucht er nach neun Verhandlungen und zweieinhalb Jahren noch eine neue Eingebung, vielleicht eine göttliche? Er will schließlich bald in Pension – und wir sind sein letzter Fall. Ob wir es wohl in seine Memoiren schaffen? Als die Scheidung, die einfach nicht enden wollte.

Am 4. September 2020 war es dann so weit: Die Urteilsausfertigung kam per E-Mail. Sechs Seiten. Ich öffnete den Anhang und hielt den Atem an – das war der Moment, auf den ich so lange gewartet hatte.

„Urteil – Im Namen der Republik"

"IM NAMEN DER REPUBLIK" – diese Worte eröffneten das finale Kapitel meiner Scheidungstragödie. Die Ehe, geschlossen im August…, war offiziell gescheitert, mit dem Urteil: „Das Verschulden an der Zerrüttung der Ehe trifft beide Parteien, doch das des Klägers überwiegt." Und die Kirsche obendrauf: „Der Kläger hat der Beklagten ihre Kosten in Höhe von 5.800 Euro binnen 14 Tagen zu erstatten." Ich atmete tief durch – endlich Triumph und Gerechtigkeit!

Beweiswürdigung: Die Teilnahme des Klägers auf "Gayboy" und im "Rainbow-Chat" basierte auf seinen eigenen Aussagen. Auch die Spionage meiner finanziellen Verhältnisse gestand er selbst. Die Zeugin Ida bestätigte seine Kenntnisse über die Schenkung einer meiner Liegenschaften. Die überdurchschnittliche Raffinesse meinerseits zeigte sich in meiner investigativen Vorgehensweise, durch die ich die homoerotischen Kontakte meines Nochgatten aufdeckte. Die außerehelichen Kontakte zu Männern standen außer Frage – selbst ohne die Zeugen wäre der Richter überzeugt gewesen.

Rechtlich ergibt sich: Der Kläger hat durch ausgedehnte außereheliche Aktivitäten und das Verlassen der Gemeinschaft die Eheverfehlungen begangen, die zur Zerrüttung führten. Mein Fehler bestand darin, sein Verhalten öffentlich und überspitzt darzustellen, was jedoch eine Reaktion auf seine Verfehlungen war. Die Kostenentscheidung fiel aufgrund seines überwiegenden Verschuldens.

Gustav erhob Einspruch gegen das Urteil, und das Verfahren ging in die nächste Instanz. Mein Anwalt klärte mich über die drei möglichen Szenarien auf:

1. Dem Urteil wird stattgegeben, und es bleibt, wie es ist.
2. Das gesamte Verfahren wird neu aufgerollt.
3. Der Kläger wird als unschuldig erklärt.

Die dritte Option konnte ich sofort ausschließen, beim besten Willen ließ sich diese Möglichkeit nicht herbeizaubern. Was die zweite Möglichkeit betraf, hätte sie das Ganze für ihn nur noch schlimmer gemacht. Ich hatte noch so viele Asse im Ärmel, die ich bisher gar nicht ausgespielt hatte.

„Sollte es also zu einer Wiederaufnahme kommen, könnte ich sicherstellen, dass jede bislang unausgesprochene Wahrheit auf dem Tisch kommt. Ich hätte genügend

Munition, um den finalen Showdown zu einem ganz persönlichen Desaster für ihn zu machen. Jetzt hieß es wieder warten, bis die nächste Instanz entscheidet."

Während ich mit meiner Familie einen wunderbaren Urlaub bei Lucy und Osvaldo in Costa Rica genoss, schien die Sonne besonders warm, der Regenwald summte wie ein Orchester – und dann ploppte die E-Mail meines Anwalts ins Postfach: Wir hatten am 21. März 2021 auch die 2. Instanz gewonnen, die Scheidung war endlich rechtskräftig! Der Klang der Brüllaffen im Hintergrund wirkte wie ein persönlicher Jubelchor für meinen Triumph, während ich die Nachricht las. Ein Sieg, der sich anfühlte wie ein lang ersehnter Cocktail mit extra viel Schirmchen und Glitzer.

Das war kein Moment, den man mit einer schnöden Tasse Tee abhaken konnte, oh nein, das war ein Fall für eine ordentliche Feier! Gustav, der sich immer für unantastbar hielt, musste endgültig die weiße Fahne schwenken. Er wusste genau, dass ich noch eine ganze Armada an Beweisen in der Hinterhand hatte, die ich nicht einmal gebraucht hatte. Jahre hatte er mich überwacht, mich belogen und mir Geschichten über „Liebe" erzählt, aber das war keine Liebe, das war bloß pure, ungeschminkte Gier.

Dieser Moment war wie ein Sektkorken, der nach Jahren des Wartens endlich aus der Flasche schoss. Und ja, ich habe es genossen, jeden letzten Tropfen.

Zumindest haben wir den ersten Akt der Scheidung hinter uns, eine Art „Vorspeise" im Drama. Seit 2021 zieht sich nun das Hauptgericht: der ewige Unterhaltskampf. Danach gibt's das Dessert, das Gustav wohl für eine üppige Vermögensaufteilung hält. Er scheint sich schon auf die großen Portionen zu freuen. Aber die Pointe? Das Buffet ist leer.

Da fällt mir der gute Ratschlag von Gustavs Bruder Konrad ein, ein echtes Unikat. Zu Beginn der Scheidung schlug er mir vor, Gustav 300.000 Euro zu geben, damit er seine

„Trümpfe" nicht ausspielt. Ich lachte nur und meinte: *„Man muss auch mit einem schlechten Blatt spielen können."* Sie dachten, sie hätten Trumpfkarten, aber ich wusste: Sie saßen am Pokertisch mit einem Kartenspiel, das bestenfalls für „Mensch ärgere dich nicht" taugte. Ein Schauspiel sondergleichen, das mit einem simplen „Game over, Gustav" endete.

Gustav verkaufte auch das Haus der mittlerweile verstorbenen alten Frau Hanni, nachdem er sie zwielichtig zum Notar geschleppt hatte. Offiziell lebt er nicht mehr in Wels, taucht aber weiter mit Ausreden wie „Freundebesuche" oder „Anwaltstermine" auf – ein Flirt aus dem Gayportal ist aber fast immer im Programm. Natürlich ist er weiterhin „ungeoutet" und behauptet, ich hätte seine Homosexualität erfunden. Klar, ich habe das Drehbuch geschrieben!

Und das Beste? Er hat wieder geheiratet, sicher nicht aus Liebe. Seine neue Frau ahnt nichts, aber die Realität wird sie bald einholen. Ob es der GPS-Sender im Auto ist, den er heimlich anbringen wird, oder seine „hilfsbereite Hand", die plötzlich zur Kontrolle mutiert, sie wird den Jackpot bald erkennen.

Ein Tipp: Mit Gustav zahlt man immer drauf, nur dauert es manchmal, bis man die Rechnung sieht.

2024 schleppen sich die Unterhaltsverhandlungen dahin wie Kaugummi, und das Aufteilungsverfahren steht auch noch an. Nach sieben Jahren frage ich mich: Was gibt es da noch zu teilen? Außer strapazierten Nerven – nichts! Wir drehen uns so lange im Kreis, dass wir am Ende vielleicht den Weltrekord für den sinnlosesten Rosenkrieg knacken.

„Tschüss, Gustav. Vergiss nicht, die Tür hinter dir
zu schließen – ganz, ganz fest."

An den Mann, der „Familie ist alles" sagt, aber dabei vor
allem sich selbst meint: Dein Talent zur
Selbstinszenierung? Beeindruckend, aber schade, dass die
Realität nicht so mitspielt, wie du es gern hättest.

Ich war nicht nur die geduldige Frau, sondern auch dein
privater Sherlock Holmes. Und die Gerichtsverhandlungen?
Ein wahres Vergnügen, dich Runde um Runde scheitern zu
sehen. Spoiler: Die nächste Niederlage steht dir bevor.

Und deine geheimen Eskapaden auf Gayboy-Plattformen?
Der Höhepunkt deiner kleinen Geheimnisse! Genitalfotos
und anonyme Profile, als ob du damit unauffällig wärst.
Aber keine Sorge, ich habe alles fein säuberlich archiviert.
Man weiß ja nie, wann so etwas noch nützlich sein könnte.

Die Uhr tickt, diesmal im Takt der Realität, die sich nicht
so leicht biegen lässt. Deinen König hast du längst verloren.
Und während du deinen nächsten Zug planst, erleben die
Kinder das, was dir immer gefehlt hat: echte Liebe und
Ehrlichkeit. Vielleicht schaffst du es, das letzte Kapitel mit
einem Hauch von Würde abzuschließen, aber
wahrscheinlich bleibt dir nur dein altbekannter
Opfermonolog. In diesem Sinne: Du warst mir eine
Belastung, aber immerhin lehrreich.

An meine geschätzte Ex-Schwiegermutter:

Danke dir – wer hätte gedacht, dass ich dir näher sein könnte als dein eigener Sohn? Eine Wendung, die meine kühnsten Träume übertroffen hat! Deine strahlende Heiterkeit und Gastfreundschaft sind wirklich bewundernswert – besonders angesichts all der Dramen, die du überstanden hast. Ich wünsche dir noch viele Jahre voller Frieden und Gesundheit!

Danke Paula

Und so endet diese Reise, eine Geschichte voller Überraschungen, Enttäuschungen und unvorhergesehener Wendungen. Es war ein langer Weg, der durch tiefe Täler und über hohe Gipfel führte. Von naiver Hingabe zu gnadenloser Selbstbehauptung; von blindem Vertrauen zu kalter Klarheit. Was habe ich gelernt? Dass das Leben oft seltsame Drehbücher schreibt.

Epilog – Und so endet das Drama (hoffentlich)

Man sagt, jedes Ende ist ein neuer Anfang. Aber in diesem Fall war es eher ein Schlussstrich, auf den man schon viel zu lange gewartet hat. Gustav, mit seinem unerschütterlichen Talent für ein besonders peinliches Kapitel, das man lieber überspringt.

Meine letzten Worte an ihn? Sie waren kurz, prägnant und mit einer Prise Ironie gewürzt. Man könnte fast meinen, es sei eine Meisterleistung der Selbstbeherrschung gewesen, ihm nicht noch ein paar gut platzierte Worte hinterherzuschicken. Aber seien wir ehrlich: Wozu Energie verschwenden?

Das Leben nach Gustav? Überraschenderweise ruhig. Keine täglichen Dramen, nur gelegentliche Unterhaltsverhandlungen, keine überraschenden Enthüllungen mehr, zumindest nicht aus seinem ständig aktiven Regenbogenland. Was bleibt, sind Geschichten, die so absurd klingen, dass sie in keinem Roman glaubwürdig wären, aber genau das sind sie: Realität. Meine Realität.

Und wenn ich eines gelernt habe, dann das: Manchmal ist das größte Geschenk, das dir jemand machen kann, der Moment, in dem er die Bühne verlässt. Vorhang zu. Drama vorbei. Also, Gustav, danke für nichts, außer vielleicht für die Lacher, die du unfreiwillig geschenkt hast. Aber keine Sorge, ich lache jetzt ohne dich weiter. Lauter. Besser. Und definitiv entspannter.

Ende. Oder besser: Endlich.

Danksagung:

Ein riesengroßes Dankeschön an meine Familie, meine Kinder, meine Mutter und meinen unschlagbaren Lieblingsanwalt, der mittlerweile zum Spezialisten für Krisenintervention avanciert ist, zumindest in Bezug auf meine chaotischen Abenteuer. Sie alle haben mir eindrucksvoll bewiesen, dass ein bisschen Chaos nicht nur unvermeidlich, sondern vielleicht sogar der wahre Lebenszweck ist.

In jeder absurden Stunde standen sie mir zur Seite, ich bin mir ziemlich sicher, mein Anwalt hat längst eine Geheimakte mit dem Titel „Fälle für die Geschlossene – Sonderedition für Stammkunden" angelegt. Nur für mich. Wer braucht schon ruhige Gewässer, wenn man auch direkt in die Sturmflut springen kann, um dort das Schwimmen ganz neu zu lernen? Ein Leben ohne eine Prise Wahnsinn wäre doch viel zu langweilig – also danke, dass ihr den ganzen Irrsinn mit mir ertragt!

Einen donnernden Applaus an meine unerschrockenen Freunde – Uschi, Conni, Iris, Reini, die mir stets ihr offenes Ohr geliehen haben, wenn es mal wieder zu bunt wurde. Ein Hoch auf Freundschaften, die sich nicht scheuen, die schmutzigsten Details des Lebens zu teilen und diese mit einer Mischung aus Entsetzen und Humor zu kommentieren! Und natürlich ein tiefes, beinahe dramatisch-theatralisches Dankeschön an Hilde, Maxi, Gerhard & Helga, Andrea, und die wenigen anderen, die tapfer diese turbulente Achterbahnfahrt mit mir durchgestanden haben.

Ein besonders sentimentaler Gruß geht an meine mittlerweile verstorbenen Freunde Herta und Udo, möge der Himmel die besten Plätze haben, um das Spektakel weiter zu verfolgen und vielleicht ein wenig auf uns herabzuschmunzeln, während hier unten weiter die Post abgeht. Ich bin mir sicher, dass sie, wo auch immer sie jetzt sind, mit einem Glas Campari in der Hand applaudieren, während sie sich genüsslich zurücklehnen, bereit für den nächsten Akt dieses endlosen, grandiosen Dramas namens Leben.

Und last but not least, ein herzliches Dankeschön nach Kärnten und Costa Rica – ja, genau, euch meine ich, Adrian, Ruth & Michi, Annabella und natürlich Lucy & Osvaldo. Ich bin zutiefst dankbar für jeden einzelnen von euch, der sich entschieden hat, mit mir auf dieser wilden Fahrt zu bleiben, durch dick und dünn, durch Lachen und Tränen, durch Höhen und Tiefen.

Auf Euch – die wunderbarsten Wegbegleiter auf dieser verrückten, Reise namens Leben!